少年乐读《史记》

一统江山帝王路

卫晋 著

湖南文化音像出版社

为什么要写这样一本《史记》

历史是一面镜子，记录着兴衰、成败。

2000多年前，司马迁忍辱负重，靠个人意志完成了这样一部杰作。鲁迅先生的评价：史家之绝唱，无韵之《离骚》。

欲读历史，必绕不开《史记》。《史记》是二十四史之首，司马迁把一生全部奉献给了《史记》，给炎黄子孙留下了宝贵的文化遗产。

《史记》不仅是司马迁对历史所做的贡献，更凝结了自己的人生感悟。在2000多年前的汉代，司马迁因李陵事件备受摧残，可他没有忘记自己是一个史官，自己身上的使命以及父亲的临终嘱托。难堪、耻辱、愤怒，统统凝聚到笔上，他把从传说中的黄帝时代开始，一直到汉武帝太初四年（公元前101年）为止近3000年

的历史，经过 18 年，终于编写成 130 篇、52 万字的巨著《史记》。

相较之前的史书，司马迁采用的是"纪传体"，以生动的叙事呈现了历史人物在每个时代的事迹。在这背后，凝结了司马迁对历史和人物的心血：他到过长沙，在汨罗江边凭吊爱国诗人屈原；他到过曲阜，考察孔子讲学的遗址；他到过汉高祖的故乡，听取沛县父老讲述刘邦起兵的情况……

《史记》里的人物是有温度的，就像发生在我们身边，让人能置身其中，如《鸿门宴》中，每个人物都是栩栩如生的。

相比历史研究来说，《史记》这样的呈现无可厚非。然而，对于普通读者以及青少年来说，有没有更好的接触《史记》的方式？

这就是我们改编出本套专门为青少年阅读，取材史书和历史文献所讲述的正史故事，内容贴近历史事实，更彰显人物的本来面貌的图书的初衷。全书以《史记》为纲，以品读的形式编排。用适合儿童的语言，讲述了一个个有温度的故事，使人仿若身在其中。

让我们赶快来阅读这款专为青少年而编写的《史记》吧！

目 录

　　远古时期，人们深受猛兽袭击、洪水泛滥之苦。后来，出现了一位伟大的人物，他带领人们击败猛兽，推算历法，创造文字、音乐等，开创了华夏大地灿烂的文明，这位伟大的人物就是黄帝！如今，关于他的传说已经深深地扎根在炎黄子孙的心里。我们每个中国人的身体里都流淌着他的血液，这位圣贤帝王也被历代传颂。

黄帝是谁

　　黄帝并不是一个人的名字，而是传说中上古帝王轩辕氏的称号。他是少典部落的子孙，姓公孙，由于生在轩辕这个地方的山丘上，所以又称他为轩辕氏，后改姓姬，人们也称他为"姬轩辕"。黄帝二十岁时继承父位成为部落的首领。在历史上，他是五帝之首，与颛顼（zhuān xū）、帝喾（kù）、尧、舜合称为"五帝"，被尊称为中华"人文始祖"。

黄帝自幼聪明异常，出生不久就会说话，十五岁时已经无所不通。随着时间的推移，黄帝不断长大成熟，并培养了诚实与勤劳的美好品质。他不畏艰险，走遍高山大河，磨炼意志，增长见识，年纪轻轻就能通晓天下大事，成为一个非常了不得的人。

黄帝战蚩尤

轩辕时代，神农氏的后代已经开始衰败，天下大乱，民不聊生。黄帝推行德政，强化军队，研究节气，栽种五谷，安抚民众，为了实现心中的梦想一刻也没有停歇过。

炎帝是黄帝的近亲兄弟，他是一个非常不安分的人，经常出兵侵犯别的部落。遭受炎帝侵犯的部落纷纷向黄帝求救。于是黄帝率领军队与炎帝大战，彻底击垮了炎帝。后来，蚩尤（chī yóu）部落又发动叛乱。蚩尤和黄帝的军队在涿鹿（zhuō lù）的郊野发生激战，史称"涿

鹿之战[1]"。蚩尤请来"风伯雨师"助战,刹那(chà nà)间狂风大作,天昏地暗,雷电交加。黄帝的军队成了睁眼瞎,眼看就要失败了。黄帝不甘示弱,请来天女帮忙驱散风雨,又用雷兽的骨头做成鼓槌敲打军鼓,吓得蚩尤的军队纷纷四散逃跑了。

蚩尤又召集了山林水泽间的魑魅魍魉(chī mèi wǎng liǎng)等鬼怪。魑魅魍魉都是一些杂牌小妖,大多是山上的树木、石头、动物变的。它们刚出现时,黄帝的军队有些慌乱,但后来还是打败了这些鬼怪。

后来,黄帝的军队又在指南车的帮助下彻底击败了蚩尤,获得了涿鹿之战的胜利。自此,黄帝得到各部落的拥戴,大家都安分守己,中原地区安定下来,农业得到了发展。

神鸟送书

有一天,黄帝和大臣们在洛水上观赏风景,突然有一只长相奇怪的鸟嘴里衔着一张图从天而降,把图放在黄帝面前。这只鸟有鹤的形状、鸡的脑袋、燕的嘴巴、龟的脖子、龙的外表、鸟的翅膀和鱼的尾巴。它带来的图上赫然写着"慎德、仁义、仁智"这六个字。

---

[1]涿鹿之战:距今大约五千年前,黄帝部族联合炎帝部族,跟来自东方的蚩尤部族在今河北省张家口市涿鹿县一带所进行的一场大战。战争的目的是争夺适合放牧和耕种的中原地带。

黄帝感到很神奇，就去请教天老。天老高兴地告诉他："这种鸟有两个性别，雄的叫凤，雌的叫凰。凤凰的出现代表着天下安宁，这是大祥的征兆啊！"

黄帝回去不久，又做了一个怪梦。梦里有条龙持着一幅白图从黄河中出来，献给他。黄帝十分困惑，又去询问天老。天老说："这是河图洛书要出现的征兆。"

于是，黄帝就与天老等人游走于黄河和洛河流域，并在河水中设立祭坛，宰杀牛、羊、猪等进行祭祀。开始的时候，一连三天大雾笼罩。紧接着，又是连续七天七夜的瓢泼大雨。经过一番奇异的天象之后，神迹终于出现了。一条龙捧着河图洛书出现了。黄帝跪下来，十分虔诚地接了过来。只见图上五种颜色都具备，上面有白图蓝叶朱文。黄帝一看，正是出现在他梦中的河图洛书。

仙人授道

　　黄帝受河图洛书的指引开始巡游天下，并在泰山上封禅。有仙人在崆峒山修炼，求贤若渴的黄帝就去请教。回来之后，黄帝自己建了一个小屋，独自在屋里反省了三个月。

　　后来，黄帝又登上王屋山，向玄女、素女问道。他采来首山铜，在荆山脚下铸成九鼎。九鼎铸成之时，一条神龙出现，来迎接黄帝进入仙境。黄帝骑在龙的身上，飞升而去。有几个小臣也想随黄帝升仙，便匆忙抓住了龙须。结果龙须不堪重负，被拉断了，这些小臣又坠落到地上。

读史有智慧

　　黄帝并不是一出生就拥有广大的领土，而是通过自己的智慧和努力一点一滴地筹划、积累而实现的。这告诉我们无论是平常人还是伟人都需要从小事做起，脚踏实地，不能一步登天。黄帝虽然贵为帝王，但他并不高高在上，而是非常勤奋、朴实、谦恭、无私。他去崆峒山找广成仙人问道时，面对广成仙人的指责，他能够谦虚地接受，并且认真地进行反思，所以最后才能得到指点。这告诉我们谦虚好学是良好的品德。而蚩尤的战败也告诉了我们，好高骛远是失败的根本。

历史寻踪

◆ 陕西黄帝陵

　　黄帝陵是中华民族始祖轩辕黄帝的陵寝，位于陕西省延安市黄陵县城北桥山。景区主要由轩辕庙和黄帝陵两大部分组成，历史古迹众多。中华人民共和国成立后，对黄帝陵进行了修缮保护。在黄帝死后的几千年里，历代祭祀黄帝的活动从未中断。1994年，举行了中华人民共和国成立以来规模最大的公祭活动。以后公祭活动每年都要举行。陕西黄帝陵祭典的重要性、持续性和唯一性，得到了海内外炎黄子孙的一致认可。

五千年前的华夏大地曾经洪水滔天，那时天下天才辈出。洪水从何而来？天才又是何方神圣？洪水由共工而来！天才是人文始祖——颛顼和帝喾。这其中的震荡和风云，又是如何？且看本文解析！

颛顼是谁

黄帝去世后，他的儿子能力不够，不能继承他的位置，最后颛顼登上了天下至尊之位。

颛顼是一个非常有能力的管理者。他行事沉着冷静又有谋略，通晓人情也明白事理。不仅如此，颛顼还是一个农业好手，他带头种植庄稼，畜养各种家畜，还教人们用牲畜耕田，以充分地利用土地。他还指导人们生活和农作，以顺应自然规律。此外他还制定礼仪，使人们的行为得到规范。他顺应天时来教化自己的臣民，清洁涤荡人们的身心，虔诚地祭祀神明。

他非常勤政爱民，几乎走遍了自己的统治区域。最北到过幽陵，最南到了交趾，西面到了流沙河，东面到

了蟠木。

在他的治理下天下一片太平，凡是太阳能够照到的地方都是他的土地和臣民。他在位七十八年，活到九十八岁的高龄才去世，一生功德无量。

大战共工

传说颛顼的母亲有一次梦见一条贯穿太阳和月亮的长虹径直飞入自己的腹中，醒来后发现自己怀孕了，后来生下了颛顼。颛顼一出生就与众不同，他的头上戴着干戈，上面还刻有"圣德"的字样。

与颛顼同时代有个叫"共工"的部落领袖，共工主管水利，所以人们又叫他"水神共工"。传说他人首蛇身，满头的红发，还骑着两条龙。共工在部落中对农耕非常重视，对水利工作更是紧抓，他发明了蓄水筑堤的办法，为农业生产的发展做出了巨大贡献。为了部落的利益，共工带头组建一支军队，反对颛顼。颛顼听闻后，一面点燃七十二座烽火台，召四方诸侯疾速支援；一面召集将士，亲自挂帅，前去迎战。一场残酷猛烈的战斗展开了。几番冲杀过后，颛顼的部众越来越多，人形虎尾的泰逢驾万道祥光从和山赶来，龙头人身的计蒙伴着疾风骤雨从光山赶来……共工的部众却越打越少。共工被逼退到西北方的不周山下时，身边只剩一十三骑。不周山高峻挺拔，挡住了共工的去路。绝望的共工勃然大怒，用头朝着不周山拼命撞去。没想到他这一撞冲击力太大，不周山竟生生被他拦腰撞断。而此山恰巧是撑天的一根巨柱。天柱折断后，刹那间西北的天空因为失去支撑开始向下倾斜，拴系在北方天顶上的太阳、月亮和星星也脱离了原来的位置，朝低斜的西天滑去，于是就形成了我们今天所看见的日月星辰的运行线路。另一方面，悬吊大地东南角的巨绳也因为剧烈的震动而崩断了，东南大地在"轰隆"声中塌陷下去，成就了我们今天所看见的西北高、东南低的地势，河流也都向东流淌，最后汇聚成海。

帝喾是谁

颛顼死后高辛即位，这就是帝喾。他是黄帝的曾孙、颛顼的侄子，是五帝中的第三位帝王。帝喾的出生跟颛顼一样，也有非常神奇的传说。传说他的母亲因为不小心踏进了巨

人足迹中，于是受孕后生下了他。帝喾从小便表现出超越常人的智力，他生来就有灵气，一出生就叫出了自己的名字。他聪明好学，品德高尚，在十二三岁时便名扬一方。到他十五岁时，被他的堂叔父颛顼选为助手。后来因为有功劳被封于辛。因他出生并在这个地方被封赏，所以史称他为高辛氏。

帝喾即位后，明察秋毫，顺从民意。他的仁爱、宽厚、威严使人们发自内心地臣服于他。

帝喾在位七十年，通过自己的辛勤治理缔造了一个盛世，使得天下大治，人民安居乐业。

贤德帝喾

帝喾以前，人们虽有一年四季的概念，但只是日出而作，日落而息，从事农艺畜牧没有一个科学的时间安排，严重制约了农业发展和人们生活质量的提高。因此，帝喾探索天气、物候的变化规律，划分出四时节令，指导人们按照节令从事农畜活动，使谷物丰收，改善了人们的生活。为了使人民避免洪水的侵袭和彻底消除共工余部，帝喾迁都到亳。

帝喾知人善任。后羿的射箭技术天下无双，箭无虚发。帝喾知道后就选拔他担任射官，还赏赐给他彤弓和蒿矢。后羿有了这两件武器后，简直如虎添翼。他不负帝喾厚望，当白难反叛时，他一举将其平定。咸黑、柞卜等人擅长音乐和制作乐器，帝喾发现后就让他们担任了乐官。这两个人终于可以安心研习自己喜欢的东西了，后来他们创作出《九招》之乐和鼓、笭、管、埙、帘等新乐器，极大地丰富了人们的生活。

　　帝喾以仁爱治国，他在全国广施恩惠、仁爱，还要求人们讲究信誉。他严于律己，日常生活非常俭朴，品德高尚如巍巍高山，神色非常庄重静穆。

读史有智慧

　　颛顼、帝喾是上古时期"三皇五帝"中的第二位和第三位帝王，他们前承炎黄，后启尧舜，奠定了华夏的根基，是中华民族共同的人文始祖。而神话故事的流传说明我们的祖先对很多自然现象还缺乏理解和认识，因此把

各种疑惑归之于神的存在。他们创造了神话传说，歌颂心目中的英雄。颛顼德高望重，深受民众爱戴；共工在农业和水利方面有很大贡献，但目光短浅，最后被讨伐怒触不周山；帝喾知人善任，他能敏锐地发现别人的闪光点，然后充分利用这些闪光点让他们发挥价值。

历史寻踪

◆ 帝喾陵

又称颛顼帝喾陵，位于河南省内黄县梁庄乡三杨庄西三里硝河西岸。在唐朝时，陵前有五间大殿，殿内塑帝喾神像，殿外有碑林。清朝时，由于黄河改道风沙南移，整个陵园都被风沙掩埋。现仅存一个大沙岗和二通石碑，一通石碑上书"颛顼陵"三个颜体正楷大字，另一通书"颛顼帝喾陵"。1979年该县文物部门派人在陵区钻探，发现下面有仰韶文化和龙山文化陶片、烧结土等遗存，确认是一处原始社会文化遗址。

淳朴的人文始祖——尧和舜

那是一个被向往、被推崇的时代，是一个被缅怀、被赞颂的时代！孔子、孟子曾无数次地向弟子门生诉说它的辉煌。那个时代，尧、舜作为统治者有着如同日月一般洁白耀眼的品德和功绩，老百姓在他们的统治下幸福地生活。那么，这个美好、淳朴的时代到底是什么样的呢？

尧是谁

尧，姓伊祁，号放勋，"五帝"之一。尧是帝喾的儿子，母为陈锋氏。尧十三岁被封于陶地。十五岁辅佐兄长帝挚，被封于唐地（今山西太原），所以他的号为陶唐氏。尧二十岁时取代挚成为首领，定都平阳。

尧命令羲测定推求历法，为百姓颁授农耕时令。测定出了春分、夏至、秋分、冬至。尧设置谏言之鼓，让天下百姓尽其言；立诽谤之木，让天下百姓指出他的过错。因此帝尧德高望重，老百姓都十分信赖推崇尧。

传奇出生

帝喾的第三个妻子名叫庆都，是陈锋氏的女儿。

庆都成婚后仍在娘家居住。有一年初春的一天，庆都跟随父母乘舟游览。正午时分，河上忽然刮起一阵狂风，一朵红云在船的前面形成威力十足的龙卷风，风中仿佛一条赤龙在飞舞。庆都的父母看到这样的情形，心里非常害怕，可庆都却若无其事地看着狂风，还冲着那条赤龙笑呢！傍晚时，风住云散，狂风与赤龙便不见了。第二天庆都醒来时，发现身旁留下一张画，上面画着一个红色的小人像，八采眉，长头发，上面写着"亦受天佑"。

不久，庆都就怀孕了。她住在丹陵，过了十四个月，生下一个儿子。庆都拿出赤龙留下的图文一看，儿子生得和图上画的人一模一样。帝喾知道庆都为他生了儿子后，本该高兴，可帝喾的母亲恰在此时去世了。帝喾是个孝子，他为母亲一连服孝三年，也顾不上庆都和儿子的事。庆都带着儿子住在娘家，直到把儿子抚养到十岁，才让他回到父亲的身边。这个孩子就是后来的帝尧。所以帝尧小时先随外祖父家的姓为伊祁氏，后又称陶唐氏。

勤俭听谏

尧成了部落首领后生活非常俭朴，仍住在茅草屋，身上穿的衣服是葛藤织就的粗布衣，喝的是野菜汤。为了时刻注意倾听百姓们的意见，他在简陋的宫门前设了一张"欲谏之鼓"，谁要是对他或国家提什么意见或建议，随时可以击打这面鼓。尧一听到鼓声，立刻就接见击鼓的人，认真听取来人的意见。

尧为方便民众，让人在交通要道设立"诽谤之木"，即埋上一根木柱，木柱旁有人看守，民众有意见，可以向看守人陈述，如来人愿去朝廷，看守人会给予指引。由于能及时听到民众的意见，尧对百姓的疾苦就非常了解。

舜是谁

舜，中国上古时期部落联盟的首领，也是"五帝"之一。舜，姓姚，名重华，字都君。出生地在诸城或者姚墟，他的尊号有帝舜、大舜、虞舜等。尧传位给舜，舜传位给禹。

尧舜禅让

尧是位很贤能的帝王，能够任用人才，将天下治理得井井有条。他任命羲和氏掌管天地，派羲仲等四人掌管东、南、西、北四方。他还制定了历法，把一年分为春、

夏、秋、冬四季，共三百六十六天，使农牧、渔猎都按季节进行。尧老了，想找个讲道德、有本事的继承人，有人向他推荐了年轻的舜。

舜的母亲在他很小的时候就去世了，舜只能跟双目失明的父亲过日子。继母的儿子象是个好吃懒做、搬弄是非的人。母子二人十分讨厌舜，想方设法要害死他。但舜却以德报怨，一直善待他们。尧知道后很满意，为了进行更深的了解和考验，就把自己的两个女儿娥皇和女英都嫁给了他。

舜的继母和象想出更狠毒的手段害舜。一次，他们让舜到粮仓顶上干活儿，然后撤掉梯子，放了一把火想烧死舜。舜急中生智，两手举着斗笠，从房上安然无恙地飘落下来。又一次，他们让舜去淘井，想趁机往井里填土，活埋舜。没想到，舜竟在井壁上凿了一个洞，从旁边斜道爬出来了。尽管如此，舜没有与他的家人计较。

尧听说舜这样心胸宽广，对他更加放心。于是，就把治国大权交给了他，自己则带一班人马到各地巡视去了。后来，尧先后让舜去种田、捕鱼、烧陶器、管理生

产，舜都做得很出色。可是尧还要考验他的胆量。他让舜一个人到大山林里去。天空电闪雷鸣，地上有豺狼虎豹乱窜，周围不时传来野兽的嚎叫声，令人非常害怕。舜却凭着自己的勇敢和智慧走出了山林。终于，尧将大位传给了舜。

读史有智慧

　　三皇五帝的故事离现在已很遥远了，其中很多故事并不可信。但这些故事无一例外地都体现出了当时人们对他们的崇拜，以及人们对英明统治的渴求，对美好生活的向往。尧和舜之所以受后人推崇，是因为他们身上有美好的品德。这些美德千百年来已经形成流淌在我们华夏人民身体里的血液，成了我们生命的一部分。我们一定要好好维护和发扬这些美德，做优秀的华夏子孙！

历史寻踪

◆ 尧庙

　　帝尧曾建都平阳，即今山西省临汾，现在的尧庙就是后人为了祭祀尧而建造的。尧庙始建于晋，历经各朝各代的重修建造，规模雄伟，布局疏朗。尧庙前有山门，山门两侧有记载尧功德事迹的碑石，庙内部有五凤楼、尧井亭、广运殿、寝宫等。尧井传为尧王所掘，井上有井亭一座。广运殿形制宏伟壮丽，走廊和石柱上的雕刻精妙绝伦。殿内还塑有尧王及侍者像。庙内存有碑十余通，记载尧的功绩及庙宇建造经过。尧庙历代均为国家级祭祀之所，清代以前每年的四月二十八日在此举行祭尧仪式并逢庙会。康熙帝巡幸尧庙时，定为皇会，届时全国各省、各族及海外炎黄子孙纷纷前来谒祭，庙会之盛为华北之冠。

"家天下"①的创立者——大禹

　　三皇五帝时期，黄河泛滥。作为黄帝的后代，鲧（gǔn）、禹父子二人受命于唐尧、虞舜二帝，分别任崇伯和夏伯，负责治水事宜。大禹率领民众，与自然灾害中的洪水斗争，最终获得了胜利。这就是著名的"大禹治水"的故事。而禹就是夏王朝的建立者。

禹是谁

　　禹是黄帝的玄孙、颛顼的孙子。禹幼年随父亲鲧东迁，来到中原。尧在位时，中原洪水泛滥，百姓愁苦不堪。帝尧命令鲧治水，鲧用障水法治水，在岸边修筑河堤，可还是经常被淹。后来，禹被任命为

　　家天下：指帝王把国家政权据为己有，把国家当成一家的私产，世代相袭。之前，相传一切财产都是公共所有，首领依其才能选举产生。禹之后，国家财产成了一家私产，私有制已成合法，所以，家天下是历史发展到一定阶段的产物。到了西周时期，进一步提出了"普天之下，莫非王土，率土之滨，莫非王臣"的口号，把天下的土地、臣民都当成君王一家的私产。

司空 ①，继任治水之事。他召集百姓，视察河道，总结治水失败的原因，主张以疏导的方法来治理洪水。经过十三年的治理，终于取得成功。因为治洪水有功，他被人们尊称为"大禹"。

大禹治水

传说帝尧在位时，发生过一次大洪水，滔滔的洪水包围了山岳，漫过了丘陵，百姓深陷洪灾的痛苦之中。尧急着要找到能治水的人，群臣都说鲧可以。于是尧采纳了群臣的意见，用鲧来治水。鲧费了九年时间，洪水之患还是没有平息。于是帝尧又设法寻求人才，另外得到了舜，让他代行天子职务，巡视诸侯所守的疆土。舜在巡视中发现鲧治水不利，于是诛杀了鲧，但提拔了鲧的儿子禹，让他继承鲧的治水事业。

大禹是一个贤良的人，他并不因舜处罚了他的父亲就记恨在心，而是欣然接受了这一任务。他暗暗下定决心一定要治好洪水，给人民带来安宁。考虑到治水任务特殊，舜又派伯益和后稷两位贤臣和大禹一道治水，协助他完成工作。当时，大禹刚刚结婚才四天，他的妻子涂山氏是一位贤惠的女人，支持丈夫的治水工作。大禹

---

① 司空：中国古代官名。地位在三公之下，与六卿相当，与司马、司寇、司士、司徒并称"五官"，掌管水利、营建之事。汉成帝时改御史大夫为大司空，但职掌与周代的司空不同。

洒泪和爱妻告别，从此踏上了治水的漫长征程。

禹带领着伯益、后稷和一批助手，跋山涉水，风餐露宿，走遍了中原大地的山山水水，穷乡僻壤、人迹罕至的地方都留下了他们的足迹。他沿途看到无数的人民在洪水中挣扎，一次次因为伤心而在流离失所的人民面前流下了眼泪。而一提到治水的事，相识的和不相识的人都会向他献上最珍贵的东西，浓浓的情意使大禹坚定了治水的决心。

大禹左手拿着准绳，右手拿着规矩，走到哪里就量到哪里。他吸取了父亲堵截法治水失败的教训，发明了一种疏导治水的新方法，疏通水道，使水顺利东流入海。大禹每发现一个地方需要治理，就到各个部落去发动群众来帮忙施工。每次劳作，他都和大伙儿吃住在一起，挖山掘石，披星戴月。他生活简朴，住在很矮的茅草小屋子里，吃得比一般百姓还要差。他曾三次经过自己的家门，他

多想回去亲眼看一看自己的妻子和孩子。但是他一想到治水任务艰巨，只得向家中的茅屋行了一个大礼，眼里噙着泪水，骑马飞奔而走了。

大禹治水前后一共花了十三年的时间。正是在他的手下，咆哮的河水失去了往日的凶恶，平缓地向东流去，昔日被水淹没的山陵露出了峥嵘，农田变成了粮仓，人民又能筑室而居，过上幸福富足的生活。

涂山之会

禹在确立王权的过程中，又继续征伐三苗。他统领众多邦国君长，并以奉行天命自居，这表明他已掌握了最高的王权。经过激烈的战斗，三苗战败了。这是一次规模较大的武力征伐，通过这些征伐活动，不断加强了禹的王权。禹在确立王权后，就在有崇氏部落所在地嵩山之阳建立了阳城作为都城。后又迁往阳翟。

为了巩固王权，禹又沿颍水南下，在淮水中游的涂山，大会夏、夷诸部众多邦国和部落的首领，这就是"涂山之会[①]"。原来的众多部落首领，到此时大都转化

[①]涂山之会：一般被认为是中国夏朝建立的标志性事件。涂山位于今天安徽蚌埠怀远县，传说禹建都阳翟后召集夏和夷的部落首领于涂山，史称涂山之会。

成世袭贵族，分别成为各个邦国的君长。这次大会，是夏王朝正式建立的重要标志。夏王朝是我国历史上第一个奴隶制国家，它的建立标志着我国历史正式进入了文明时代。

读史有智慧

从大禹治水到夏朝的建立，我们可以看到夏朝盛衰的历史和帝王们的功与过。尤其是我们耳熟能详的大禹治水的故事。大禹作为夏朝的第一代帝王能够很好地起到表率作用，体现了公而忘私、把个人的一切献身于为人民造福的事业之中的崇高精神。尤其可贵的是，大禹积极组织大家去治理洪水，一心一意地降服水患，这种执着的精神、坚定的信念是伟大的。人民在大禹的领导下，齐心协力，共同战胜了灾难。这个传说正体现了中华民族的勤劳、智慧、勇敢、奉献、坚毅不屈、万众一心战胜困难的民族精神。

历史寻踪

◆ 二里头遗址

二里头遗址位于偃师市二里头村及其周围，该遗址南临古洛河、北依邙山、背靠黄河，范围包括二里头、圪垱头和四角楼等三个自然村，面积不少于三平方公里。作为全国重点文物保护单位，二里头遗址对研究华夏文明的渊源、国家的兴起、城市的起源、王都建设、王宫定制等重大问题具有重要的参考价值，被学术界公认为中国最引人瞩目的古文化遗址之一。它的年代分布约为公元前1750年至公元前1500年。从1959年开始发掘，遗存可划分为四个时期。遗址内发现有宫殿、居民区、制陶作坊、铸铜作坊、窖穴、墓葬等遗迹。出土有大量石器、陶器、玉器、铜器、骨角器及蚌器等遗物，其中的青铜爵是目前所知中国最早的青铜容器。二里头遗址是二里头文化的命名地，并初步被确认为夏代中晚期都城遗址。

敢于第一个"吃螃蟹"的仁君——商汤

夏朝最后一个君主夏桀荒淫无度，暴虐无道，动用大量人力、物力建造宫殿，镇压百姓，天下的百姓都难以忍受他。此时，一位贤明的君主出现了，他施行仁政、重用贤才、心系百姓。眼见着连年暴政、民不聊生，他决定为百姓一战，敢于做第一个"吃螃蟹"的人，他就是商代的开国帝王——成汤。

成汤是谁

成汤是殷始祖契的第十三代孙，姓子，名履，今人多称为商汤或武汤等。从契到成汤的这段时间里，殷人迁徙过八次国都。成汤即位以后，为了寻找一块更适合发展的土地，又把都城迁到帝喾曾经定都的地方——南亳。

夏末时，帝桀为君，残暴无道，国内局势日趋动荡不安。成汤洞观天下形势，便产生了以商代夏的雄心，并着手开始实施灭夏的计划。他先灭掉了商附近的一个小国——葛国。接着经过十一次出征，灭掉了夏王朝的于是伊尹抓住机会，向汤阐述了自己治国兴邦的独特思想。成汤听后茅塞顿开，感觉相见恨晚。他丝毫没有顾虑伊尹的低贱身份，立即举行隆重的任命仪式，拜伊尹为相，统领一切军国要务。

施行仁政

　　成汤执政以后，韬光养晦，内敛锐气，以待时机。在内政外交上，他采取伊尹所制定的策略，仁义治国，安抚人心，理顺各种社会关系。

　　成汤曾经说过："人以水为镜就可以看见自己的形貌，君主观察民众的状况就会知道国家治理情况的好坏。"伊尹听了这番话，赞美他说："英明啊！如果君主能够听从臣子的进谏，治理国家的方法就会得到改进。而君主爱护百姓，那么凡是善良有德行的人就会受到重用。"有一次，成汤出行，看见野外捕猎的人张开了四面大网。他对此感到困惑不解，就向捕猎的人请教。捕猎的人说："我这样做是希望从天上、地下和四方来的猎物都进入我的网中。"成汤慨叹道："你这样做太绝情了，会把所有的猎物都捕尽的！"于是成汤命令猎人去掉捕网的三面，并且语重心长地对他说："想从左边逃去的猎物，就让它从左边逃去。想从右边逃去的猎物，就让它从右边逃去。那些不按照我的想法逃去的猎物，就让它进入我的网中。"后来四方诸侯听说了这件事，无不赞美说："成汤的仁德达到了极点，竟然把恩惠布施到了禽兽的身上。"

三个重要同盟国豕韦、顾、昆吾。最后，一举灭夏立了中国历史上第二个奴隶制国家商朝，定都于亳国号为"商"。成汤是商代的开国帝王，作为华夏道继承人，中国历代皇帝都尊奉他为"王师商汤王"。

重用贤才

在成汤灭夏桀和建立商朝的过程中，他的左相（huǐ）和右相伊尹起了重要的作用。这是两个身世历完全不相同的人。仲虺是个奴隶主，从他先祖起代在夏王朝做官。而伊尹是个奴隶，从他少年时代过着流浪生活，长大后当了厨子。他们都很有才干见夏桀暴虐，只知淫乐，都想解救百姓的痛苦。他为成汤是一个理想的诸侯，于是先后通过不同的途到了成汤身边，辅佐他完成讨伐夏桀的事业。成汤个识才之君，果然任用了二人为左、右相，委以此重任。

不同于仲虺，伊尹是奴隶身份，处于社会最他没有人身自由、自主财产和可供自己支配的时间至没有真正属于自己的精神和肉体，只能埋头于本职工作——厨师。当时，成汤为了笼络有莘（国，提出了纳有莘女儿为妻的请求。有莘爽快地答伊尹自告奋勇请求以厨师和侍从的身份陪嫁到商了接近成汤，他故意把饭做得很咸或者很淡，试成汤的注意。果然，成汤把伊尹叫来，向他询问

成汤灭夏

当成汤在精心治理自己的部落时，夏桀统治的黑暗程度也已达到极点，引起了各个部落诸侯的不满。诸侯昆吾氏首先进行了叛乱，国家政局更加动荡。成汤就利用这个时机，任命伊尹为军师，亲率四方诸侯军队讨伐昆吾氏。接着，他又立即挥师讨伐夏桀。

在战前，成汤隆重举行了誓师活动，为了打消诸侯们的疑虑，更好地团结大家，成汤对他们说："既然大家跟随我出征，就要仔细听我的意见。如今，不是我要叛乱，实在是夏桀罪恶滔天，天下百姓不堪忍受啊！我听到有些人对出兵征讨夏桀有怨言，但是请你们一定要看到夏桀的罪恶，他耗尽了民众的力量，将国家资财一掠而空，民众无心耕作，更不愿意做他的子民。人们都非常痛恨夏桀，甚至说：'夏桀这个太阳不知道何时才能落山，如果他能落山的话，我宁愿与他一同灭亡！'夏桀的德行已经堕落到这种地步，所以我一定要前去征讨他。如果你们和我一道去执行上天对夏桀的惩罚，我会

大力地赏赐你们。如果你们不依从自己曾经立下的誓言，不同我一块儿讨伐，我就要惩罚你们。"这番誓师，极大地振奋了士气。诸侯们也终于打消了疑虑，跟随成汤一块儿征讨夏桀。

夏桀仓促应战，同成汤军队在鸣条（今河南洛阳附近）一带展开战略决战。成汤军队奋勇作战，一举击败了夏桀的主力部队。成汤军队乘胜追击，夏桀穷途末路，率少数残部逃到南巢（今安徽寿县南），最后被俘。于是，商朝建立，四方诸侯尽数归服于成汤。由于成汤用武力灭夏打破了国王永定的说法，从此中国历代王朝都是如此更迭，因而成汤灭夏这件事史称"商汤革命"。

就像历史上第一个吃螃蟹的人一样，商汤首开以武力夺得天下的先例，打破了天子不可变的定律，是中国政治史上的第一次改革。他领导商部族和其他反抗夏王朝残暴统治的同盟部族，推翻压迫人民、垂死腐朽的夏王朝。他任用伊尹，施行仁政，既推动了历史的车轮向前发展，又符合人民的愿望，因此得到后人的肯定和赞扬。

历史寻踪

◆ 商都西亳城遗址

1983年春，考古工作者在偃师尸乡沟发现了3600年前的古城遗址——商都西亳城。许多专家学者认为——3600年前，我国第二个王朝的开国君主成汤在此地建立了商王朝的第一个国都。它是我国考古发现的商代遗址中，年代最早、规模最大、规格最高、保存最完好、文物遗存最丰富的一座商代都城遗址。商汤就是在这里任用贤能，发展壮大自己的力量，进一步推翻夏朝，建立商代政权的。

替天行道的英雄——周武王

面对着被祸害的国家，面对着水深火热的子民，面对着家国恩怨，一位王侯坐在祖宗的祠堂前痛心疾首。他发誓一定要为先王报仇雪恨，一定要尽全力拯救被剥削的子民，替天行道。于是，他集结四方豪杰，亲自拿起武器为了正义而战，不胜不还。他就是周武王姬发。

武王姬发

姬发，西周王朝开国君主，周文王次子。因其兄伯邑考被商纣王残杀，故得以继位。死后谥号"武"，世称周武王。他的父亲西伯侯姬昌，继承先祖后稷、公刘的遗业，效法古公、公刘的法则，一心一意施行仁义，尊敬老人，对晚辈慈爱，对有才能的人谦下有礼。这就是著名的文王图治。姬昌在位五十年，实行许多正确的政策，国力逐渐强大。他死时天下三分已得其二，为灭商奠定了基础。

姬发继位后，继续任姜尚为国相，以兄弟周公旦、召公为助手，积极筹划灭商的事宜。当时，商纣王愈加

荒淫残暴，穷奢极欲，搞得众叛亲离，怨声四起。姬发抓住这个时机，起兵讨伐商纣。

武王伐纣

　　周文王在生前曾经受到商纣王的侮辱，所以从周文王那时起，就开始计划讨伐商纣王。周武王即位后，为了便于进攻商都朝歌，在沣水东岸建立了新都镐京。周武王九年，姬发先在毕地祭祀姬昌，然后前往东方举行阅兵仪式，到达孟津。他命人做了周文王模样的木雕，用车子运载放在军队里。姬发自称"太子发"，表示是以周文王姬昌的名义征伐，自己不敢独断专行。然后向司马、司徒、司空等告诫说："大家要小心谨慎，说到做到！我是一个无知的人，全靠先祖们留下各位有才华的大臣，我这晚辈才继承了祖先的功业，大家一定要尽心尽力来巩固他们辛辛苦苦打下的江山。"并诏告天下，宣布起兵。姜尚对士兵下命令说："集合起你们的部下，带上你们的船只，迟到的人立即砍头。"姬发横渡黄河，船行驶到河心，有白鱼跳进他的船中，姬发俯身拾起白鱼用来祭祀。渡过河之后，有一个火团从天而降，落在姬发的屋顶上，凝固成乌鸦状，它的颜色是红的，降落时轰隆隆地响。当时，有八百多个诸侯听闻姬发起兵的消息后不约而同地前来会师。诸侯都说："可以伐纣了。"姬发说："你们还不知道上天的意思，现在还不行。"所以就撤兵回来了。

　　商王越来越残暴，以至于商朝的大将们都投奔周朝。周武王觉得攻打商的时机即将到来，向所有的诸侯宣告说："殷犯下了大罪，我们不能不一起讨伐他。"因而武王遵循文王的遗言，率军东进伐纣。十二月，军队全部渡过孟津，所有的诸侯都到齐了，姬发说："大家要勤勤恳恳，不可懈怠呀！"并作《太誓》向众人宣告："现在殷王纣竟然听信妻妾的话，违背天理，疏远自己的兄弟，废弃先祖的礼乐。我姬发要替天行道。这次要努力呀，男子汉们，机会难得，大家一定要好好珍惜，努力作战！"

牧野之战

周武王十二年二月的一天早晨，姬发一早就赶到朝歌郊外的牧野举行誓师大会。姬发左手拄着黄钺，右手握着以白色旄牛尾为饰的旗帜指挥将士们说："来自西方的人们，你们一路辛苦了！"又说："我的邻邦的君主、将士，以及来自各族的人民，举起你们的兵器，排好你们的盾甲，竖起你们的矛，我要宣誓了。殷王纣沉迷女色，忘记了祖先留下的规矩，抛下自己的族人和国家，陷害忠良，听信谗言，对四方各国的奸臣逃犯却推崇、重用，对百姓更是横施暴虐。现在我姬发要执行上天的惩罚。今天的作战，希望大家英勇冲锋，就像猛虎一样，但我们不可伤害前来投降的人，而要让他们为我们所使用。男子汉们！你们谁不努力，我将拿他问斩。"誓师完毕，诸侯都列阵于牧野。

商纣王帝辛听说姬发前来，发兵七十万抵御。姬发派姜尚和百夫长应战，用大卒驰击帝辛的军队。帝辛的军队都是临时拉来的奴隶俘虏，虽然人多，但都无心作战，只盼周武王赶快攻入。在周军强大威慑下，帝辛的军队丢盔弃甲转而攻打纣王，为姬发做内应。姬发顺势攻击帝辛的军队，帝辛的军队溃不成军。帝辛逃跑，退入城中，登上高台，把他的珍宝都穿戴在身上，自焚而死。姬发手持大白旗指挥诸侯，诸侯都向他致敬，姬发也向诸侯拱手回礼。姬发来到朝歌，城中的百姓都在城郊迎候。于是姬发派群臣告诉商的百姓说："这是上天给大家赐福了！"百姓跪拜表示感谢。牧野之战大胜后，武王正式建立了周王朝。

读史有智慧

周武王有着广阔的心胸和长远的眼光。在看到商朝的腐败后，他打出了"为民请命，替天行道"的旗号来获得广大人民群众的拥护，从而扩大了自己的实力和影响力。在伐纣的过程中，他以大无畏的精神亲自带领兵马直捣朝歌，打了纣王一个措手不及。伐纣成功之后，西周开始实行分封制，中国从此建立了长达八百年的

周朝。周朝的经济、文化、生产力水平比商代更高，并培育了悠久的中华文明。

历史寻踪

◆ 武王与臊子面

臊子面起源于周朝。相传周武王伐商时，在岐山遇到像龙的怪兽。大家费了好大力气才杀了怪兽。为了鼓舞士气，周武王决定每人分吃怪兽肉。但是人太多，不够分，就和面煮汤每人分吃一碗。这就是岐山臊子面的雏形。

◆ 周武王陵

周武王陵位于咸阳市北郊五陵原，距咸阳市区5公里。周武王陵位于周文王陵北，陵前有新修水泥台阶，平台上是高大的碑楼，上书"周武王陵"4个大字，为清陕西巡抚毕沅所立。由于周武王陵在周文王陵之北，周文王陵西南方向约1.3公里陵照村北有周武王之子周成王之陵，周文王陵东南方向约1.6公里新庄村西有周成王之子周康王陵，周成王陵西南约1.8公里还有周康王重孙、西周第六代国王周共王陵。因此民间用"背儿抱孙"形象总结这一带周陵分布形式。

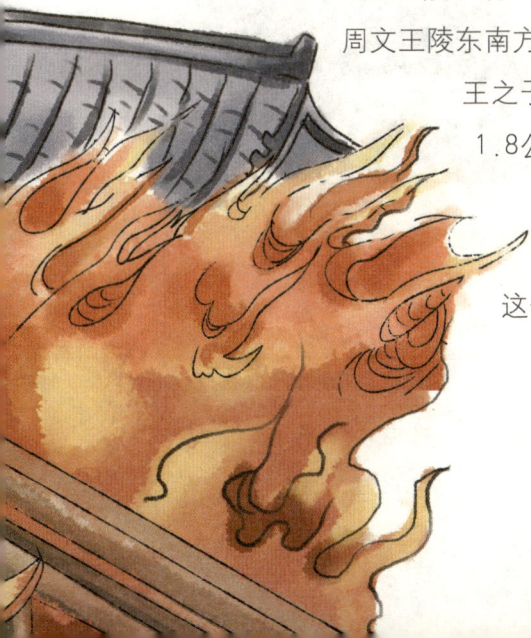

他不计前嫌，任用管仲改革内政，发展生产；他改革军制，组建强大的军队；他尊王攘夷，抵御北方游牧民族，扩充疆界。在他组织的葵丘会盟上，周天子都派代表来参加，正式承认了他中原霸主的地位。他就是"春秋首霸"——齐桓公。

齐桓公是谁

齐桓公，春秋时期齐国的第十五位君主，姓姜，名小白。他是齐僖公的儿子、齐襄公的弟弟，"春秋五霸"之首。齐襄公和齐君无知相继死于内乱后，小白与公子纠争位成功，成为齐国的国君，即齐桓公。桓公任管仲为相，推行改革，实行军政合一、兵民合一的制度，齐国逐渐强盛。

齐桓公是历史上第一个充当盟主的诸侯。当时中原诸侯苦于戎狄的侵扰，齐桓公打出"尊王攘夷"的旗号，通过一系列举措成为中原霸主，受到周天子赏赐。

桓公即位

襄公十二年，齐国内政混乱，国君被杀，无人主持大事。当时可以登上君位的有两个合适的人选：一为避难于鲁的公子纠，一为避难于莒（jǔ）的公子小白。

公子小白与纠争相返回齐国，谁先返回齐国，谁成为新君的胜算就大。公子纠于是派管仲带兵埋伏在小白回国的路上，管仲一箭射中小白的衣带钩。小白假装倒地而死，管仲派人回鲁国报捷。鲁国于是就慢慢地送公子纠回国，过了六天才到。这时小白已兼程赶回齐国，被立为国君，这就是桓公。

不计前嫌

桓公当时被射中衣带钩之后，装死迷惑管仲，然后藏在车中日夜兼程地赶回齐国，加上齐国贵族的支持，所以能够成为齐国国君。继位后，他派兵攻打鲁国。秋天，两国军队在乾发生大战。鲁国兵败，齐军又切断鲁军的退路。齐桓公的手下鲍叔牙代替齐桓公给鲁侯写了一封信，说：“公子纠是我兄弟，我不忍亲手杀他，请鲁国将他杀死。召忽、管仲是我的仇敌，我要求活着交给我，让我把他们剁成肉酱才甘心。不然，我就要出兵讨伐鲁国。”

桓公本来要杀管仲，可鲍叔牙劝他说：“臣幸运地跟从了君上，君上现在成了国君。如果君上只想治理齐国，那么有叔牙和高傒就够了。如果君上想成就天下霸业，那么非管仲不可。管仲到哪个国家，哪个国家就能强盛，不可以失去他。"于是桓公听从此言，假装召回管仲以报仇雪恨，实际是想任他为政。鲁国把管仲交给齐国。鲍叔牙迎接管仲，亲手为他除去枷锁，让他斋戒沐浴再去见桓公。桓公赏以厚礼任管仲为大夫，主持政务。齐桓公在管仲等人的辅佐下，励精图治、整顿朝纲，使齐国越来越强大。

桓公改革

　　齐桓公拜管仲为相，君臣同心，励精图治，任用了一批各有所长、尽忠职守的出色人才。其中最具代表性的便是"桓管五杰"。

　　管仲初到齐国便提出："国君想要成就大业必须任用五杰——行为要讲求规范、进退要合乎礼节、言辞要刚柔相济，我不如隰朋；开荒建城、垦地蓄粮、增加人口，我不如宁戚；在广阔的原野上使战车不乱、兵士不退，擂鼓指挥使将士视死如归，我不如王子城父；能够断案合理公道，不杀无辜者，不诬无罪者，我不如宾胥无；敢于犯颜直谏，不避死亡、不图富贵，我不如东郭牙。"

　　桓公听从管仲建议，令五人各掌其事，并拜管仲为相，得到了百姓的拥护。

桓公称霸

　　齐桓公率领诸侯国的军队攻打蔡国。蔡国溃败，接着又去攻打楚国。楚成王派屈完到齐军交涉，齐桓公故意让诸侯国的军队摆开阵势，来吓唬威慑屈完。屈完对齐桓公说："如果您用仁德来安抚诸侯，哪个敢不顺服？如果您用武力的话，那么楚国就把方城山当作城墙，把汉水当作护城河，您的兵马虽然众多，恐怕也没有用处！"

　　后来，屈完代表楚国与齐国订立了盟约。

　　桓公三十五年，桓公大会诸侯于葵丘。周襄王派人送来礼物，桓公下拜收赐，正式成为中原的霸主。

齐桓公之死

　　周襄王三年、齐桓公三十年，管仲病重难起，齐桓公到他病榻前探望并询问国家未来之事。管仲交代说：

"易牙、竖貂、开方这三个人绝不能接近和信任。"

齐桓公问："易牙把他亲生儿子烹了给寡人吃，表明他爱寡人超过爱他儿子，为什么不能信任？"管仲说："人世间亲情莫过于爱子，他对亲生儿子都敢下毒手，怎么会爱国君你呢？"

齐桓公又问："竖貂阉割自己进宫侍候寡人，证明他爱寡人超过爱自己，为什么不能信任？"管仲说："他对受之于父母的皮肉都不爱惜，怎么会爱惜国君你呢？"

齐桓公再问："卫国公子开方放弃太子之尊到我手下称臣，他父母死了也不回国奔丧，这表明他爱寡人超过爱父母，为什么不能信任？"管仲说："卫公子不当太子，不回国奔丧，证明他有更大的政治野心，这种人你还可以信任吗？"

管仲死后，齐桓公迫于管仲的遗嘱和大臣的压力，不得不将易牙、竖貂、开方三人免职，但不久又将三人复职。三人回宫后狼狈为奸，打击忠良。后齐桓公病重，三人用桓公的名义禁止任何人入宫，又在桓公寝室周围筑起三丈高的围墙，把桓公活活饿死在宫禁中。

❧ 读史有智慧 ❧

在齐桓公称霸的过程中，管仲、鲍叔牙等能人的存在起

到了至关重要的作用，而齐桓公对于他们的重用就体现了一个做大事的人必需的能力：任用贤才。一个国家的发展离不开人才的支持，而一个国家的兴盛也和人才有着密不可分的关系。齐桓公能够不计前嫌任用管仲，不拘小节招贤纳士，对于齐国的发展起到了巨大的作用，在他们一群人的努力下，齐国才崛起成了当时的霸主。

历史寻踪

◆ 麦丘邑城址

在大沙河进入商河的怀仁镇储家村东南1500米处，有一座著名的古城遗址——春秋时期齐国的麦丘邑城址。古城遗址占地面积近一万平方米，遗址内存有较为完整的一段城墙基址，最高处可达2米，宽25米，极为壮观。古城遗址与著名的齐桓公有些关系，汉代刘向《新序》曾经记载了一个齐桓公与麦丘老人"三祝三谏"的有趣故事。

大器晚成的霸主——晋文公

重耳还是公子时并不讨父亲喜欢，他为了活命逃出晋国，流亡在外十九年。流亡途中危机四伏，他小心应对，躲闪腾挪，以免受害。这十九年，是他韬光养晦，学习治国理政、体察天下风土民情的时机。所以当他带着自己的顶级智囊团回归晋国之后，才有能力、有资本一步步走上霸主之位。

晋文公是谁

晋文公，姓姬，名重耳，晋国国君，与周王室同宗，是春秋时期著名的政治家。最初为晋国公子时，重耳谦虚好学，善于结交贤能之士。后来受迫害离开晋国，游历各诸侯国，漂泊了十九年之后终于回到晋国，杀了晋怀公即位。

晋文公是一个非常英明有能力的国君。对内，他任用贤才，晋国人民安居乐业，官吏各司其职，晋国由此踏上了富国强兵之路；对外，他联秦合齐，保宋制郑，

尊王攘楚，在城濮大败楚国军队，开创了晋国长达百年的霸业。晋文公文治武功，名垂青史，与齐桓公并称"齐桓晋文"，是春秋五霸中第二个称霸的霸主，亦为后世儒家、法家等学派所称道。

重耳流亡

重耳的父亲晋献公年老的时候宠爱妃子骊姬，他听信骊姬的谗言，打算让骊姬所生幼子奚齐继位，逼死了太子申生。骊姬为了确保奚齐继位，逼得重耳和夷吾逃回了自己的封地蒲州和屈城。献公又派出宦官带兵追杀重耳，重耳只得逃往国外。

于是，重耳和他的跟随者一躲就是十九年。起初，重耳并没有什么远大的志向，只是因为拥有公子的身份，所以流亡途中经过的各国还是给予了他很高的礼遇。重耳能够听从劝告、宽厚待人、仁义知礼，这让他的随从紧紧地团结在他的周围。重耳一行先逃亡到狄国，重耳在那里娶了国君的女儿。献公死后，晋国的小国君奚齐被人刺杀，国内和国外两股势力都希望重耳能回国继任新君。但经过慎重考虑，重耳以"君父新丧，不能就任"的理由拒绝了，于是王位继承权落在了他弟弟夷吾的身上。

夷吾是一个残暴无情的人，即位后第一件事情就是刺杀重耳，以绝后患。于是重耳被迫再次出逃。在这次逃亡的路上，重耳经历了许多苦难，也游历了许多国家，

加上夷吾的残暴无道，让他树立了复国的信念，他积极地接触当时的强国，获得他们的支持，并用心学习诸国的治国用兵之道。

重耳在国外颠沛流离了十九年，到过八个诸侯国，直至六十二岁才登基做国君。他即位后，励精图治，发展生产，晋国很快就强盛起来，重耳终于在花甲之年当上了中原的霸主。

退避三舍

春秋时候，晋献公听信谗言，杀了太子申生，又派人捉拿申生的弟弟重耳。重耳闻讯，逃出了晋国，在外流亡。重耳经过千辛万苦来到楚国。楚成王认为重耳日后必有大作为，就以国礼相迎，待他如上宾。

一天，楚王设宴招待重耳，两人饮酒叙话，气氛十分融洽。忽然楚王问重耳："你若有一天回晋国当上国君，该怎么报答我呢？"

重耳略一思索说："美女侍从、珍宝丝绸，大王您有得是，珍禽羽毛、象牙兽皮，更是楚地的盛产，晋国哪有什么珍奇物品献给大王呢？"

楚王说："公子过谦了，话虽然这么说，可总该对我有所表示吧？"

重耳笑笑回答道："要是托您的福，果真能回国当政的话，我愿与贵国友好。假如有一天，晋楚之间发生战争，我一定命令军队先退避三舍，如果还不能得到您的原谅，我再与您交战。"

四年后，重耳果真回国当了国君，晋国在他的治理下日益强大。公元前633年，楚国和晋国的军队在作战时相遇。晋文公为了实现他的诺言，下令军队后退三舍，也就是九十里，驻扎在城濮。楚军见晋军后退，以为对方害怕了，马上追击。晋军利用楚军骄傲轻敌的弱点，集中兵力，大破楚军，取得了城濮之战的胜利。

封山告慰介子推

重耳流亡期间受尽了侮辱，原先跟随他的臣子大多已经离开了，只剩少数几个忠心的人一直追随着他。其中有一个人叫介子推。有一次重耳饿晕过去，介子推为了救他，从自己的大腿上割下一块肉，用火烤熟了给重

耳吃。后来，重耳回国做了国君后，对那些与他同甘共苦的臣子大加封赏，唯独忘了介子推。有人在晋文公面前为介子推抱不平，晋文公猛然想起了旧事，心中愧疚，马上派人去请介子推，打算给他封官。可是差人去请了好几趟，介子推都不来。晋文公想："介子推肯定是生我气了，我得亲自去一趟。"于是，晋文公亲自去了介子推的家。可是，当他来到介子推家时，介子推因为不愿意见他，已经背着老母亲躲进了绵山。晋文公便让他的御林军上山搜索，结果没找到。于是，有人给晋文公出了个主意，说："不如放火烧山，在山的三面点火，留下一面。大火烧山时，介子推就会从那一面走出来。"晋文公觉得主意不错，就下令烧山。大火烧了三天三夜，直到大火熄灭，也没有看见介子推出来。晋文公上山一看，发现介子推和母亲宁肯抱着柳树被烧死，也不愿下山。晋文公悲痛万分，把介子推和他的母亲安葬在大柳树下。为了纪念介子推，晋文公下令把绵山改为"介山"，将整座绵山封给介子推。

"重耳流亡"的故事告诉我们即使面对失败也不能放弃，在困境中要努力学习，不放弃梦想和希望，就可以取得成功；"封山告慰介子推"告诉我们要知恩图报，不能心安理得地享受别人的恩惠。

历史寻踪

◆ 绵山

又名介山，是山西省著名的风景名胜区，相传晋国大臣介子推携母隐居于此被焚。它延绵百里，山势陡峭，最高海拔2566.6米，集山光水色、佛寺神庙于一体，成为山西省十大著名景区之一，共有20座寺庙、2000余间殿宇。

道德至上的仁义君子——宋襄公

楚军就在眼前，宋军兵少，硬碰硬肯定吃亏。"王上，趁敌军渡河咱们进攻吧！""不可以，不能乘人之危！"对面的楚军已经渡过河水，眼看就要打过来，将帅正忙于排兵布阵。"王上，趁着敌军还没摆好阵，咱们赶紧进攻啊！""君子不能乘人之危！现在还不能打！"面对强大的楚军，宋襄公选择了道德至上，有的人说这是战场，不能讲人情，但是宋襄公却认为就连打仗也应该以仁义道德为先！

宋襄公是谁

宋襄公，名兹甫，是春秋时期宋国国君宋桓公第二个儿子，因为是正室宋桓夫人所生，属于嫡子，因此被立为太子。

周襄王元年，兹甫的父亲宋桓公病重。按照嫡长子继承制①，兹甫本应是继位之人，可是兹甫在父亲面前恳求，要把太子之位让贤于庶兄目夷，还说："目夷年

---

① 嫡长子继承制：嫡长子继承制是宗法制度最基本的一项原则，即王位和财产必须由嫡长子继承。嫡长子是嫡妻（正妻）所生的长子。

龄比我大，而且忠义仁义，请让目夷做君主吧。"于是，
宋桓公把兹甫的想法讲给目夷听，目夷听后不肯接受太
子之位，说："能够把国家让给我，这不是最大的仁义
吗？我再仁义，也赶不上弟弟啊！况且不让嫡子做君主
而让庶子做君主，这不符合礼制啊！"为了躲避弟弟的
让贤，目夷逃到了卫国，兹甫的君主之位没有让出去。

平定齐乱

　　周襄王九年，齐桓公病重，齐国五公子各自率领
军队去争夺王位。十月七日，齐桓公饿死。五公子互
相攻打，齐国一片混乱。桓公尸体在床上放了六十七
天，尸虫都从尸体上爬了出来。齐国太子昭逃到宋国，
向宋襄公求救。尽管当时宋国十分弱小，但因齐桓公
死前曾委托宋襄公照顾太子，宋襄公就全力帮助太子
昭回齐国即位。

　　周襄王十年，各国诸侯接到宋襄公通知，请他们共
同护送公子昭到齐国去接替君位。但是宋襄公的号召力
不大，多数诸侯把宋国的通知搁在一边，只有卫国、曹
国、邾（zhū）国三个小国派了一些人马来。宋襄公率领
四国军队向齐国进发，齐国的贵族对公子昭怀有同情之
心，再加上不清楚宋军实力，就把无亏与竖刁杀了，赶
走了易牙，在国都临淄迎接公子昭回国。公子昭回国后
当上了国君，这就是齐孝公。宋襄公因此小有名气。

图谋称霸

齐桓公死后，诸侯霸主之位空缺，宋襄公想模仿齐桓公，会合诸侯，确立霸主地位。目夷劝谏他说："咱们就是一个小国，如果以小国的力量去会合诸侯，怕是以后会引来祸患啊！"宋襄公觉得他说得不对，就没有采纳他的意见。

周襄王十一年，宋襄公扣押了滕宣公，又邀曹、邾两国在曹南会盟，紧接着又命令邾文公把鄫国国君当作祭品押到睢水郊外去祭祀，想借此来威胁东夷，让他们臣服于宋国。同年秋天，宋襄公又因为曹国不服，带领军队包围了曹国。同年冬，陈穆公邀诸侯重修齐桓公在世时的友好关系，于是陈、蔡、楚、郑等国在齐国结盟。这样，在诸侯中便形成了两大集团，楚、齐、郑、陈、蔡等国为一大集团，而图谋称霸的宋襄公一边只有卫、邾、曹、滑等几个小国。宋襄公的处境变得十分危险。

图霸失败

周襄王十三年春，宋襄公在鹿地首次会合齐国、楚国等诸侯国国君。襄公自称为盟主，这引起齐君和楚王的不满。宋襄公又自作主张，没有经过齐国、楚国的同意，就约定当年秋天再次在盂地会合诸侯。这样齐国和楚国就更加不满意了。

宋襄公的哥哥国相目夷曾劝他小国争当霸主可能会

招来灾祸，但襄公不听。在去盂地前，目夷又劝他要带上军队，以防有什么不测，因为楚国人一向不讲信用的。宋襄公说："是我自己提出来不带军队的，我已经事先和楚国人约好了，怎能不守信用呢？"于是，宋襄公不带军队就直接去了盂地。

到了约定之日，楚、陈、蔡、许、曹、郑等六国之君都来了，这时楚国早埋伏好了军队。宋襄公和楚成王因为争当诸侯霸主而发生争议，楚成王突然命令军队抓住了宋襄公，把他带回楚国囚禁起来，想借以攻取宋国，直到同年冬季襄公才被释放。

泓水之战

宋襄公回国后，听说郑国支持楚成王做诸侯霸主，就决定攻打郑国。周襄王十四年初冬，宋襄公领兵攻打郑国，郑国向楚国求救。楚国派大将成得臣率兵向宋国国都发起攻击。宋襄公担心自己的国都有损失，只好从郑国撤退，双方的军队在泓水相遇。

楚军开始渡泓水河，向宋军冲杀过来。目夷说："楚国的士兵多，我国的士兵少，我们可以趁他们渡河之机消灭他们。"宋襄公说，"我们号称仁义之师，怎么能趁人家渡河的时候攻打呢？"楚军过了河，开始在岸边布阵，目夷说："抓住时机，可以进攻了。"宋襄公说："等他们列好阵，咱们再打。"等楚军布好军阵，楚兵一冲而上，大败宋军，宋襄公也被楚兵射伤了大腿。

宋军吃了败仗，损失惨重，士兵都埋怨宋襄公不听公子目夷的意见，宋襄公却教训道："一个有仁德之心的君子，作战时不攻击已经受伤的敌人，同时也不攻打头发已经斑白的老年人。尤其是古人每当作战时，并不靠关塞险阻取胜，宋国即使要灭亡了，也仍不会去攻打没有布好阵的敌人。"

读史有智慧

宋襄公在春秋乱世中不切实际地空谈古时君子风度，过度谦让，为了遵守迂腐的信条，在政治军事斗争中处处被动，并且把仁义滥用在敌国甚至是敌军身上，以致数次受辱。宋国是小国，宋襄公打了败仗，证明他对仁义还理解不到位，对自己的实力还不清楚。他不肯埋头发展，急功近利是他失败的地方，但讲信用宽而待人，却使他位列春秋五霸之一。

历史寻踪

◆ 宋襄公墓

宋襄公墓位于河南省商丘市睢县城北，又称襄陵。墓高6米，墓基占地面积152平方米。

墓呈圆锥形，由黏土堆压而成。原葬于宋襄公行宫内，现行宫已不复存在。睢县古称襄邑，就是因襄陵而得名。

称霸西戎的霸主——秦穆公

他第一次攻打晋国，因为轻敌而失利；第二次攻打晋国，因为指挥不当而失利；第三次攻打晋国，占领了晋国的多座城池。当所有人都不看好这场战争的时候，秦穆公用自己的远见、谋略和坚持，创造了战争史上的一段佳话。

秦晋之好

秦穆公是秦德公的儿子，秦宣公、秦成公的弟弟，嬴姓，赵氏，名任好，春秋时期秦国国君，与齐桓公、宋襄公、晋文公、楚庄王并称"春秋五霸"。

秦穆公为了自己能做霸主，于是拉拢当时力量强大的晋国，向晋献公提亲。晋献公同意将自己的大女儿嫁给他。后来，晋献公晚年昏庸，致使国政混乱，公子重耳和公子夷吾流亡在外。献公死后，秦国怕重耳回国会使晋国强大，从而威胁到自己的国家。于是秦穆公转而支持夷吾当国君。但是夷吾恩将仇报，当

秦国需要帮助的时候竟出兵攻打秦国，终遭惨败；不得已，夷吾通过割地和送公子圉（yǔ）到秦国做人质为条件，才和秦国重修于好。

秦穆公为了控制公子圉，就让自己的女儿嫁给他。然而公子圉听说自己的父亲病了，害怕国君的位置会被传给别人，就扔下妻子，一个人偷偷跑回晋国。第二年，夷吾去世，公子圉成了晋国君主，称为晋怀公。晋怀公再一次和秦国断绝来往，秦穆公很生气，于是决定要帮助重耳当上晋国国君。重耳在秦穆公的帮助下攻下晋都，并派人杀死晋怀公，继位为晋文公。秦穆公又把女儿嫁给了重耳。秦穆公也在重耳死后不久，借机打败已经成为中原霸主的晋国，也成了"春秋五霸"之一。

问贤伯乐

秦穆公非常有野心，他一心想要超越其他国家称霸天下，可他很苦恼身旁没有贤才良臣来辅佐他。一天，秦穆公召见了善于相马的伯乐，对他说："您的年纪大了，您的子侄中间有没有可以派去寻找良马的呢？"伯乐回答说："一般的良马是可以从外形容貌筋骨上观察出来的。天下那些不易得到的良马，是迷迷离离的，好像是又好像不是的，非常难辨别。我的子侄们都是一些能力一般的人，有一个曾经和我一起上山砍柴的人，他能够观察识别天下难得的好马。"于是，秦穆公找到了这个人，并且派他去寻找好马。过了三个月，他回来报告说：

"我已经在沙丘找到好马了。"秦穆公很高兴，就问他："是匹什么样的马呢？"

那个人回答说："是一匹黄色的母马。"

秦穆公派人牵了马来一看，竟然是一匹纯黑色的公马。秦穆公很不高兴，就派人把伯乐找来，对他说："你推荐的那个人，连马的颜色和公母都分不清楚，怎么能说是懂马之人呢？"伯乐长叹了一声，说道："他相马已经达到这样的地步了吗？这正是他胜过我无数倍的地方啊！他所观察的不是马的外表，而是马的天赋和它的内在素质，而忘记了它的外表。"秦穆公下令把那匹马牵回来驯养使用，事实证明，它果然是一匹天下难得的好马。秦穆公从这件事上得到启发，派人到各处去广招人才，希望天下有用的人都能投奔到他的门下来。

秦晋失和

秦穆公三十二年的时候，晋文公和郑文公都相继去世了，秦穆公便想趁机打败晋国，取得霸业。秦穆公认为自己几次帮助晋国平定内乱并且帮助他们册立国君，因此应该出任诸侯的首领。但是因为晋国战败了楚国，才推选重耳成为首领。如今重耳死了，就是秦国和晋国一争高低的时候了。于是他就派人去攻打晋国。大军先攻破了一个叫滑的小国，抢到了大量的器物、珠宝和粮食，然后到达渑池。秦国凭借着自己强大的军事实力并且有后援军的帮助，放松了警惕，结果被晋国的军队包围了起来。走投无路的秦军，只好往回撤退。谁知道晋军早在那些路上撒了硫黄等引火物，就等秦军一到，立刻引燃乱木，山谷顿时成了火海。秦军死伤不计其数。晋军大胜秦穆公，并俘获了很多将领。晋襄公的后母就是秦穆公的女儿，她听说这件事非常着急，就对襄公说："秦、晋两国本来就是亲戚，关系非常好，不要因为杀了将领破坏了咱们两国的关系。现在秦军战败，秦穆公肯定怨恨他们。不如放他们回去，让秦君自己来处置他们，免得我们杀了他们之后使自己的名声不好。"晋襄公认为她说得很有道理，就把秦国的将领都放了。

秦穆公看到战败的将领们狼狈回来，不但没有责备他们，还主动承担了责任，希望他们能勿忘国耻，以图再起。将士们十分感动，决心立功赎罪。他们操练士兵，

模拟演习，为了去报仇做着不懈的努力。

又过了一年，秦穆公认为军队已具有打败晋军的实力了。于是第二次攻打晋国。

晋国国君猜到了秦国不会善罢甘休，也在一直准备着迎敌的事宜。两军相逢厮杀一场，秦军大败。原本以为这次可以取胜，没想到却又失败了，通过两次失败，军队的总指挥孟明视开始从自己身上找原因。他认识到自己指挥军队的能力不够，训练军队和作战的方法也有缺陷。于是他开始亲自训练军队，和士兵朝夕相处，同甘共苦。就在他正紧张训练部队的时候，晋襄公率领晋、宋、陈、郑四国军队攻打秦国。面对士气昂扬的四国联军，孟明视沉着冷静，认为秦军还没有充分准备好，不能应战，就命令紧闭城门，加紧训练。许多秦国的大臣都认为孟明视输怕了，向秦穆公建议解除他的指挥权。秦穆公却很相信他。秦军经过孟明视等将军的严格训练，已经成为一支组织精良、英勇顽强的军队了。秦穆公认为征伐晋军的时候到了，于是率领大军浩浩荡荡地杀进晋国。在晋国的土地上，秦军往来驰骋，犹入无人之境。秦穆公见失地已经收复，也挫灭了晋国的威风，憋了三年的气总算出了，就带领大军到崤山，在当年被晋军打败的地方，把上次阵亡将士的尸骨埋好，并且亲自祭奠一番。将士们看到了全部都非常感动。

读史有智慧

秦穆公是很有谋略和远见的。他用计谋将晋国投奔戎人的由余招来做谋士。秦国根据由余的计划，逐渐灭掉西方戎人所建立的十二个国家。秦穆公于周襄王时出兵攻打函谷关以西的国家，开辟国土千余里，因而周襄王任命他为西方诸侯之伯，遂称霸西戎，为日后秦统一中国奠定了基石。

历史寻踪

◆ 秦穆公墓

秦穆公墓位于陕西省宝鸡市凤翔县城文化路博物馆院内，占地近十亩，仿古建式油漆彩绘大门，墓冢在院内中心部位，高出地面6米有余。大门前有清代名流陕西巡抚毕沅所写"秦穆公墓"四字的高大碑石。

一鸣惊人的五霸之一——楚庄王

官殿中歌舞升平，不时传来欢快的笑声，一代君王沉迷酒色，寻欢作乐。突然战况来报，君王持剑披甲上马，在战场上指挥百万雄兵，凭借一身谋略占领多个国家，文韬武略，知人善任……从饮酒作乐到攻打诸国，能否想象这是出自同一个人的经历？这就是最具霸气的楚庄王。

庄王亲政

楚庄王，芈（mǐ）姓，熊氏，名侣。先秦时期男子称氏不称姓，所以楚庄王又叫熊侣，是楚穆王的儿子，也是春秋时期楚国最有成就的君主，"春秋五霸"之一。他的父亲穆王即位后，让自己的太子主持国家事务。穆王在位期间，先后灭亡了江国、六国、蓼国和陈国等国家。后来，穆王逝世，太子熊侣即位。

庄王即位三年，从来没有向国家发布过任何一道政令，每天都是寻欢作乐。伍举进宫，见庄王在饮酒作乐，就问了庄王一个非常隐晦的问题："有一只鸟落在土山上，

三年不飞不鸣，这是什么鸟呢？"庄王说："三年不飞，一飞冲天；三年不鸣，一鸣惊人。你下去吧，我知道你的意思了。"过了几个月，庄王更加放纵。苏从就入宫进谏。楚庄王斥责他不要进谏，苏从回答说："舍身而使您贤明，这是我的夙愿。"楚王听完这两个人的建议后顿时恍然大悟，于是停止作乐，开始处理政务，杀死罪人，提拔有功之臣，任用伍举、苏从，举国上下十分拥护他。

问鼎中原

　　楚庄王亲政的当务之急就是攻伐反叛的庸国。公元前611年，楚庄王亲赴抗击庸国的前线指挥战斗，他将楚军分为两队，一路从石溪出兵，另一路从仞地出兵，并联络秦国及蛮族部落一起攻打敌人。将士们猛攻庸国，不久庸国灭亡。

　　灭庸之后，楚庄王想继续北上拓展疆域。中原地区的诸侯中晋国的实力最强，并且当时晋灵公也已经亲政，但是大权掌握在臣子赵盾的手中，晋灵公对内压榨百姓，对外受贿无信，所以国内统治既不稳定，国外威信也日益下降，更与权臣赵盾矛盾异常突出，势同水火。这就为楚庄王攻打晋国提供了有利时机。

　　随着楚国的稳定与实力的增强，一些中原国家开始见风使舵，认真选择自己的出路了。恰在这时，陈国的陈共公死了，楚庄王不派人前往吊唁，陈灵公一气之下，与晋结盟。楚庄王见时机已到，于是立即亲自率领大军攻打陈国，接着又攻打宋国。正当晋国外事不利时，国内又因晋灵公暴虐被杀，赵盾成为晋成公。

这一年亲率大军天子都的春天，楚庄王北上，攻打周城洛邑附近，在周王室边境陈兵示威。周定王惶恐不安，连忙派周的大臣王孙满去慰劳楚庄王。楚庄王在接见王孙满时，问他九鼎的大小和轻重。九鼎为夏禹所铸，象征九州，夏、商、周都奉为传国之宝，是天子权力的标志。楚庄王问九鼎，是想取代周而一统天下。楚庄王对外用兵、问鼎中原，标志着楚国已进入空前强盛的时代。

子越政变

就在楚庄王与赵宣子的争霸刚刚拉开序幕之时，楚国若敖氏家族发生了火并。楚庄王北征，令尹子越攻打蒍（wěi）氏，将蒍贾幽禁杀死，驱除蒍氏，并驻兵蒸野。楚庄王大军凯旋，听闻令尹子越发动军变，派人去打探，得知若敖氏叛军势大，于是以三王之子为人质作为与子越椒和谈的条件，实为缓兵之计。子越椒已是背水一战，对庄王的条件断然拒绝。庄王只能一战。子越椒自小在军营中长大，英勇善战，带领叛军猛攻楚王军，子越椒向楚庄王连射几箭都差一点儿就射中，叛军威势大振，楚王军士卒看到子越椒如此骁勇，开始胆怯。

危急时刻，楚庄王击鼓，下令反攻，射死了子越椒，若敖氏叛军失去领袖后，瞬间军阵大乱。楚庄王趁势反扑，叛军兵败如山倒。楚庄王乘胜追击，掩杀若敖氏。

巩固霸权

楚国讨伐陈国，将它设为楚国的一个县。群臣都表现出胜利的喜悦，只有申叔时刚从齐国出使归来不表示祝贺。庄王很疑惑，就问他为什么不高兴。申叔时回答说："庄王您是因为陈国发生动乱然后才率领将士们去攻打陈国，明明可以有理攻伐它，却贪婪地把它划归为自己的一个县，这怎么能在天下发布命令呢！"庄王听了他的建议，于是又恢复了陈国后代的地位。第二年春天，楚庄王打算用三个月的时间攻下郑国，于是就带着军队包围了郑国。郑伯脱去上衣露出胳膊牵着羊迎接庄王说："上天不能保佑我，我也没有侍奉您，因而您发怒，来到我国，这是我的罪过。我怎敢不听您的呢！您把我遗弃到南海或者把我当奴隶赏赐给诸侯，我也是愿意的。只要不断绝国家的祭祀，让我侍奉您，我就心满意足了。"
楚国的大臣们都不让楚庄王答应他。庄王说："郑国的
君王能够这样谦卑，就一定能任用自己的百姓，怎么可
以断绝他的祭祀呢？"

说完，庄王亲自举起军
旗，左右的人指挥军队，
率军退后三十里驻扎下
来，答应与郑国国君讲和。
郑国派人来和楚国订立盟约，
答应派人到楚国当人质。六月，
晋国救助郑国，与楚国大战，在
黄河畔楚国大败晋军。后来过了几
年，宋国杀死了楚国使者，楚国以此
为借口包围了宋国。楚国包围宋国长
达五个月之久，都城内粮食吃尽，人
们互相交换亲子骨肉而食，劈开人骨
当柴烧。宋国的大臣出城向楚军讲明
实情。庄王说："这是君子啊！"于
是撤军离去。

楚庄王是"春秋五霸"之一。庄王之前,楚国一直被排除在中原文化之外,自庄王称霸中原,不仅使楚国强大,威名远扬,也为华夏的统一,民族的融合发挥了一定的作用。楚庄王自公元前613年至公元前591年在位,共在位23年,后世对其多给予较高评价,有关他的一些典故,如"一鸣惊人"等也成为固定的成语,对后世有深远的影响。

◆ 楚庄王台

楚庄王台位于湖北省荆州城北8公里处纪南城内东北隅。《水经注》载:台"高三丈四尺,南北六丈,东西九丈"。现高6米,东西长30米,南北宽20米。公元前597年,晋楚之战,楚获大胜,威震九州,庄王为安抚列国君主,建筑高台,邀请列国君主来此聚会,众诸侯推庄王为盟主。此后"远者来朝,近者入宾",庄王威望日重,楚国国势日强。后人因而谓此台为钓诸侯台,故又名"钓台"。

能吃"苦"的帝王——勾践

提起帝王，大家首先想到的是不是锦衣玉食和华美的宫殿呢？但是，有一位君主，他每天白天亲自到田里与农夫一起干活，晚上枕着兵器睡在稻草堆上，还在房里挂上一只苦胆，每天都要尝一尝。这位如此能吃"苦"的帝王是谁呢？他就是故事的主人公——勾践。

勾践是谁

勾践是春秋末年越国的国王，是越王允常的儿子。公元前496年，允常去世，勾践即位。当时，吴王阖闾刚好打败了楚国，成了南方霸主。吴国跟越国素来不和，吴王趁越国先王过世新王刚刚继位的机会，发兵攻打越国。吴越两国在槜（zuì）李这个地方，发生一场大战。吴王阖闾信心满满而来，没想到却打了个大败仗，自己又中箭受了重伤，再加上上了年纪，回到吴国，就咽了气。

吴王阖闾死后，他的儿子夫差即位。阖闾临死时对

夫差说："不要忘记报越国的仇。"夫差记住这个嘱咐，叫人经常提醒他。他经过宫门，手下的人就扯开了嗓子喊："夫差！你忘了越王杀你父亲的仇吗？"夫差流着眼泪说："不，不敢忘。"他叫伍子胥和另一个大臣伯嚭(pǐ)操练兵马，准备攻打越国。过了两年，吴王夫差亲自率领大军去打越国。

忍辱负重

越国有两个很能干的大夫，一个叫文种，一个叫范蠡(lí)。范蠡对勾践说："吴国练兵快三年了。这回决心报仇，来势凶猛。咱们不如守住城，不要跟他们作战。"勾践不同意，带领大军去跟吴国人作战。两国的军队在太湖一带打了一仗，越军果然大败。越王勾践带了五千残兵败将逃到会稽，被吴军围困起来。勾践后悔当初没有听范蠡的建议，于是又向范蠡请教退兵之法。范蠡说："咱们赶快去求和吧。"于是勾践派文种到吴王营里去求和。文种在夫差面前把勾践愿意投降的意思说了一遍。吴王夫差想同意，可是伍子胥坚决反对，他主张一举把越国灭掉。

文种不得已回去复命。他打听到吴国的伯嚭是个贪财好色的小人，就千方百计把一批美女和珍宝，私下送给伯嚭，请伯嚭在夫差面前为吴国多讲好话，使夫差同意接纳越国投降。经过伯嚭在夫差面前的一番劝说，吴王夫差不顾伍子胥的反对，答应了越国的求和，但是他要求勾践必须亲自到吴国去给他当奴仆。文种回去向勾践报告和谈情况。勾践决定以大局为重，牺牲个人的尊严。他把国家大事托付给文种，自己带着夫人和范蠡到吴国去。勾践到了吴国，夫差让他们夫妇俩住在阖闾坟旁的一间石屋里，叫勾践给他喂马。范蠡跟着做奴仆的工作。夫差每次坐车出去，勾践就给他拉车。这样过了两年，勾践受尽屈辱，但没有表现出一点儿不满的情绪。夫差认为勾践真心归顺了他，就放勾践回国了。

卧薪尝胆

勾践回到越国后，立志要报仇雪耻。他害怕眼前的安逸消磨了自己的志气，就在吃饭的地方挂上一个苦胆，每逢吃饭的时候，都要先舔一舔苦胆，尝一尝苦味，还自己问自己："你忘了在会稽时遭受的耻辱吗？"他还叫人把席子撤去，用柴草当作褥子。

这就是后来人们传颂的"卧薪尝胆"的故事。勾践决定要使越国富强起来，他亲自参加耕种，叫他的夫人自己织布，以实际行动来鼓励生产。因为越国遭到

亡国的灾难，人口大大减少，他制定出奖励生育的制度。他叫文种管理国家大事，叫范蠡操练兵马，他自己虚心听从别人的意见，救济贫苦的百姓。全国的老百姓都受到感召，都巴不得多出一份力，好让这个受欺负的国家马上变成强国。后来，吴王夫差认为大夫伍子胥的衷心谏言是在阻碍他统一北方，就把伍子胥杀了，吴国实力顿时削弱。勾践得到了复国的机会，他率领自己培养出来的三千甲兵与吴王夫差艰苦作战，最终取得了胜利。历经十数年的卧薪尝胆以后，勾践终于实现了复国大业。

馈鱼退敌

吴越两军交战之初，越军兵马少，只得在洗马池这个地方驻扎下来，与吴军对峙。吴王认为越兵缺乏水源，是无法打赢战争的，就派人送给勾践两条咸鱼。这本是要讽刺挖苦越国将士的，指他们被包围数月，已是粮尽弹绝，饿得奄奄一息，根本没有周旋的余地，与咸鱼差不多。可是令吴王吃惊的是，越王竟回赠了两条活鱼。"咸鱼"竟然翻身了，这是吴王万万没有想到的。"原来山上面有水有鱼啊，我怎么没有发现呢？"他思考了一下，认为再包围下去也是两败俱伤，决定先安葬战死沙场的士兵，让他们魂归故里。等回去把兵马都休养好了，再来打也不迟。于是就爽快地用手一挥："我们回去吧！勾践能形成什么大气候呢？我们明年再来收拾他也不晚。"

而就在吴王放松警惕的这段时间里，勾践一直厉兵秣马，伺机而动。公元前482年，吴王夫差为了参加黄池之会，率领精锐出国，仅留下太子和老弱士兵守国。勾践乘虚而入，大败吴军，杀死吴国太子。夫差仓促返回，连战不利，不得已而与越国议和。最终，吴国彻底战败，吴王自杀。

读史有智慧

可以说勾践是历史上最能吃"苦"的一位帝王了，面对将要覆灭的国家，他甘愿做敌人的奴隶；面对敌人的侮辱，他长期忍耐不发怨言；回国后，他没有安于现状，而是用"苦"来激励自己不忘耻辱，励精图治，最终以弱胜强，以三千残兵败将，击退了十万吴国精兵强将。正是因为有着在敌人面前忍辱负重的极大毅力，勾践才能最终战胜吴王，成为春秋时期的一代霸主，被后人铭记。要成就大事业，一定要不怕苦难、励精图治，这就是越王给后人留下的最宝贵的启示。

历史寻踪

◆ 越王城遗址

越王城遗址位于浙江杭州市的城山之巅，是越王勾践屯兵抗吴的重要军事城堡。山上有城山古道、越王城遗址、洗马池、佛眼泉等遗迹，还有越王祠、古越亭、望湖亭、卧薪尝胆等景点。

◆ 勾践祠

由于"卧薪尝胆"的故事，勾践在今天的中国已经成为不惧怕失败与耻辱，敢于拼搏的励志楷模的形象。后人为了纪念他的这种精神，在越王城遗址内为他建立了祠堂。勾践祠在20世纪90年代初重修，现又重建。

大一统的开创者——秦始皇

秦始皇作为中国第一位皇帝，建立了我国历史上第一个中央集权的统一的封建国家，为中华民族的形成、发展做出了重要的贡献。然而大家对他的评价却褒贬不一，有人说他是伟大的君王，也有人说他残暴不仁，执法严酷。你认为秦始皇是一个什么样的人物呢？

秦始皇是谁

秦始皇嬴政，出生于赵国首都邯郸。他是秦庄襄王的儿子，十三岁就登上了王位，三十九岁称皇帝，在位三十七年，是古往今来第一个称"皇帝"的君主，被誉为"千古一帝"。秦朝的历代先王都梦想着统一六国，秦始皇从自己的父亲秦庄襄王手中接过了这个接力棒。此后他调兵遣将，东征西讨，终于实现了梦想，建立了空前统一的帝国。

在统一全国后，秦始皇分天下为三十六郡，统一律法、度量衡和文字，在各地巡游。他命大将军带领军队

获取南方的梁地，向北则驱逐不安分的匈奴。同时秦始皇还大兴土木，滥杀无辜。他征集人民修筑长城、阿房宫、骊山陵墓，为了巩固统治，焚书坑儒。他还妄想长生不老，不惜耗费巨资派人入海求仙。但他最终还是死在了沙丘巡游的路上。

登上王位

秦始皇的父亲子楚在赵国为人质的时候，遇见了大商人吕不韦。吕不韦是一个非常精明的商人，他帮助子楚结交贤能的人，提高子楚的名声，并且将自己美丽的姬妾赵姬送给子楚。赵姬便是秦始皇的母亲。子楚为了报答吕不韦，在他成为秦王后，封吕不韦为丞相。

后来，嬴政当上了秦王，由于年少，国政大权均由吕不韦把持。吕不韦怕秦始皇发觉他与太后（赵姬）的奸情，于是就将假宦官嫪毐（lào ǎi）献给太后。

秦始皇逐渐长大了，开始对吕不韦和嫪毐等人有所警觉。一次嫪毐在喝醉酒后竟对一个大臣斥责道："我是秦王的假父，你竟敢惹我。"这个大臣听后很生气，并且找了个机会告诉秦始皇。嫪毐知道后慌了，准备发动叛乱。

公元前238年，秦始皇在雍城蕲（qí）年宫举行冠礼。嫪毐进攻蕲年宫。秦始皇早已在蕲年宫布置好三千精兵，击败了叛军。嫪毐转打咸阳宫，那里也早有军队，嫪毐一人落荒而逃，没过多久便被逮捕。秦始皇将嫪毐

五马分尸，又免除了吕不韦的相职，把吕不韦放逐到巴蜀。

创立帝号

秦始皇除掉吕不韦、嫪毐等人后，重用李斯、尉缭（wèi liáo），用了九年的时间，先后灭了韩、赵、魏、楚、燕、齐六国，完成了统一大业。秦始皇觉得自己的功劳胜过上古的三皇五帝，应该有匹配的名号，于是召集大臣商议。大臣们都十分嘴甜地说："王上的军队是代表正义的军队，平定了动荡的天下。这是从未有过的，即使是上古的五帝也没您厉害，要不您就叫'泰皇'吧，可以自称为'朕'，下达的命令称为'制书'。"

秦始皇听了，思考了一会儿，便对大臣们说："去

掉'泰'字。我的功劳胜过之前的三皇五帝，采用三皇
之'皇'、五帝之'帝'，那就叫'皇帝'吧！"

焚书坑儒

　　秦国统一之初，治理国家的政策还没有完全确定下
来，当时丞相李斯认为春秋战国诸侯之所以纷争，完全
是西周分封制造成的恶果。只有废除分封制，才可免除
祸乱。秦始皇采纳了李斯的意见，在全国确立了郡县制。

　　公元前213年，秦始皇在咸阳宫摆酒设宴，有个
叫周青臣的大臣说："以前，我们秦国只有一千里的疆
界，如今多亏皇帝您的英明，统一了天下。把诸侯国
都废了，改为郡县。我们的皇上是亘古以来最伟大
的帝王！"

　　秦始皇听了，心中很得意。可有的大臣就
不舒服了。博士淳于越反驳说："周王把土地
分封给子弟和功臣，叫他们辅佐朝廷，所
以周朝存在了八百年。如今您的
子弟和功臣们一块
土地都没有。万一
有几个郡
县出事了，
可怎么办？不把古
人当老师，是不会有好下
场的。"

秦始皇把淳于越的建议交给群臣讨论。丞相李斯便在此时提出了他著名的口号："五帝不相复，三代不相袭。"他认为历代统治者按照自己的方法来治国，并不是有意要标新立异，而是因为时代在变，治国方法当然也要变。

李斯还提出焚书的主张，他说："凡是不以秦为正宗的历史书全烧了，不是担任博士官而藏有诗书百家著作的全烧了，有敢于一起谈论诗书的杀头。用过去否定现在的人，官吏知道而不举报的与犯人同罪。命令下达三十天后，还不把诗书烧掉的，脸上刺字，发配去修筑长城。医药、卜筮、种树的书不烧，如果想要学法令，必须以官吏为师。"秦始皇采纳了李斯的建议，焚书开始了。

有两个儒生认为秦国的律法太残酷了，于是商议着逃跑。秦始皇知道后十分恼怒，派御史对所有

的儒生进行拷问，让他们互相检举揭发。这些人没有骨气，还没受拷打，就吓得东拉西扯供出一大批人来了。秦始皇大怒，下令把四百六十多个儒生都活埋了，罪行轻一点儿的发配到边疆去开荒。这就是"坑儒"。

读史有智慧

秦始皇拥有梦想，并通过努力最终建立了强大的帝国，他的威严和神武是令人敬佩的，只是他的暴行让我们对他有不好的印象。历朝历代，大家都对他指指点点，口诛笔伐。但即使他的行为有众多不对之处，却不能否认他的千秋功绩。他任用贤才，敢于改过自新，是千古一帝，是中国第一位皇帝，使中国第一次完成了政治上的统一，他采取的郡县制等一系列制度影响深远，甚至沿用至今。所以，我们要一分为二地理性地看待秦始皇。

历史寻踪

◆ 秦始皇陵

秦始皇陵地处陕西省西安市临潼区城东的骊山。秦陵中还建有各式宫殿，陈列着许多奇异珍宝。秦陵四周分布着大量形制不同、内涵各异的陪葬坑和墓葬，现已探明的有400多个，其中包括举世闻名的"世界第八大奇迹"兵马俑坑。秦始皇陵也是世界上规模最大、结构最奇特、内涵最丰富的帝王陵墓之一，体现了两千多年前中国古代劳动人民的才能。

草根帝王——刘邦

生于农家，长于市井，在别人眼里，他不过是街头巷尾一个插科打诨的混混儿。但他自己心里清楚，虽然大器晚成，但他注定将是秦末万千人中最不平凡的一个。三十八岁，他斩蛇起义，立抗暴秦；四十岁，他带兵攻入咸阳，约法三章；四十五岁，他定都长安，登基成为大汉皇帝。他任萧何、用张良、拜韩信，力克项羽，剿灭诸国，平定叛乱，他制定礼仪，和亲匈奴，下旨求贤，奠定了汉家四百年基业……这个从草根一步一步成长起来的皇帝就是汉高祖刘邦。

刘邦是谁

刘邦，沛县人，姓刘，名邦，字季。人们都说他天生异象，鼻子高高的，脸很大，长了一脸漂亮的胡须，左腿上有七十二颗黑痣。他性格豪爽，却不喜欢读书，为人豁达，却不喜欢做农事，他唯一喜欢的就是喝酒。父母朋友都说他是"无赖"，比不上他的哥哥，但刘邦依然我行我素。后来，刘邦当了泗水的亭长，慢慢和官府里的官员们混得都比较熟，在当地也小有名气。萧何、樊哙（fán kuài）、

卢绾（wǎn）、周勃、灌婴等人都是刘邦在当泗水亭长的时候结识的好友，后来这些人都成为了汉朝的开国功臣。刘邦经常去喝酒，没有钱了就欠着酒钱。醉倒之后，有人见到刘邦身上有龙出现，都感到奇怪，认为此人以后会成大气候。

单父县的门阀吕公因避仇移居沛县，县内士绅都前去祝贺，要求贺礼不到一千铜钱的客人，都在堂下就座。刘邦称自己有"贺钱一万"，于是坐到了厅堂之上，其实他一个钱都没有带来。吕公见刘邦相貌不凡，认为他必成大器，于是把自己的女儿许配给他。

斩蛇起兵

刘邦以亭长的身份押送犯人到骊山去为秦始皇修建陵墓，半路上很多人都畏罪逃跑了。刘邦心想，反正失职也是一死，索性就成全大家。于是他命令部队停下来，把随军的酒分给大家喝，刘邦说："你们都逃命去吧，从此我也要远走他乡了！"壮丁中有一些人因为感激刘邦，纷纷表示愿意跟随他一块走。刘邦乘着酒意，夜里抄小路通过沼泽地。突然出现一条白色的大蛇在前面拦路。人们见到大蛇，吓得纷纷后退。刘邦挺身而出，大喝一声挥剑把大蛇斩成两段，让大家顺利地通过了。

那时候，陈胜、吴广已经在大泽乡起义，很多郡县的豪杰都杀了他们的长官来响应义军。沛县的县令因为害怕，就关闭城门，不敢让刘邦进城。于是刘邦在帛上写了字射到城上去，向沛县的百姓宣告说："天下百姓受秦朝压迫已经很久了。现在各位虽然为沛县县令守城，但是各地诸侯纷纷起义，马上就要屠戮到沛县。如果现在沛县父老一起把县令杀掉，从年轻人中选择可以拥立的人作为首领响应起义，那么你们的家人就都可以保全。不然，全县老少都要遭到屠戮。"于是沛县百姓率领县中子弟一起杀掉了县令，打开城门迎接刘邦，让刘邦做了沛公。

约法三章

刘邦做了沛公之后便采纳张良的意见，在蓝田南面与秦军交战，所过之处，不得掠夺，秦军不断被瓦解。公元前206年，刘邦的军队在各路诸侯中最先到达灞上。秦王子婴出城投降。于是刘邦向西进入咸阳。刘邦想留在秦宫中休息，樊哙、张良劝阻，于是刘邦下令把秦宫中的贵重宝器和财物都封好，然后退出咸阳驻扎在灞上。刘邦召见各县的百姓和

豪杰，对他们说："父老们苦于秦朝的苛政厉法已经很久了，批评朝政得失的要灭族，窃窃私语的要处以死刑。我和诸侯们约定，谁先进入关中谁就在这里做王，所以我应当做关中王。现在我和父老乡亲们约定，律法只有三条：杀人者处死刑，伤人和抢劫者依法治罪。其余凡是秦朝的法律全部废除。所有官吏和百姓都像往常一样，安居乐业。总之，我到这里来的目的就是要为父老们除害，不会对你们有任何侵害，请不要害怕！"随后，刘邦派人和秦朝的官吏一起到各县镇乡村去巡视，向民众讲明情况。秦地的百姓都很欢喜，争着送来牛羊酒食慰劳士兵。刘邦推让不肯接受，说："仓库里的粮食很多，物资并不缺乏，不想让大家破费。"人们更加高兴，唯恐刘邦不在关中做王。

知人善任

　　刘邦与项羽可以说是一对宿敌了，在鸿门宴①之后，天下局势大变，二人分别带兵作战，最终在垓下之战中刘邦大败项羽，建立了汉朝。

　　刘邦在洛阳南宫摆设酒宴。宴席上，刘邦问诸将，自己之所以能取得天下，项羽之所以失去天下，是为什

　　①鸿门宴：是公元前206年于咸阳郊外鸿门举行的一次宴会，参与者包括当时两支抗秦军的领袖项羽与刘邦。这次宴会在秦末农民战争及楚汉战争中都产生了重要影响，间接促成项羽败亡、刘邦成功的局面。

么？高起、王陵回答
说："项羽傲慢而且
好侮辱别人，而陛
下仁厚而且爱护别人，派
人攻城略地，便把城池分封给将领，与天下人同享利益；
而项羽却妒贤嫉能，有功的就记恨人家，有才的就怀疑
人家，打了胜仗不给人家表功，夺了土地却不分给别人
利益，这就是他失去天下的原因。"刘邦摇摇头说："你
们只知其一，不知其二。要说运筹帷幄之中，决胜于千
里之外，我比不上张良；镇守国家，抚慰百姓，供给粮
饷，保证运粮道路不被阻断，我比不上萧何；统率百万
大军，战必胜，攻必取，我比不上韩信。这三个人都是
人中的豪杰，我却能够使用他们，这就是我能够取得天
下的原因所在。项羽虽有范增却不信任和重用，这就是
他被我击败的原因啊。"

读史有智慧

从市井小民到大汉皇帝，从泗水亭长到汉军统帅，刘邦从一个小小的草根成长为顶天立地的伟丈夫，他的心胸、他的智慧、他的魄力，无不让世人惊叹。他在乱世中果断加入反秦斗争，东征西讨，打下汉家天下；他治国理政，约法三章，让百姓休养生息，安居乐业，奠定了汉朝长盛不衰的根基。刘邦的一生，向大家完美展示了一个草根帝王的自我修养，成为后世很多有志之人学习模仿的范本。

历史寻踪

◆ 刘邦墓

刘邦墓也叫长陵，位于陕西省咸阳市东约20公里的窑店镇三义村北，是汉高祖刘邦和皇后吕雉的合葬陵墓。高祖陵在西，吕后陵在东，萧何、曹参、张耳、田蚡（fén）、周勃父子等功臣贵戚大都陪葬于此。这些累累连绵的坟冢，从某种角度再现了汉初文治武功的盛况。

◆ 刘氏冠

刘邦做亭长时，喜欢戴用竹皮编成的帽子，等到显贵的时候仍然戴着，人们就把这种帽子称为"刘氏冠"。后代的官员也有戴这种"刘氏冠"的。

王朝盛世的创造者——汉武帝

他，十六岁登基，在位五十四年，在位期间加强集权，推行儒学，创设察举，严刑治国，社会稳定；他，击溃匈奴，东并朝鲜，南诛百越，西逾葱岭，开疆拓土，奠定版图，将中国推上了空前的高峰。他就是雄才大略的汉武帝——刘彻。

汉武帝是谁

汉武帝刘彻是西汉的第七位皇帝。他的母亲在怀他的时候，梦见太阳进入她的怀中。汉景帝说："这是富贵的象征啊！"

刘彻小时候聪颖过人，懂得进退。三岁时，景帝问他："你愿意成为天子吗？"刘彻说："这件事情不是我能决定的。"汉景帝觉得刘彻回答得巧妙，自此对这个儿子另眼看待。

刘彻的记忆力特别好，而且非常喜欢读书，尤其是古代先贤的事迹，他甚至可以过目不忘。

罢黜百家，独尊儒术

汉武帝即位时，汉朝建立已经有六十多年了，天下太平。大臣们都希望天子举行祭祀泰山的仪式和封禅大典，改换或确定各种制度。赵绾、王臧（zāng）等人靠文章博学做到公卿的高位，他们向汉武帝建议在城南建立宣明政教的建筑，作为朝会诸侯的地方。当时汉初盛行的黄老之风还在延续，窦太后不喜欢儒家的思想，所以儒生的很多建议都废止了。直到窦太后去世，汉武帝才真正掌握了国家大权。他采用董仲舒"罢黜百家，独尊儒术"的建议，在长安创立专门的儒学教育机构——太学。在宣扬儒学的同时，汉武帝亦采用法规和刑法来巩固政府的权威和显示皇权的神圣。他对广大百姓宣扬儒道以示政府的怀柔，而对政府内部又施以严酷的刑法来约束大臣。

巩固大一统

武帝接受主父偃的建议，颁布推恩令①，即允许诸王将自己的土地分给子弟，建立较小的诸侯国。在文帝、景帝时期，丞相主要是以功臣居多，汉武帝和丞相有很多的矛盾，导致大臣们没有人愿意接任丞相之职。汉武帝便设立了中朝和尚书台，让众多儒生来代替元老们掌握国家政权。他还创立年号，成为中国历史上第一个使

---

①推恩令：汉武帝为了巩固中央集权而颁布的一项重要政令。这项政令要求诸侯王将自己的封地分给自己的子弟。后来根据这项政令，诸侯国被越分越小，汉武帝再趁机削弱其势力。

少年乐读《史记》

用年号的皇帝。

汉武帝统治时期，中央财政出现困难，从原来的赢利颇多变为了入不敷出，这主要是由于对外的征伐不断导致的。一些富有的商人富可敌国，与窘困的中央财政形成了鲜明对比。中央政府除了靠卖官鬻爵等方式快速增加财政收入外，还打击大商人，改革币制，发行五铢钱，一举解决了困扰西汉金融多年的私铸、盗铸问题。此外，汉初盐铁为私人专营，于是富商大贾、豪强地主往往占有山海，垄断了对国计民生有重要影响的冶铁煮盐业，这不仅影响中央财政的收入，而且也助长了分裂割据势力。汉武帝把冶铁、煮盐、酿酒等产业的私营权收归政府，由国家统一经营，统一管理，统一贩卖，这在古代就被称作"盐铁官营"。

此外，汉武帝还十分重视文化思想。他采纳董仲舒"罢黜百家，独尊儒术"的建议，重用文人贤士，第一次自上而下在全国范围内征集图书，兴建国家图书馆。汉武帝还创建太学、乡学等学校，设立举贤制度，形成了中国独特的文官制度。

威服四海

　　汉武帝是一位具有雄才大略的君主，历史上有"功高莫大于秦皇汉武"的说法。他开疆拓土，平定四夷，建立了空前辽阔的疆域，奠定了中华的疆域版图，使汉朝达到了极盛的时期。汉武帝时，匈奴不断侵扰中原。汉武帝继位后，开始逐渐为扫清匈奴做准备。他首先平定南方闽越国的动乱，然后开始着手以军事手段代替带有屈辱性质的和亲政策来彻底解决北方匈奴的威胁。他起用大将卫青、霍去病领兵攻击匈奴，最后击败匈奴，使匈奴日渐衰落，解除了匈奴对汉王朝的威胁。他派张骞通西域，打通了丝绸之路，促进了中西方的经济、文化交流。在对匈奴发动战争的同时，汉武帝还采取和平手段和军事手段使西域诸国臣服。为了联合乌孙抗击匈奴，他封刘细君为公主和亲乌孙。在东北方，他派兵灭卫氏朝鲜（今朝鲜北部），置乐浪、玄菟、临屯、真番四郡。在南方，他派兵通夜郎，灭南越，使得夜郎、南越政权归附汉朝，先后在西南设立了七个郡，疆土最南端超过今天越南胡志明市，汉帝国的版图至此基本成形。

读史有智慧

　　汉武帝是中国封建王朝中最杰出的君主之一，奠定了汉王朝强盛的局面，促成了中国封建王朝发展的第一个高峰。他开辟了辽阔的疆域，奠定了汉朝的基本范围。他是第一个用"罪己诏"进行自我批评的皇帝，敢于罪己，向天下承认自己的过错。此后，历代皇帝凡是犯了大错，都会下"罪己诏"，公开认错，展示明君姿态。汉武帝开创了空前的丰功伟绩，但晚年的穷兵黩武和巫蛊之祸为其光辉形象留下了污点。不过之后他敢于直面过失，继续执行汉初息兵养民、轻徭薄赋的国策，为之后西汉极盛之世的孝宣中兴奠定了基础，可谓善始善终。

历史寻踪

◆ 茂陵

茂陵位于陕西省咸阳市下辖的兴平市东北原上。此地原属汉时槐里县之茂乡，故称"茂陵"。它是汉代帝王陵墓中规模最大、修造时间最长、陪葬品最丰富的一座，被称为"中国的金字塔"。

少年乐读《史记》

骁将铁骑安天下

卫晋 著

湖南文化音像出版社

为什么要写这样一本《史记》

历史是一面镜子，记录着兴衰、成败。

2000多年前，司马迁忍辱负重，靠个人意志完成了这样一部杰作。鲁迅先生的评价：史家之绝唱，无韵之《离骚》。

欲读历史，必绕不开《史记》。《史记》是二十四史之首，司马迁把一生全部奉献给了《史记》，给炎黄子孙留下了宝贵的文化遗产。

《史记》不仅是司马迁对历史所做的贡献，更凝结了自己的人生感悟。在2000多年前的汉代，司马迁因李陵事件备受摧残，可他没有忘记自己是一个史官，自己身上的使命以及父亲的临终嘱托。难堪、耻辱、愤怒，统统凝聚到笔上，他把从传说中的黄帝时代开始，一直到汉武帝太初四年（公元前101年）为止近3000年

的历史，经过 18 年，终于编写成 130 篇、52 万字的巨著《史记》。

相较之前的史书，司马迁采用的是"纪传体"，以生动的叙事呈现了历史人物在每个时代的事迹。在这背后，凝结了司马迁对历史和人物的心血：他到过长沙，在汨罗江边凭吊爱国诗人屈原；他到过曲阜，考察孔子讲学的遗址；他到过汉高祖的故乡，听取沛县父老讲述刘邦起兵的情况……

《史记》里的人物是有温度的，就像发生在我们身边，让人能置身其中，如《鸿门宴》中，每个人物都是栩栩如生的。

相比历史研究来说，《史记》这样的呈现无可厚非。然而，对于普通读者以及青少年来说，有没有更好的接触《史记》的方式？

这就是我们改编出本套专门为青少年阅读，取材史书和历史文献所讲述的正史故事，内容贴近历史事实，更彰显人物的本来面貌的图书的初衷。全书以《史记》为纲，以品读的形式编排，用适合儿童的语言，讲述了一个个有温度的故事，使人仿若身在其中。

让我们赶快来阅读这款专为青少年而编写的《史记》吧!

目 录

弃小义而灭大恨——伍子胥

战国时期有一个人不断地往返于宋、郑、吴、楚各国，见证了一幕幕荒唐的历史悲剧。为报父兄之仇，他在吴国养精蓄锐，积攒势力，最终将楚平王从坟墓中挖出来疯狂鞭尸，以泄愤恨。他命犯小人，因小人的恶言而结仇，因小人的恶言而丧命，可以说是非常悲剧了。

父兄被害

伍子胥名员，楚国人，他的父亲伍奢是楚平王太子的太傅。少傅费无忌在楚平王面前不断说太子的坏话，伍奢挺身而出，为并无罪过的太子辩护。但是楚平王听信谗言，把伍奢囚禁起来。费无忌对楚平王说："伍奢的两个儿子都很有才能，如果不杀死他们，他们早晚也会成为楚国的祸患。"于是楚平王派人去召唤伍奢的两个儿子伍尚和伍员，想一并杀害。而且威胁他们说："如果你们来见

平王，你们的父亲就可以活命，如果不来，那就立刻杀死你们的父亲。"伍尚想去，伍员说："楚王召我们兄弟，并不是想留住父亲的性命，而是用父亲做诱饵骗我们，他怕我们逃走会成为楚国的祸患。只要我们一去，就要和父亲一起赴死。那样，我们就报不成仇了。不如逃到别的国家去，借助别国的力量报仇雪耻。"

伍尚说："我知道我们去了也不能保住父亲的性命。可只恨父亲叫我们是为了活下去，如果不去，日后我们又不能报仇雪耻，那时就会

被天下人耻笑啊。"又说："依你的能力是可以报父亲之仇的，你逃走吧，我去赴死。"于是伍尚就去见了平王。伍尚被捕后，伍子胥就逃走了。他听说太子建在宋国，就前去投奔他。楚平王就把伍尚和伍奢一起杀了。

伍员逃国

因为宋国动乱，伍子胥跟随太子建一起逃到郑国。郑国国君对他们很好。后来太子建又到了晋国，晋顷公劝说太子建回到郑国，准备里外夹击灭掉郑国。太子的随从因为得罪太子害怕被责罚，就把太子的计划告诉了郑国。郑定公一气之下就杀死了太子建。伍子胥就和太子建的儿子胜一起逃到吴国。逃到江边，一渔翁知道伍子胥情况

危急，就帮他渡了江。伍子胥过江后，解下随身宝剑说：
"此剑价值百金，把它送给您吧！"渔翁拒绝道："楚国
颁布法令，抓到伍子胥赏粮食五万石，而且加封爵位，
这不比宝剑更值钱吗？我不看重这些东西。"伍子胥在
逃往吴国的路上得了病，只能停下来讨饭吃。到达吴都
后，他通过公子光的关系求见吴王僚。

　　后来，因为边界蚕农为争采桑叶而生出事端，吴国
派公子光攻克了楚国的钟离和居巢后回国。伍子胥劝说

吴王僚继续攻打楚国。公子光以伍子胥建议攻楚的目的是报私仇为由劝说吴王不要发兵攻楚，以免与楚国结怨太深。伍子胥知道公子光的野心是在国内，想害死吴王自己继位，心思并不在对外军事斗争上，于是就放弃了自己的爵位，离开朝廷，与胜一起到乡下种田去了。

扶持吴王

五年后，楚平王死了。吴王僚派军队袭击正在办丧事的楚国。楚国出兵切断了吴军的后路，吴国大军回不了国。在吴国国内空虚的关头，公子光谋反，派人暗杀了吴王僚，自己称王，这就是吴王阖闾。阖闾称王后召回军队，与大臣们共谋国事。

阖闾四年（公元前511年），吴国攻打楚国，夺取了楚国的大片土地。阖闾五年，打败了越国。阖闾六年，伍子胥带兵大败楚军，夺取了楚国的大片土地。

鞭尸复仇

吴军乘胜追击，五次大战后攻到了郢（yǐng）都。楚昭王逃亡，伍子胥找不到楚昭王，就挖开楚平王的坟墓，拖出他的尸体用鞭子抽打了三百下。伍子胥的朋友申包胥起初很支持伍子胥报仇，但此时认为伍子胥曾经身为臣子，但如今却连死人也侮辱，真是丧尽天良！伍子胥却说："我就像快要落山的太阳，但是还有很多志向没有完成，不知道何时便死了，还遵循什么做事的伦

理！"于是申包胥跑到秦国去求救，秦国不答应。申包
胥就站在秦国的朝堂哭了七天七夜没有停止。秦哀公同
情他，就派了五百辆战车去攻打吴国。恰逢此时吴国内
部发生叛乱，楚昭王见吴国乱成一团，就又打回郢都。
吴军大败，退回吴国。

冤死沉江

吴王阖闾死后，夫差继位，任用伯嚭（pǐ）做宰相，
在会稽打败越国，越王勾践派人向吴王求和。伍子胥说：
"勾践为人极能隐忍，若不趁现在除掉他，日后必生祸
患。"夫差不听伍子胥劝告，而采纳了太宰嚭的意见和
越国讲和。

太宰嚭经常在吴王面前说伍子胥的坏话。夫差就派
使臣赐给伍子胥一把宝剑，让他自杀。伍子胥仰天长叹：
"唉！小人伯嚭要作乱，大王反而来杀我。我尽心尽力辅
佐你的父亲称霸，在你还没立为太子时，我在先王面前
冒死相争，才使你有了做太子的可能。你被立为太子后，
还答应分吴国一部分给我，我不敢奢望你报答我，可现
在你竟听信小人的话来杀害我，真是让人心痛啊！"于
是他对亲近的人说："我死后一定要挖出我的眼珠悬挂在
吴国都城的东门楼上，我要亲眼看着越国军队怎样灭掉
吴国。"说完，伍子胥自刎而死。夫差听说后非常生气，
把伍子胥的尸体装进袋子扔进江里。

勾践回国后，卧薪尝胆，终于起兵伐吴，彻底灭了

吴国。吴王夫差自杀而死，自杀的时候蒙着面孔说："我没脸去见伍子胥啊！"

读史有智慧

伍子胥为报杀父兄之仇，弃小义而灭大恨。他的一生可以说是传奇的一生。为报仇不惜四处逃亡，被困江岸沿途乞讨也不忘心中仇恨，可以说是仇恨支撑了他的一生。然而在某种意义上伍子胥也是悲哀的，他的仇恨来自于谗言，最后也是因为谗言而不得不自杀，我们不禁为这位刚烈的男子感到惋惜。

历史寻踪

◆ 胥口

江苏苏州市胥口镇是伍子胥被抛尸入江的地方。当地百姓为了纪念他，建起了伍子胥墓和胥王庙，并把伍子胥率领开挖的运河命名为胥江，把附近的小山命名为胥山，濒临的太湖命名为胥湖。

铁面无私的将领——田穰苴

田穰苴（ráng jū）"文能服众、武能威敌"，他诛杀宠臣庄贾（gǔ），严明军纪，整饬军队，与士兵同甘共苦，亲睦体恤，逼退燕、晋两国军队，创造了"不战而屈人之兵"的战争神话。

田穰苴是谁

田穰苴，齐国名门田氏后人。齐景公时，晋国、燕国进犯齐国，齐国军队大败，齐景公非常忧虑。齐相晏婴向景公推荐田穰苴，说："穰苴才能文笔能使大家信服，带兵打仗能使敌人畏惧，君王可以用他。"于是齐景公召见了穰苴，跟他共同议论军国大事，齐景公见穰苴谈吐不凡，于是想封他为将军，让他率兵去抵抗燕、晋两国的军队。但穰苴以身份卑微不能服众为由，希望景公能派有名望的人协助。于是齐景公派庄贾出任监军。

临命忘家，临阵忘亲

穰苴和庄贾约定第二日正午在营门会齐。第二日，穰苴早早赶到营门等待庄贾。但庄贾一向骄傲蛮横、目中无人，在自家饮酒作乐，并不理会与穰苴的约定，还嘲讽说："黄毛小子当将军，总是把鸡毛当令箭，时间就那么重要吗？时间到了又怎么样？让他等着吧！"说完之后继续饮酒作乐。

正午已过，庄贾没来。穰苴进入军营，巡视营地，整饬军队，宣布规章号令。军列集结完毕，准备出发。田穰苴派人去请庄贾。庄贾摇摇晃晃进了军营大门。田穰苴疾步上前，指责庄贾为何不按时来到军营。庄贾嘻嘻哈哈不以为然，说："朋友亲戚们都争先恐后地给我送行，陪他们喝了点儿酒，因而来迟。"穰苴说："身为将领，从接受命令那一刻起，就应当忘掉自己的家庭；来到军队宣布规章号令后，就应忘掉私人的交情；擂鼓进军，就应当忘掉自己的生命。如今敌人的侵略已深入国境，国内骚乱不安，战士们在前线拼命厮杀，国君寝食难安，百姓生命都维系在你的身上，怎么能如此轻率，还在家喝酒送行！"于是把军队里掌管法令的官员叫来，问道："按照军法，约定时刻迟到的人应该受什么处罚？"官员回答说："应当斩首。"庄贾很害怕，派人飞马报告齐景公，请他搭救。

军令森严，军法无情

报信的人去后不久，还没来得及返回，田穰苴就把庄贾斩首，向三军巡行示众，全军将士都震惊害怕。

又过了好一会儿，齐景公派来的使者拿着符节前来赦免庄贾，鞭马急跑来到军营。田穰苴说："主将在军队里，对于君王的命令是可以不接受的。"接着又问军法官："有人在军营中驾着车马奔驰，军法上是怎么规定的？"军法官回答："按律应当斩首。"使者吓坏了。田穰苴说道："君王的使者是不可以处死的。"于是就斩了使者的随从，砍断了车厢左边的一根木头，杀死了左边驾车的马，向三军巡行示众。又让使者回去向齐景公报告，然后就出发了。

自知难敌，不战而退

将士们看到田穰苴治军有方，有法必依，铁面无私，个

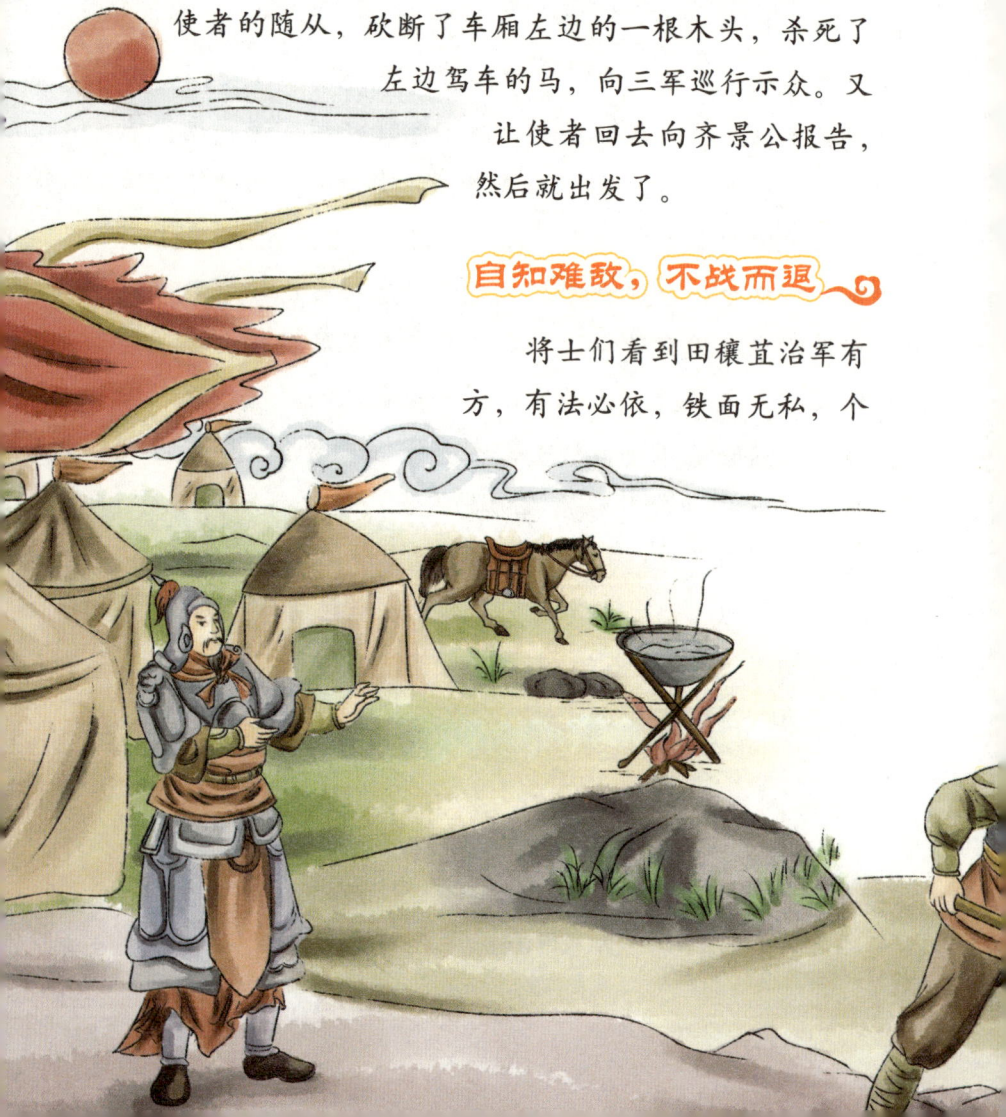

个精神振奋、斗志昂扬。士兵们安营扎寨，掘井立灶，饮水吃饭，探问疾病，安排医药，田穰苴都亲自过问并抚慰他们。他还把自己作为将军专用的物资粮食全部拿出来款待士兵，自己和士兵一样平分粮食。三天后重新整训军队，准备出战。病弱的士兵也都要求一同奔赴战场，争先奋勇地为他战斗。晋国的军队听到这个消息，不等交战，就吓得慌忙退走了。燕国的军队听到这个消息，连忙从黄河南岸退到了黄河北岸。齐军乘胜追击，收复了所有的失地。

　　齐军胜利而归时，齐景公和文武百官都到郊外迎接，按照礼节慰劳全体将士。齐景公不但没有为杀庄贾的事怪罪田穰苴，而且还拜他为大司马，让他执掌齐国的军政大权。

　　治军贵在严，领军须有威；治军不严，将领无威，军队就不可能有战斗力，而这样的军队是不可能战胜敌人的。从严治军就是要以法治军，树立军法军纪的权威。将领就是要通过严格执法执纪来树立威严，严格执法执纪也是一种守信。司马穰苴从严治军、以法治军，杀了不守约定、违反军法军纪的监军庄贾，既树立了自己的威信，也教育了将士，从而增强了齐军的战斗力，击退了敌军，收复了失地。

抑郁而终

　　田氏家族的势力在齐国日益发展，引起大夫鲍氏、国氏、高氏的不满。一天，齐景公在宫中饮酒取乐，一直喝到晚上，意犹未尽。于是，君臣一行又来到田穰苴的家中。田穰苴听说齐景公深夜造访，忙穿上戎装，持戟出门迎接，急问："是有诸侯发兵了？还是有大臣反叛了？"

　　齐景公笑着说："没有。"田穰苴又问："那您为什么深夜来我家？"齐景公说："想到将军军务劳苦，想和将军共饮。"田穰苴回答说："陪国君饮酒享乐，君王身边本就有这样的人，这不是大臣的职分，臣不敢从命。"齐景公于是去了大夫梁丘的家里喝酒。次日，晏婴与田穰苴都上朝进谏，劝齐景公不应该深夜到臣子家饮酒。

于是，鲍氏、高氏、国氏三大家族纷纷向齐景公进谗言，欲驱逐田穰苴以削弱田氏势力。齐景公便采纳了鲍氏、高氏、国氏的意见，将田穰苴辞退了。田穰苴被贬后，心情忧郁，不久病故。

此后，等到田常杀死齐简公，就把高氏、国氏家族全部诛灭了。到了田常的曾孙田和，便自立为君，号为齐威王。他率兵打仗树立权威，都广泛地模仿穰苴的做法，各国诸侯都到齐国朝拜。

齐威王派大夫研究讨论古代的各种兵法，把大司马田穰苴的兵法也附在里边，故又称《司马穰苴兵法》。

读史有智慧

田穰苴是一位承上启下的著名军事家，曾率齐军击退晋、燕入侵之军，因功被封为大司马，子孙后世称司马氏。后因齐景公听信谗言，田穰苴被罢黜，抑郁发病而死。其军事思想影响巨大，被历代帝王供奉于武庙。

历史寻踪

◆《司马法》

《司马法》是中国古代兵书，为"武经七书"之一。《汉书·艺文志》著录为一百五十五篇，今本存仁本、天子之义、定爵、严位、用众五篇。该书较多地辑存了春秋以前的军事制度和军事思想，是宋代颁定的武学基本教材。

大秦智囊——樗里子

　　每一个历史人物的故事都是有始有终的，他们或惊心动魄，或平淡安详，自有后人评说。而作为秦国历史上最为出色的宗族大臣，公子疾以其绝对的忠诚和谋略为秦国的强盛奠定了坚实的基础，其大义灭亲的冷酷，也让秦国避免了一场大乱。他一生的文治武功，不负"定国柱石"的美名，值得后人永久传颂。

智囊樗里子

　　樗（chū）里子名疾，所以人们叫他樗里疾，是秦惠王同父异母的弟弟。樗里子能言善辩，足智多谋，秦人都叫他"智囊"。

　　秦惠王八年，秦王派樗里子带兵攻打魏国的曲沃。樗里子到了曲沃，把那里的人全部驱逐，夺取了城池，将曲沃的土地全部并入了秦国，扩大了秦国的疆域。

　　后来，樗里子又被封为将军，带兵攻打赵国。他俘虏了赵国的大将军庄豹，夺下了赵国的蔺邑。第二年，他又协助魏章攻打楚国，打败了楚国大将军屈丐，夺取

了汉中。秦王为了犒赏他，赐封樗里子，封号是严君。

进抵周都

后来，秦惠王去世了，太子秦武王继承了他父亲的王位。秦武王主张用武力征服各国，所以他驱逐了善辩的张仪和魏章，任命樗里子和甘茂为他的左右丞相。

秦武王派甘茂去攻打韩国，甘茂不负众望，一举攻下了宜阳。同时秦武王还派樗里子率领上百辆战车去东周都城示威。

周赧王吓得赶快派士兵列队迎接樗里子，对樗里子非常恭敬。周赧王的做法传到了楚怀王的耳朵里，楚怀王十分气愤，张口便责骂周赧王，认为周赧王不应该如此低声下气地讨好秦国的不速之客。

周赧王有一个叫游腾的大臣，他便替周赧王劝说楚怀王说："从前知伯攻打仇犹时，曾用赠送大车的方法，让军队跟在大车的后面，结果消灭了仇犹。仇犹为什么会失败呢？就是因为知伯在不知不觉之间让他失去戒备之心啊！齐桓公攻打楚国时，声称是讨伐楚国，实际上是想偷袭蔡国。当今的秦国如狼似虎，派樗里子率百辆战车进入周都，居心叵测。周王是以仇犹、蔡国的教训来看待这件事的，因此派手持长戟的兵卒位于前面，命佩带强弓的军士列在后面，表面说是护卫樗里子，实际上是把他看管起来，以防意外。再说，周王怎能不担忧周朝的天下呢？恐怕一旦亡国也会给大王您带来麻烦。"

楚怀王听后才转怒为喜。

撤围蒲城

秦昭王在位时，樗里子率兵攻
打卫国的蒲城。蒲城的官员十分
恐慌，便请求胡衍出出主意，帮
帮他们。

胡衍没办法只好出面替蒲城官员求情，他对樗
里子说："你攻打蒲城，是为了秦国，还是为了魏
国？如果是为了魏国，那倒不错；如果是为秦国，那
你不一定会占便宜啊！因为卫国之所以成为一个国家，
就是由于有蒲城存在。现在您攻打它势必迫使它归附
魏国。魏国因为兵力薄弱，失去西河
之外的城池，却没有能力从秦国手中
夺回来。现在如果您攻打蒲城，那么
就会使卫国并入魏国，魏国也就会强
大起来呀！魏国强大起来，一定要夺
回它丢失的西河之地。到时候，秦
国所占西河之外的城池就危险
啦！况且，秦王还要察看您的此
次行动，如果对秦国有害处而让
魏国得利，秦王定要拿您问罪！"

樗里子听后说："那您说我
该怎么办呢？"

　　胡衍趁机说:"如果您放弃攻打蒲城的打算,我试着替您到蒲城说说这个意思,让卫国国君不忘您给予他的恩德。"

　　樗里子听后同意了。胡衍回蒲城后,就对那个官员说:"樗里子已经知道蒲城困厄的实情了,他声言一定要拿下蒲城。不过,我胡衍能让他放弃蒲城,不再进攻。"

　　蒲城长官十分恐惧,听了胡衍的话,像是见到了救星,对他拜了又拜连声说:"求您施恩救我们。"于是他们献上黄金三百斤,又表示说:"秦国军队若真的撤退了,我一定把您的功劳报告给卫君,让您享受国君一样的待遇。"

　　因此,胡衍从蒲城得到重金而使自己在卫国成了显贵。这时,樗里子已解围撤离了蒲城,回兵去攻打魏国城邑皮氏，皮氏没投降，樗里子只好撤离。

临终预言

秦昭王七年，樗里子逝世，被葬在渭水的南边，章台的东面。

樗里子死之前曾经做出预言："一百年之后，我的坟墓会位于天子的宫殿之间。"

果真，一百年后，秦朝早已被刘邦和项羽灭掉，刘邦在楚汉之争时取得胜利，建立了汉朝。汉朝兴起后，

所建的长乐宫就在樗里子坟墓的东边，而未央宫恰巧就在他坟墓的西边，武库也正对着他的坟墓。

秦国人有句谚语说："力气大的是任鄙，智谋多的是樗里。"由此可见，樗里子是多么聪明智慧！

读史有智慧

樗里子是秦国一位著名的将领，他以有智和用智著称。秦国之所以能够向东进军，扩展国土，多是由于樗里子、甘茂等人的谋略。秦国也正是靠了像樗里子这样一代代名将才能够并六国而统一天下的。

樗里子能成为秦国的大将，一生享受高官厚禄，不仅仅是因为他与秦王的血缘关系，更多的是他的智慧和能力。攻打蒲城时，能够看清形势，俗话说"识时务者为俊杰"，樗里子没有仗着自己的身份，忽视别人的意见，反而认真思考，并听取对自己有利的信息。这告诉我们"兼听则明，偏听则暗"。我们要学会听取别人有用的建议。

历史寻踪

◆《青鸟经》

《青鸟经》的作者是樗里子。千百年来，因为书中提及的风水阴阳理论，一直被人们称为神书。因为《青鸟经》的影响广泛，所以也有人称风水为"青鸟"。

战国屠夫——白起

秦国有一位将军，征战沙场三十余载，几乎从没打过败仗，并且常常以少胜多。六国的军队只要听说是他带兵来战，定会吓得望风而逃。他就是战国四大名将之——————白起。

白起是谁

白起，是郿（méi）地人，嬴姓白氏。他的父亲希望他长大以后能够像吴起一样，成为一名优秀的军人，就给他起名为起。白起是战国时期秦国的名将，也是战国四大名将之首，中国历史上自孙武、吴起之后又一个杰出的军事家、统帅。

受封武安君

秦昭王十三年，白起被昭王封为左庶长带兵攻打韩国的新城。第二年，又被封为左更进攻韩、魏两国联军，双方在伊阙（què）交战。白起带领秦军斩杀敌人二十四万人，还俘虏了他们的将领公孙喜，拿下五座城邑。后来，白起又被升为国尉，率兵渡过黄河夺取了韩国的大片土地。第三年白起被封为大良造，打败魏国军队，夺取了大小城邑六十一座。第四年白起进攻垣城，战胜而归。此后的第五年，白起攻打赵国夺下了光狼城。第七年白起攻打楚国又占领了五座城邑。紧接着，他又进攻楚国，占领了楚国都城郢，烧毁了楚国先王的墓地，一直向东打到竟陵。白起因为多年的赫赫战功，被秦昭王封为"武安君"。

长平之战

公元前260年，秦夺取了上党。但上党百姓没有归顺秦国，而是纷纷逃往赵国，赵国在长平屯兵接应了逃民。秦国以此为由，派兵攻打赵国。赵国派廉颇统率军队，双方僵持多日，赵军损失巨大。廉颇根据敌强己弱、初战失利的形势，决定采取坚守营垒以待秦兵进攻的战略。秦军多次挑战，廉颇都不出兵。赵王为此屡次责备廉颇，秦国趁机派人到赵国施行反间计，大肆宣扬说"秦国只怕赵括担任将领，廉颇很容易对付，他就要投降了"。赵王信以为真，就派赵括取代廉颇率兵攻打秦军。赵括上任一反廉颇的部署，不仅临战更改部队的制度，而且大批撤换将领，使赵军战斗力下降。

秦王见赵国中了计，就命白起为上将军，准备大举进攻赵国。因为白起名声太大，秦军怕赵军有所防备，于是命令将士们都不许泄露白起当主将的事。白起面对鲁莽轻敌、高傲自恃的对手，决定采取后退诱敌，分割围歼的战法。赵括在不明虚实的情况下，贸然采取进攻行动。秦军假装失败后撤，其实暗中张开两翼。赵军追至秦军壁垒，白起令两翼奇兵迅速出击，将赵军截为三段。赵军首尾分离，粮道被断。秦军又派轻骑兵不断骚扰赵军。赵军的战势危急，只得筑起壁垒坚守，以待救兵。到了九月，赵军已断粮四十六天，饥饿不堪。赵括走投无路，重新集结部队，分兵四队轮番突围，还是不能杀出秦军包围，赵括亲率精兵出战，被秦军射杀。赵军大败，四十万赵兵投降。白起怕赵兵反叛，使诈坑杀了投降的士兵。长平之战，秦军先后斩杀和俘获赵军共四十五万人，赵国从此元气大伤，一蹶不振。

将相失和

长平之战后，白起准备乘胜进军，一鼓作气攻破赵国。可是从秦国传来的却是退兵的命令。原来，韩、赵两国派人用重金贿赂秦国丞相范雎，还对他说："白起

擒杀赵括，围攻邯郸，为秦国攻打了七十多座城池，平定了很多地方，历史上所有的功臣的功绩都比不过他了。现在如果赵国灭亡，秦王就可以称帝了，那时白起一定位列三公，您愿意在白起之下吗？不如让韩国、赵国割地求和，一来秦国可以得到民心，二来白起也得不到灭赵的功劳。"范雎本是一个心胸狭窄的政客，他怕灭赵后白起威重功高，使自己无法擅权，便以秦兵疲惫，急待休养为由，建议秦昭王允许韩、赵割地求和。昭王应允了这件事。后来，白起知道了撤军背后的原因，就与范雎结下了仇怨。

白起之死

　　秦国撤兵后，赵国不但不愿意献城，反而展开了联齐抗秦的活动。秦昭王震怒，命白起领兵攻赵。但白起认为秦国已经失去了有利的战机，不宜再次出兵，因此

拒绝了昭王。暴怒的秦昭王又派别的将领攻打赵国，结果大败而归。秦昭王再次任命白起统兵，但白起认为此次一定很难成功，加上自己生病不能出征，再一次拒绝了昭王。范雎此时任用与自己私交较好的郑安平统兵出征，不出所料伤亡惨重，而且主将郑安平还率两万军队投降了赵国。

　　孤注一掷的秦昭王亲临白府对白起说："你就是躺在担架上也要为寡人出战。"熟知兵家之道的白起已经看出残局无法收拾，坦诚劝秦昭王撤兵，等待新的战机。昭王不听，反认为白起是有意刁难。此时范雎乘机向昭王进谗言，于是昭王下令削去白起所有封号爵位，贬为士兵，并强令他迁出咸阳。由于病体不便，白起并未立即起程。三月后，秦军战败消息不断传来，昭王更加迁怒于白起，命他即刻动身不得逗留。白起只得带病上路，行军行到半途，范雎以及群僚议论说："让白起迁出咸阳时，他流露出不满意的样子，还对决议有怨言。"昭王认为这是白起不服君令的表现，就派遣使者赐给他一把剑让他自杀了。

读史有智慧

我们常说，不以成败论英雄。虽然白起的人生结局不太好，但纵观他的人生，却是很有成果的。白起善用兵，征战沙场达三十七年，攻取七十多座城池，歼敌过百万，未曾失败，仅用万余人便攻克了楚国的都城，尤其是几次恶战让赵、韩两国力量大减，为秦国的统一奠定了基础，可谓战功赫赫。他用兵灵活，很有战略眼光和大局观念。尤其是"不可攻赵"的言论，深入探讨了局势。只可惜他的战功太过耀眼，引来大臣们的嫉妒和国君的猜忌，最终以悲剧收场。

历史寻踪

◆ 白家村、白起墓

白起死于非罪，秦国百姓出于同情，立庙祭祀他。现在在陕西省眉县常兴镇白家村还有姓白的居民和白起墓。2011年11月1日是秦将白起逝世2268周年纪念日，白起后人对白起墓进行了修整，在白起墓前竖立墓碑、懿行碑各一座，并制作了青石香炉、供桌等配套设施。

穰侯是秦昭王的亲舅舅。秦国能够向东扩张领土，削弱诸侯，称霸于天下，都是穰侯的功劳。等到显贵至极、豪富无比之时，一人说破便屈居下位，权势被夺，忧愁而死，何况那些寄居异国的臣子呢？

穰侯是谁

穰侯魏冉是宣太后的弟弟，宣太后是秦昭王的母亲。他的祖先是楚国人，姓芈（mǐ）。秦武王死后没有儿子，所以立武王的弟弟为国君，这就是昭王。昭王的母亲原来只是一个宫女，被称为"芈八子"。等到昭王即位的时候，芈八子才被称为宣太后。宣太后并不是武王的生母。武王的母亲称惠文后，在武王还是国君的时候就死了。宣太后有两个弟弟，她的异父弟弟姓魏名冉，也就是穰侯；她的同父弟弟叫芈戎，就是华阳君。昭王还有两个同母弟弟，一个叫高陵君，一个叫泾阳君。在很多人中，魏冉是大家公

认的最贤能的人，从惠王、武王在位的时候就已经在朝廷担任官职并且掌握政权了。武王死后，他的弟弟们互相争夺，都想要继承王位，魏冉选择并拥立了昭王。昭王即位后便任命魏冉为将军戍守咸阳。他曾经平定了季君公子壮及一些大臣们的叛乱，并且把武王后驱逐到魏国，昭王的那些兄弟中有图谋不轨的全部被杀掉，魏冉的声名和威望一时震动秦国，妇孺皆知。当时昭王年纪还小，不懂得处理全国的事务，于是宣太后亲自主持朝政，让魏冉执掌大权。

开疆辟土

秦昭王七年，樗里子死去，秦国派泾阳君到齐国做人质。秦昭王十四年时，魏冉想要任用白起为将军，派他代替向寿领兵攻打韩国和魏国，白起果然不负众望，在伊阙斩敌二十四万人，俘虏了魏将公孙喜，可谓是大获全胜。之后过了几年，又夺取了楚国的宛、叶两座城邑。此后魏冉就称病归乡，秦王就任用了客卿寿烛为丞相。但是没过多久，寿烛被秦王免去了官职，又重新任用魏冉为丞相，于是赐封魏冉于穰地，后来又加封陶邑，称为穰侯。

在穰侯受封的第四年，秦王命令魏冉担任秦国将领去攻打魏国。魏国被迫献出河东方圆四百里的土地。之后又占领了魏国的河内地区，夺取了大小城邑六十余座。秦昭王十九年的时候，由魏冉主持，秦昭王自称西帝，

尊齐湣王为东帝。过了一个多月，齐、秦两国国君取消了帝号仍旧称王。魏冉再一次任秦国丞相，六年之后便被免职了。过了两年，他第三次出任秦国丞相。在第四年时派白起攻取了楚国的郢都。秦国设置了南郡。于是赐封白起为武安君。白起是穰侯所举荐的将军，两人关系很好。当时穰侯私人的财富超过了国君。

前功尽弃

　　秦昭王三十二年，穰侯任相国带兵攻打魏国，魏国大败，穰侯围攻大梁。魏大夫须贾劝说穰侯："我听魏国的一位官员对魏王说：'一定不要和秦国讲和，更不要把土地割让给秦国。因为秦国是一个贪得无厌的国家，而今围攻魏都，是威胁魏国要求割让更多的土地。如果背弃楚国、赵国而与秦国讲和，楚、赵两国必定怨恨而争着和秦国结盟，秦国必定接受。秦国挟制楚、赵两国的军队再攻魏都，那么魏国想要不亡国是不可能的，所以一定不要讲和。如果打算讲和也要少割地并且要有

人质作保，不然肯定会上当受骗的。'据我所知，魏国已经调集了上百个县的精兵良将来保卫大于三十万。以来守卫七丈高

梁，数量不会少三十万的大军

的城墙，我认为即使商汤、周武王死而复生也是难以攻下的。轻易地背着楚、赵两国军队要登七丈高的城墙与三十万大军对垒而且志在必得，在我看来从开天辟地以来直到今天不曾有过。秦军疲惫，大梁攻不下，而陶邑却定要丧失，那就会前功尽弃。况且您要取得土地也不一定非用军事手段呀，割取了原来的晋国土地，秦军不用去攻打，魏国就会乖乖地献出绛、安邑两城。这样又为您打开了河西、河东两条通道。原来的宋国土地也将全部为秦国所有，随即魏国必会献出单父。秦军不动一兵一卒而您却能控制全面局势，有什么索取不能得到，有什么作为不能成功呢？希望您仔细考虑围攻大梁这件事而不要使自己的行动冒险。"穰侯说："好。"于是停止攻梁解围而去。

第二年，魏国背叛了秦国，和齐国合纵交好。秦王听到之后很是生气，和魏冉说："这个魏国太不守信用了，

竟然背叛我。"于是秦王就派穰侯攻打魏国，秦国的军队所向披靡斩敌四万人，俘虏了魏国的将军并取得了魏国的三个县。穰侯又增加了封邑。

第三年，穰侯与白起、客卿胡阳再次攻打赵国、韩国和魏国，在华阳城下大败芒卯，这一次又带领军队斩敌十万人，夺取了魏国的卷、蔡阳、长社和赵国的观津。

身折势夺

秦昭王三十六年，相国穰侯与客卿灶一起商议要攻打齐国夺取刚、寿两城，借以扩大自己在陶邑的封地。这时有个魏国人叫范雎，自称张禄先生，就讥笑穰侯竟然越过韩、魏等国去攻打齐国，他趁着这个机会请求劝说秦昭王。昭王听了他的话于是就任用了范雎。范雎向昭王阐明了宣太后在朝廷内专制，穰侯在外事上专权，泾阳君、高陵君等人则过于奢侈以致比国君还富有。这使秦昭王顿时醒悟过来，于是就免掉了穰侯的相国职务，然后责令泾阳君等人一律迁出国都到自己的封地去。穰侯走出国都关卡时，载物坐人的车子有一千多辆。穰侯死于陶邑就葬在那里。秦国收回陶邑设为郡。

读史有智慧

魏冉是秦宣太后的弟弟，运用杀伐手段拥立宣太后之子昭王即位，之后又凭着他与昭王的特殊关系在秦国独揽大权被封为穰侯，四次为相，起用名将白起连续东伐，攻城略地战绩卓著。虽然他战功赫赫，但是他却是失败的，最后落得了一个"身折势夺"的下场，但这也是有原因的。首先，他假借秦国的武力专注于攻齐。而且他只顾着经营自家的地盘，扩大自己的势力，这又是和历代秦王着眼于统一中国的战略目标背道而驰的。最主要的是他的家庭比王室还要富有，这就对秦王政权构成了严重威胁。

历史寻踪

◆ 魏冉冢

魏冉冢位于河南省邓州市。西南距道教圣地武当山150公里，西北距历史文化名城西安300公里，与邓州市郊外雷锋团展览馆、福胜寺塔、宣圣庙景区、花洲书院形成了一个不足5公里远的游览环线。魏冉冢现保存完好，为邓州市市级文物保护单位并竖保护标志碑。

功败垂成的燕国名将——乐毅

世有伯乐，然后有千里马，千里马常有，而伯乐不常有。一个人才能的展现不仅是依靠自身能力的高低，有的时候也需要有人赏识才能发挥出他最好的才能。但是，我们也要坚信"是金子总会发光的"，乐毅就是这样的一个典型。

乐毅是谁

乐毅的祖先乐羊曾经被魏文侯任用，并率军攻下了中山国。魏文侯因乐羊有功，把灵寿赏赐给了他。乐羊死后就葬在灵寿，他的后代子孙们就在那里安了家。乐家的后代出了个有名的人物叫乐毅。

乐毅很能干并且非常喜好军事，赵国人曾举荐他在朝为官。之后武灵王在沙丘行宫被围困饿死，他就离开赵国去了魏国。后来他听说燕昭王因为儿子执政使燕国大乱，而齐国乘机攻打它，燕国战败，燕昭王仇恨齐国，一直想报仇雪恨。而燕国是个小国，凭借国力没办法和齐国对抗，于是燕昭王礼贤下士，礼尊郭隗借以招揽天下贤士。此时正好乐毅奉魏昭王令出使燕国。燕王以宾客礼来接待他。乐毅百般推辞后来终于答应了燕王的征召，燕昭王就任命他为亚卿。

合纵攻齐

当时，齐国很强大，在南边重丘战胜了楚国，在西边打垮了魏国和赵国，然后马上又联合韩、赵、魏三国攻打秦国，还曾经协助赵国剿灭了中山国，又击破了宋国，扩展了将近一千多里的领土。齐湣王与秦昭王争当天子，不久又自己取消了尊号，仍然改称王。各诸侯国都打算背离秦国而归服齐国。可是齐湣王很是骄横，他的暴政让百姓无法继续忍受。燕昭王认为这个时候是攻打齐国的好机会，就向乐毅询问有关攻打齐国的事情。乐毅回答说："齐国原来就是霸主，现在仍然保留着霸主的基业，幅员辽阔人口众多，绝对不能因为它内乱就想单独地攻打它。如果大王一定要攻打它，可以联合赵国以及楚国、魏国等国家一起去攻打它。"于是燕昭王就派乐毅去和赵惠文王定下盟约，又派人去和楚国、魏国结盟，又让赵国劝服秦国。因为诸侯们觉得齐湣王暴虐的行为对各国都没有益处，于是争着跟燕国联合共同讨伐齐国。

乐毅回来向燕昭王报告了出使情况，燕昭王集结了全国的兵力，派乐毅担任上将军，赵惠文王把相国大印也给了乐毅。于是乐毅统一指挥赵、楚、韩、魏、燕五

国的军队去攻打齐国。

齐湣王闻报，亲率大军正面迎敌。

两军在济水相遇，乐毅率五国联军向齐军发起猛攻。齐湣王大败，率残军逃回齐国。乐毅遣还诸侯军队，打算率领燕军一举消灭齐国。燕国的谋士剧辛认为燕军不能独立灭齐，反对直接攻打齐国。乐毅则认为齐军的精锐部队已经被打败，士气低落，国内纷乱，燕弱齐强形势已经逆转，坚持攻齐。率军追击，果然令齐国大乱失度，齐湣王逃跑。

投靠赵国

乐毅单独留下来带兵巡视齐地，齐国各个地方都坚守城池不肯投降。乐毅集中兵力攻击齐国的都城之后，就把齐国的财物和珍宝以及宗庙祭祀的器物全部夺取过来，并把它们运到燕国去。燕昭王很高兴，亲自慰劳军

队，并用酒肉犒劳军队将士，将乐毅封为昌国君，赐给他昌国的封地，让他继续带兵进攻齐国城邑。

乐毅用半年的时间攻下了齐国城邑七十多座，都划为了燕国的管辖地，燕国前所未有地强盛起来。乐毅认为单靠武力，将齐国的城池全部占领而不能降伏人民的心，那么，就算全部占领了齐国，也是没有用的。所以他对莒城、即墨采取了围而不攻的方针，对已经攻占的地区采取减少赋税，废除严苛的刑罚，尊重当地的风俗习惯，保护齐国的固有文化，优待地方名流等收服人心的政策，想要从根本上瓦解齐国。

这时恰逢燕昭王去世，燕惠王即位。惠王本来就对乐毅不太满意，等他即位后，齐国的田单了解到他与乐毅有矛盾，就对燕国施行反间计造谣说："齐国的城邑只剩下两座没有攻下了。而一直没有攻下的原因听说是乐毅与燕国新即位的国君有怨仇，乐毅故意拖延，打算在齐国称王。"燕惠王本来就对乐毅不信任，又受到齐国反间计的挑拨，就派骑劫代替乐毅任统帅。乐毅明白惠王派人代替自己不是因为要慰劳他，而是不怀好意地想回国后就杀掉他，于是便逃到了赵国。赵王把观津这个

地方封给乐毅，并对乐毅十分信任和宠幸，借此来震动
威慑燕国、齐国。

功败垂成

后来齐国的田单与骑劫交战，果然设置骗局用计谋
迷惑燕军，结果在即墨城下把骑劫的军队打得大败，接
着反过来去追逐燕军，向北直追到黄河边上，收复了齐
国的全部城邑，并且把齐襄王从莒邑迎回都城。

燕惠王对派骑劫代替乐毅这件事很是后悔，导致燕
军惨败，不仅大部分的兵力都已经损失殆尽，还丧失了
占领的齐国土地；可是他又对乐毅投降赵国之事充满怨
恨，害怕赵国任用乐毅乘着燕国兵败疲困之机攻打燕国。
燕惠王就派人去赵国责备乐毅，同时向他道歉说："先
王委托给了将军整个燕国，将军为燕国击败齐国，替先
王报了深仇大恨，天下
人没有不震动的，我
怎么能忘记将军的功劳
呢！正遇上先王辞世，我本人也
是刚刚继位，是那
些大臣们扰乱了
我。所以才派骑劫

代替将军，因为将军常年征战沙场，风餐露宿，因此召回将军暂且休整一下，也好共商朝政大计。谁知道将军误信了那些小人的话，以为跟我有矛盾，就抛弃了燕国而归附赵国。将军为自己的将来考虑那是可以的，可是又怎么对得住先王待将军的一片深情厚谊呢？"

乐毅听到这些话，感慨万分，于是就慷慨地写下了著名的《报燕惠王书》，书中指出了惠王没有理由的指责和虚伪的掩饰，表明了自己对先王的一片忠心，与先王之间的相知相得，斥责惠王对自己的种种诘难、不理解，抒发功败垂成的愤慨，并以伍子胥"善作者不必善成，善始者不必善终"的历史教训申明自己不为昏主效愚忠，不学冤鬼屈死，故而出走的抗争精神。

后来，燕惠王把乐毅的儿子乐间封为昌国君；而乐毅往来于赵国、燕国之间，与燕国重新交好，燕、赵两国都任用他为客卿。乐毅死于赵国。

读史有智慧

乐毅是一个飘逸的智者，他能在历史机遇到来时建立轰轰烈烈的功业，又能在风云变幻时绝尘而去。如他后来给燕惠王的信中所言，"古之君子，交绝不出恶声，忠臣去国，不洁其名"。他的解释，也得到了燕惠王的理解，所以乐毅又继续往来于燕、赵之间，而他的弟弟及子孙们在战国末期乃至汉初的政治军事逐鹿中仍占有一席之地，不可不说是乐毅教诲影响的结果。

这天一早，蔺相如刚换好朝服准备出门，听说廉颇将军来了，赶忙外出迎接。没想到廉颇站在门外，脱了上身的衣服，背着荆条。见蔺相如出来，廉颇抽出一根荆条，请他"一解心中怨气"。蔺相如恭敬地扶起这位老将军，两个人相视一笑，抛开了之前的恩怨，还建立起生死不渝的友情。这就是历史上著名的"负荆请罪"，它展现了将军廉颇的坦荡磊落和爱国之情。

廉颇是谁

廉颇，战国末期赵国名将，与白起、王翦、李牧并称"战国四大名将"。赵惠文王初年，齐国与秦国分别是东西方的强国。秦国想要向东扩大势力，赵国首当其冲。为了扫除障碍，秦王曾多次派兵进攻赵国。廉颇统领赵军屡败秦军，迫使秦国改变策略，实行合纵，与赵国讲和，两国决定联合韩、燕、魏、赵四国军队共同讨伐齐国。廉颇在赵惠文王十六年（公元前283年）带赵军长驱深入齐国，攻取阳晋，威震诸侯，

班师回朝。赵惠文王大喜，赐他上卿官位。

负荆请罪

蔺相如原本只是宦官缪贤的一个门客，后来经缪贤举荐，身携和氏璧出使秦国，并凭借自己的智勇，带着完好无损的和氏璧回国，取得了对秦外交的胜利。

秦赵渑池（今河南渑池县西）会盟，蔺相如不卑不亢地与秦王周旋，不仅挽回了赵国声誉，而且震慑了秦国君臣，使得赵王平安归来。他被赵王封为上卿，地位比廉颇还高。

廉颇气愤地说："我凭借攻城野战的大功做了赵国将军，蔺相如只不过靠能说会道立了点功，地位却在我之上！况且他本是平民，我难以忍受自己的官位比他低。"还扬言说遇见蔺相如，一定要羞辱他。

蔺相如常常有意躲避廉颇，外出看到他，就掉转车子回避。相如的门客看不下去了，纷纷请求告辞。蔺相如对他们说："我这样忍让，是因为我想到：强大的秦国之所以不敢攻打赵国，就是因为有我和廉将军在。我要把国家的急难摆在前面，而把个人的私怨放在后面。"

廉颇知道后，感到很惭愧。他脱去上衣，背着荆条，由宾客带引，来到蔺相如门前请罪。他说："我是个粗野卑贱的人，想不到相国您是如此的宽厚啊！"后来，他与蔺相如成为生死与共的好友。他们尽心报国，使赵国一度强盛，成为东方诸侯阻挡秦国东进的屏障。廉颇与秦军交战大胜，此后很长一段时间，强秦都不敢再攻打赵国。

长平之战，遭人离间

公元前262年，秦国进攻韩国上党。上党的韩国守军孤立无援，太守冯亭便将上党献给了赵国。于是，秦赵之间围绕着争夺上党发生战争。这时，名将赵奢已死，蔺相如病重，执掌军务的只有廉颇。于是，赵王命廉颇统率二十万赵军把秦军阻挡在长平（今山西高平市西北）。

当时，秦军几次打败赵军，切断了长平南北联系，士气正盛，而赵军长途跋涉而至，不仅兵力处于劣势，态势上也处于被动不利的地位。面对这一情况，廉颇正确地采取了筑垒固守，相机攻敌的作战方针。他命令赵军凭借山险，筑起森严壁垒。秦军数次挑战，廉颇总是严

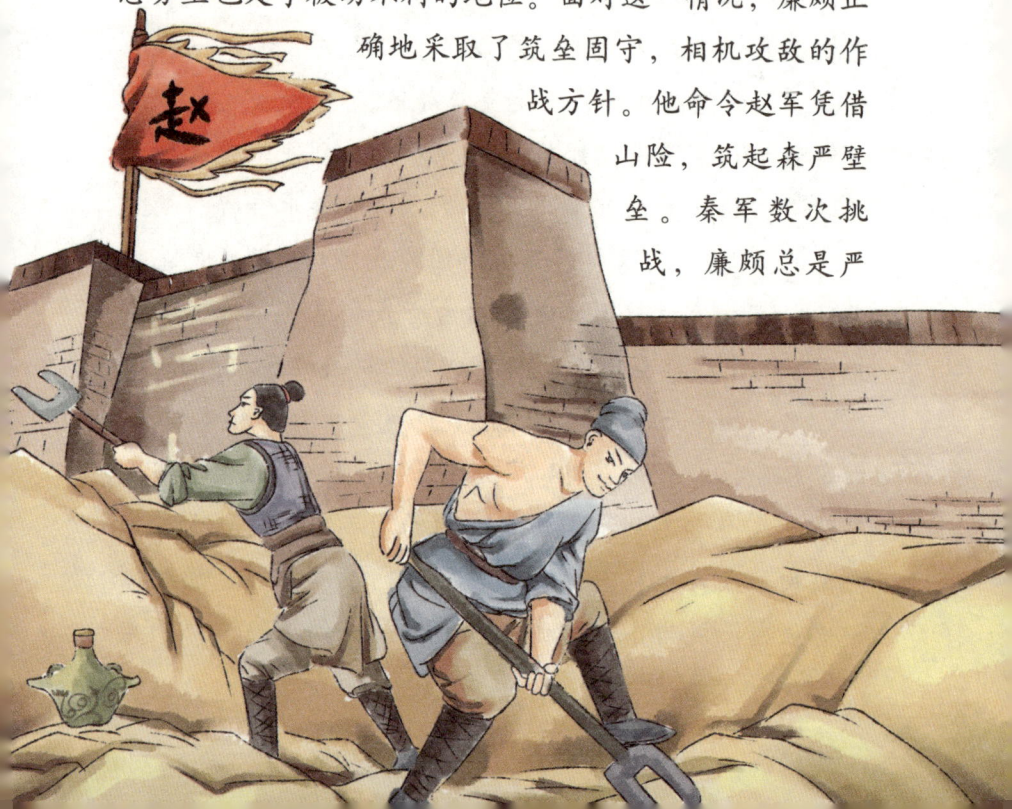

束部众，坚壁不出。同时，他把上党地区的民众集中起来，一面从事战场运输，一面投入筑垒抗秦的工作。秦军求战不得，无计可施，锐气渐失。廉颇固垒坚守三年，挫败了秦军速战速决的计谋。

秦国看速胜不行，便使用反间计。他们传言秦国最担心、害怕的是赵括，而不是廉颇。赵王求胜心切，听信传言，认为廉颇怯战，强行将他罢职，用赵括为将。赵括只会"纸上谈兵"，完全改变了廉颇制定的战略部署，导致赵军惨败。

反击侵略，以少胜多

燕国见赵国长平之战军队死伤惨重，趁机举兵攻打赵国。赵王重新起用廉颇统兵。廉颇分析后认为，燕军虽然人多势众，但骄傲轻敌，加之长途跋涉，人马困乏，就决定采用各个击破的方略。赵军同仇敌忾，决心保卫国土，个个奋勇冲杀，大败燕军，斩杀燕国主将。廉颇又率军追击五百里，直入燕境，包围了燕都蓟（今北京城西南）。燕王只好割让五座城邑求和。战后，赵王封廉颇为信平君，任代理相国。

此战赵军在名将廉颇的指挥下同仇敌忾，利用燕军轻敌、疲劳，对来犯之敌予以痛击，是中国历史

上以少胜多的著名战例。

晚年不得志

公元前245年，赵悼襄王继位。他听信奸臣谗言，解除了廉颇的军职。廉颇因受排挤而发怒，离开赵国投奔魏国大梁（今河南省开封市）。魏王虽然收留了他，却不信任和重用他。

赵国多次被秦军围困，赵王想再任用廉颇，就派使者带着名贵的盔甲和快马去慰问廉颇，其实是去探查廉颇是否可用。廉颇的仇人郭开怕廉颇再得势，暗中给使者很多钱，让他说廉颇的坏话。赵国使者到达后，廉颇在他面前一顿饭吃了一斗米、十斤肉，还披甲上马，表示自己还能带兵打仗。但使者回来向赵王报告说："廉将军老了，没办法作战了。"于是赵王没有再任用他。

后来楚王暗中派人迎接他入楚出任将领，他说："我想带领赵国的士兵啊。"但赵国终究没有重新起用他。廉颇抑郁不乐，最终死在

楚国的寿春（今安徽省寿县）。

读史有智慧

廉颇虽是一介武夫，但却有着长远的眼光和开阔的胸襟。得知蔺相如一心维护赵国稳定之后，他及时改变了对蔺相如出身的偏见，放下自己大将军的身段，到蔺相如门前"负荆请罪"，诚挚地表达对"一介布衣"的歉意和尊敬。人都会犯错误，但是能够勇于承认自己的错误并加以改正，是很难得的。长平之战，他遭敌人离间被贬回乡，但是当燕国攻打赵国时，他不计前嫌，挺身而出。即使后来赵王听信谗言，他到了其他国家，也一直没有忘记赵国。廉颇能够做到这些，正是因为他有着豁达的胸襟和对国家的忠诚。

历史寻踪

◆"廉颇屯"遗址

赵国为抗击秦军，派大将廉颇屯兵长平，在今山西省高平市米山村西北的摩天岭驻重兵。一日廉颇到摩天岭察看阵地，发现山腰有大量黄沙。为迷惑秦军，便令士卒用牛皮和苇席，在山中修起一座座"粮仓"。又暗令士卒于夜间拉运黄沙，装入仓中。秦兵见赵军军粮堆积如山，不敢轻易来犯，直到长平之战赵军大败后，秦军来起运粮食时，才发现仓中装的全是黄沙。后人便将此山称为大粮山，把摩天岭改称营防岭。今在此地存"廉颇屯"遗址。

"心理战术"掌门人——田单

说起战场，大家一定都认为场面应该非常宏大，而且布满了士兵、战马、战车、长枪短炮。可是你听说过用牛做冲锋队的战争吗？在即墨之战中，田单先用迷信使敌军骄傲，再在半夜用"火牛士兵"做冲锋队，使敌人彻底崩溃。然而田单的作战智慧不只如此，他凭借各种匪夷所思的方法使敌人不攻自破，一次又一次地谱写着战场的传奇。

临危受命

田单是齐国田氏王族的远亲。在齐湣（mǐn）王时，田单是在都城管理市政的小官，并不被重用。后来，燕国派遣大将乐毅攻破齐国，齐湣王被迫逃离都城，退守莒（jǔ）城。田单也离开都城，逃到安平，让他的同族人把车轴两端的突出部位全部锯下，安上铁箍。不久，燕军攻到安平，城池被攻破，齐人争相逃亡，都因车轴被撞断无法前行而被俘虏。只有田单和族人因用铁箍包住了车轴才得以逃脱，向东退守即墨。这时，燕国军队已经占领了大部分

的城市，只有莒和即墨两城未攻下。燕军听说齐湣王在莒城，就调集军队全力攻打。大臣淖齿就杀死了齐湣王，坚守城池，抗击燕军，使燕军几年都不能攻入。迫不得已，燕将带兵东行，围攻即墨。即墨的守城官出城与燕军交战，战败身亡。即墨城中军民都推举田单当首领，坚守即墨，抗击燕军。即墨全城军民由田单率领抵抗，双方交战五年。乐毅强攻不克，改用包围策略。

反间之计

　　田单利用两军相持的时机，集结七千多士兵，加以整顿、扩充，并增修城垒，加强防务。田单在稳定内部的同时也结合时局调整战略。

　　不久，燕昭王去世，燕惠王登位，但是燕惠王和乐毅有些不和。田单听说后，就派人到燕国去施行反间计，扬言说："齐湣王已被杀死，没被攻克的齐国城池只有两座而已。乐毅害怕回国后被杀，他以讨伐齐国为名，实际上是想和齐国联合起来，在齐国称王。齐国人心还未归服，因此拖延时间，慢慢攻打即墨，以待时机成熟再称王。齐国人担心的是，如果有其他的将领来即墨带领军队，那样即墨城就必破无疑了。"燕惠王听信了这些话，就派大将骑劫去代替乐毅。

临阵不乱，制造战机

　　乐毅被免职后逃到了赵国，燕军都愤愤不平。田单又命令城中军民在吃饭之前要祭祀祖先，这使得很多飞鸟因争抢祭祀的食物而在城上盘旋。城外的燕军看到了非常奇怪。田单扬言说："这是神仙要下界指导我们克敌制胜。"他又对城里人说："一定会有神人来做我的老师。"一个士兵说："我可以当您的老师吗？"接着就扬长而去。田单连忙站起来，把他拉回来，请他坐在上座，用侍奉老师的礼节来对待他。士兵很惭愧地说："我骗了您，我一点儿本事也没有。"田单说："请您不要再说了。"接着就奉他为师。他又扬言说："我最怕燕军把被俘虏的齐国士兵的鼻子割掉放在队伍前和我们交战，那即墨就必然被攻克。"燕军听到此话，就计划按照这个方法打击齐国。城里的人看到齐国的降兵都被割去了鼻子，人人义愤填膺，全力坚守城池，只怕被敌人捉住。田单又派人施反间计说："我很害怕燕国人挖了城外我们的祖坟，侮辱了我们的祖先，那样我们生不如死。"燕军于是又把齐国人的坟墓挖出，把死尸用火焚烧。即墨人从城上看到这种情景，个个痛哭流涕，都请求出城拼杀，愤怒的情绪高涨十倍。

田单于是亲自拿着铲锹和士兵们一起修筑堡垒，并把自己的妻妾都编在队伍之中。他命令装备整齐的精锐部队都埋伏起来，反而让老弱妇女上城防守，又派使者去和燕军商议投降事宜，燕军官兵都认为自己赢定了。田单又把民间的黄金收集起来，让即墨城里有钱有势的人送给燕军，请求说："即墨就要被攻破了，希望你们进城之后不要掳掠我们的妻妾，让我们能平安地生活。"
燕军将领非常高兴，满口应允。燕军因此更加松懈，认
为即墨志在必得，但没想到这一切都是田单的计谋。

火牛破敌

　　田单从城里调集了一千多头牛，给它们披上大红绸
缎制成的被服，又在上面画上五颜六色的蛟龙图案，将
锋利的刀子绑在它们的角上，把渍满油脂的芦苇绑在牛
尾上，点燃其末端。田单又命人把城墙凿开几十个洞，
趁夜间把牛从洞中赶出，派五千精壮士兵跟在火牛的后
面。因尾巴被烧得发热，火牛都狂怒地奔向燕军，事情
突如其来，燕军惊慌失措。牛尾上的火把　　将夜照得
通明如昼，燕军看

到它们身上
布满了龙纹，心
里害怕极了。牛的
情绪激动，

身上又着着火，所触到的人非死即伤。五千壮士又随后悄然无声地杀来，而城里的人趁机擂鼓呐喊，紧紧跟随其后，甚至连老人、妇女、小孩都手持铜器，敲得震天响，和城外的呐喊声汇合成惊天动地的声浪。燕军非常害怕，大败而逃，主将骑劫被杀死。齐军紧追燕军不放，田单所经过的城镇都背叛燕军，归顺田单。田单的兵力也日益增强，田单乘着战胜的军威，紧紧追着燕军不放。燕军仓皇而逃，战斗力一天天减弱，一直退到了黄河边上，原来齐国的七十多座城池又都被收复。齐襄王封赏田单，赐爵号为安平君。这便是历史上非常有名的"火牛阵"。

解裘救人

一个严冬的傍晚，田单处理完政事，坐着车要回安平城。这时天

空下着鹅毛大雪，西北风吹在人身上如刀割一般。田单的车子出了临淄城东门，到了淄河岸边，忽然看到前方不远处路旁的雪地里，躺着一个人。田单连忙叫车夫停住车子，见是一个老者，蜷缩在雪地上，面色蜡黄，两眼紧闭。田单急忙俯下身子，伸手往老人身上摸了摸，老人四肢已经发凉，只有胸口还有一丝余温。田单马上解开上衣，又把老人的上衣解开，抱起老人，胸对胸紧紧搂在怀里，就像抱了一块冰，冷透骨髓。田单抱住老人上了车子，让车夫加快速度往安平城赶奔。田单回到家时，觉得老人身上已经有了些许热气，脸上现出淡淡的红晕，气息也大了。田单忙令家人细心照顾，老人终于得救了。

田单雪地解衣救人的事，一传十,十传百，很快传遍了齐国，人们都纷纷称赞相国爱民如子，对田单更是尊敬，把临淄城东淄河岸边称作"田单解裘处"。

读史有智慧

战国时期齐国将领田单率领着即墨军民击败了强大的燕军。即墨之战是历史上有名的出奇制胜的战役，这之中起关键作用的就是田单。他用自己的智慧团结军心，而且一步步击破敌军的心理防线，最终取得了战争的胜利。正面交锋和出奇制胜相互交叉，最后取得了意想不到的效果。这就是田单的作战秘籍。可以说田单是战争中"心理战术"的掌门人！

闻名世界的西安兵马俑傲视着东方，正如千年前秦王嬴政眺望着东方各国，怀揣雄心要一统天下。战国纷争已经数百年，想要战胜其他各国，没有得力的将领，谈何容易。正巧，在这个时期，秦国涌现出许多带兵打仗的奇才，王翦便是其中之一。他智勇多谋，战功卓著，而且没有一般武将的暴戾之气，最终成为秦国的元老将军。

王翦是谁

王翦是频阳东乡（今陕西富平东北）人，他少年时喜欢军事，后来侍奉秦始皇，成为战国时期秦国名将，杰出军事家。与儿子王贲共同成为秦始皇兼灭六国的最大功臣。杰出的军事指挥才能使其与白起、李牧、廉颇并列为"战国四大名将"。

计杀魏齐

范雎是先秦著名谋士，以"远交近攻"的谋略为秦统一六国奠定坚实基础。他与魏国丞相魏齐是仇人。范雎刚到秦国做丞相就扬言要魏国交出魏齐，否则将出兵伐魏。形势迫使魏齐放弃丞相之位，逃到赵国，投在平原君门下。

长平之战后，王翦向秦昭王献计，由昭王修书一封，约平原君来函谷关赴宴。昭王依计而行，诱使平原君上钩。待平原君来时，借机扣留，将其押解至咸阳，再传讯邯郸，称"不得魏齐，就不释放平原君"。

长平之战刚过，赵王正惊魂未定，赶紧派兵围住平原君府，擒拿魏齐。魏齐逃到魏国信陵君那里，信陵君也不敢收留。魏齐走投无路，只得拔剑自刎。赵王派人将魏齐的首级连夜送往咸阳，秦王这才释放平原君。

王翦的这个计策，不费秦国一兵一卒就得魏齐之首，平息了范雎多年的心头之恨。

横扫列国

秦王政十一年（公元前236年），王翦领兵攻打赵国阏与，刚刚带领这支军队十八天，便做出一个重大的决定。他命令军队中军俸较低的校尉都回家，并从原军队的十个人中选出两人留在军中，不再让其余人上战场。这样做虽然使军队人数减少了，但留下来的都是军中精锐。最终，王翦率领这支士气很高的精锐部队攻下了阏与，又一口气攻取赵国的九座城邑。

七年后，王翦从郡上发兵，准备一举攻灭赵国。与赵国名将李牧相持一年多的时间，最终采用反间计，除

掉李牧。李牧死后，

秦军势如破竹，大败赵军，

攻下赵国都城，俘虏赵王迁，兼并了赵国。

秦王政十九年（公元前227年），燕国太子丹派荆轲刺杀秦王。荆轲失败后，秦王盛怒，派王翦领兵攻打燕国。燕王喜和代王赵嘉联合抵抗秦军，燕代联军由燕国的太子丹统领，最后在送别荆轲的易水河边兵败。王翦乘势攻取了燕国都城，燕王喜逃到了辽东，燕国也名存实亡了。

攻灭楚国

当时秦国有个将领叫李信，年轻气盛，曾带几千士兵把燕国太子丹追击到衍水，打败燕军，活捉太子丹。秦王嬴政想兼并楚国，就问李信："如果派你攻打楚国，你觉得需要调用多少人呢？"李信说："最多二十万人足够。"秦王嬴政又问王翦，王翦回答："要六十万人才够用。"嬴政笑着说："王将军老了，难免变得胆怯，还是李将军果断勇敢。"于是就派李信、蒙恬带兵二十万去攻打楚国。王翦见嬴政没有任用自己，就推托养病回到频阳老家。

李信最初大败楚军，带领部队向西与蒙恬会师。没想到楚军是故意示弱，实则保留了精锐部队从背后突袭。楚军大破秦军，这是秦灭六国期间少有的败仗之一。

嬴政听到消息大为震怒，亲自到频阳向王翦道歉："我没采用您的计策，而把重任交给李信，使秦军蒙受耻辱。现在楚军向西攻来，将军难道忍心抛弃我吗？"王翦推辞说："老臣病弱疲乏、昏聩无能，希望大王另择良将。"嬴政说："将军不要如此，有什么要求尽管提。"王翦这才说道："大王要用我，就必须给我六十万大军，才能保证胜利。"嬴政答应了王翦的要求，还亲自到灞上为他送行。

临行前，王翦向嬴政要了许多良田美宅。嬴政说："将军尽管上路，何必担忧家里的生活？"王翦说："替大王带兵，即使有功劳也难以封侯赐爵，所以趁大王还器重我，请求些赏

赐，给子孙后代置份家产。"嬴政听了，大笑起来。路上，王翦又连续五次派使者请求赏赐，部下担心王翦这么做太过分。王翦说出自己的用意："嬴政多疑，如今他将全国兵力都交给我，只有多向他求赏，才能表明我只是追求赏赐，而不是拥兵自重，从而消除秦王的疑虑。"

楚王得知王翦增兵而来，竭尽全国军队来抗拒秦兵。结果秦军抵达楚国后，整整一年坚壁不出，六十万士兵都囤积起来休养生息，甚至每天以投石为乐。楚军兵少无可奈何，一年后终于按捺不住。王翦一直在暗中观察，楚军一调动军队，他就率兵出击。结果，大破楚军，俘虏楚王，平定了楚国。

急流勇退

王翦身为四朝元老，曾与多位相国共事，无论是范睢、蔡泽，甚至是吕不韦，都对他十分尊重，他在朝中的地位一直很高。但当他攻下燕都之后，却立刻告老还乡，此时统一大业刚刚完成一半，重头戏还在后头，但他向秦王推荐其他将领，而自己坚持要回乡养老。他再度出山灭楚后，也是不顾秦王劝阻，要彻底隐退。也正是因此，他过了一个平淡但是安详的晚年。

读史有智慧

王翦是继白起之后秦国不可多得的大将之才，也是秦始皇兼灭六国的最大功臣之一。一生征战无数的他智而不暴、勇而多谋，在当时杀戮无度的战国时代显得极为可贵。对于丞相范睢的私仇，王翦没有在时机不成熟的时候大举攻打魏国，而是用一个妙计，不费秦国一兵一卒，就平息了范睢多年的心头之恨，减少战争给两国百姓造成的伤亡。他身居高位，为秦国横扫列国，正是如鱼得水的时候，他却选择归隐田园，远离权力的纷争，这种做法难能可贵。

历史寻踪

◆ 王翦庙

王翦庙是后人为了纪念为统一全国做出贡献的大将军王翦而建造的一座砖石土木结构建筑。位于今陕西富平县白庙乡西部将军山巅,明万历三十七年（1609年）建。

因忠诚而招祸的名将——蒙恬

在秦朝，曾有这样一个精忠报国的将领，年纪轻轻就怀着领兵打仗、保家卫国的雄心踏上了战场，一生与匈奴抗衡，把余下的时光都奉献给国家，连敌人也敬佩他的英勇。他在战场上无所畏惧，几乎战无不胜，将自己的青春和热情全部奉献给国家，奉献给战场。但因为他为统治者修筑长城而失民心，从而引来杀身之祸。

蒙恬是谁

蒙恬的祖先是齐国人。蒙恬的祖父蒙骜在秦国做官做到了上卿的位置，因此他从齐国来到秦国侍奉秦昭王。从庄襄王二年到秦始皇五年的时候，蒙骜分别带兵攻打了赵国、韩国、魏国等国家，一共夺取了大约七十座城池，设置了东郡。始皇七年，蒙骜去世。蒙骜的儿子叫蒙武，蒙武的儿子叫蒙恬。蒙恬曾做过狱讼记录工作，并负责掌管有关文件和狱讼档案。秦始皇二十三年，蒙武担任秦国的列将，和王翦一同攻打楚国，大败楚军，

在这场战争中，蒙恬杀死了项燕。始皇二十四年，蒙武又攻打楚国，俘虏了楚王，立下了不小的战功。

威名天下

公元前221年，出身将门的蒙恬做了秦国的将军，他率兵攻打齐国，大败齐军。秦始皇授给他内史的官职。秦国统一天下后，就派蒙恬率领近三十万大军，向北攻打戎狄。他将黄河以南的土地收复了回来，修筑长城，利用地理形势上的优势设置要塞，西起临洮，东到辽东，绵延一万余里。蒙恬渡过黄河，占据了阳山，不断地向北延伸。烈日寒霜，风餐露宿，在外十余年，他一直驻守在上郡。这时，蒙恬的声名和威望震慑匈奴。秦始皇特别尊重推崇他，信任并欣赏他的才能。因而亲近他的兄弟蒙毅，官到上卿。当外出的时候，蒙毅就陪着始皇同坐一辆车子，回到朝廷就侍奉在国君跟前。蒙恬在外担当着军事重任而蒙毅经常在朝廷出谋划策，被誉为忠信大臣。因此，即使是其他的将相也没有敢和他们争宠的。

大破匈奴

赵高是赵国王族的远亲。赵高兄弟几个生下来就被阉割成为宦官，他的母亲也因为违反法律而被处以刑罚，所以世世代代地位卑贱。秦王听说赵高很能干，精通刑狱法令，就提拔他担任了中车府令。赵高就在私底下侍

奉公子胡亥，教给胡亥怎样决断
讼案。赵高犯下重罪，秦王让蒙毅依法惩处他。蒙毅不
敢擅自曲解法令，要依法判处赵高死刑。始皇赦免了他，
恢复了他原来的官职。始皇打算巡游天下，路经九原郡，
直达甘泉宫。就派蒙恬为他开路，从九原到甘泉，打通
山脉，填塞深谷，全长一千八百里。

公元前210年的冬天，秦始皇外出巡游会稽，中
途得了重病，就派蒙毅转回祷告山川神灵。没等蒙毅
返回，始皇走到沙丘就逝世了。赵高在平时就受到胡
亥的宠幸，因此打算拥立胡亥继承王位，又怨恨蒙毅
没有袒护他而依法惩处他，于是就产生了杀害之心。
太子拥立之后，赵高派遣使者，给蒙氏兄弟捏造罪名
并且诬陷他，拟定公子扶苏和蒙恬死罪。扶苏自杀后，
蒙恬不相信这件事，又请求申诉。使者就把蒙恬交给

主管官吏处置，另外派人接替他的职务。胡亥让李斯的家臣担任护军。使者回来报告时，胡亥已经知道扶苏自杀了，于是就打算释放蒙恬。赵高唯恐蒙氏再次掌握大权，就更加怨恨他们了。

赵高趁机想要铲除蒙氏兄弟，就对胡亥说，他听说秦始皇以前就选贤用能想立胡亥为太子，而蒙毅却不让。赵高想用这个办法让胡亥对蒙氏兄弟产生厌恶之感。果不其然，胡亥听从了赵高的话，蒙毅就在代郡被囚禁起来了。在此以前，蒙恬已经被囚禁在阳周。等到秦始皇的灵车回到咸阳，安葬以后，太子做了皇帝，赵高是最得宠的人，于是他就日夜诋毁蒙氏，搜罗他们罪过，检举弹劾他们。

子婴就进言规劝胡亥不要听赵高的话，应该放了蒙氏他们，但胡亥听不进去子婴的规劝，却派遣御史曲宫乘坐驿车前往代郡，命令蒙毅自杀。蒙毅回答说："用道义治理国家的人，不杀害无罪的臣民，而刑罚不施于

无辜的人身上。希望大夫认真地考虑！"使者知道胡亥的意图，听不进蒙毅的申诉，就把他杀了。

惨遭杀害

　　胡亥又派遣使者前往阳周，命令蒙恬说："你的罪过太多了，而你弟弟蒙毅犯有重罪，依法要牵连到你。"蒙恬说："蒙氏为秦国累积大功，建立威信，已经三代了。如今我带兵三十多万，即使我被囚禁，我的势力也足以叛乱。然而，我知道必死无疑却坚守节义，是不敢辱没祖宗的教诲，不敢忘掉先主的恩宠。周成王犯有过失而能改过振作，终于使周朝兴旺昌盛；夏桀杀死关龙逢，商纣杀死王子比干而不后悔，最终落个身死国亡。所以我说犯有过失可以改正振作，听人规劝可以察觉警醒，参互交错地审察，是圣明国君治国的原则。大凡我说的这些话，不是用以逃避罪责，而是要用忠心规劝而死，希望陛下替黎民百姓深思熟虑地找到应遵循的正确道路。"使者说："我接受诏令对将军施以刑法，不敢把将军的话转报皇上听。"蒙恬沉重地叹息说："我对上天犯了什么罪，竟然没有过错就处死呢？"很久，才慢慢地说："我的罪过本来该当死罪啊。起自临洮接连到辽东，筑长城、挖壕沟一万余里，这中间能没有截断大地脉络的地方吗？这就是我的罪过了。"然后吞下毒药自杀了。

读史有智慧

蒙恬身为名将，理应在人心未定，疮伤未瘳的情况下尽力谏诤，赈救百姓的急难，他反而迎合始皇心意，大规模地修筑长城。他们兄弟遭到杀身之祸，让人不禁唏嘘！

历史寻踪

◆ 蒙恬墓

位于陕西省绥德县第一中学校园内。墓冢呈馒头形。原有清代石碑两通（其中1通断为两截），碑高1.42米，系清乾隆年间知州张元林所立，镌刻"秦将军蒙恬墓"，为知州江士松手书。清人阎秉庚曾题诗曰："春草离离墓道侵，千年塞下此冤沉。生前造就千支笔，难写孤臣一片心。"

穷困潦倒之时，他曾食不果腹、身无余钱，要靠漂母馈食才能勉强度日，甘受胯下之辱，被人笑称无用小人；兴旺发达之时，他执掌千军万马，攻无不克，战无不胜，明修栈道，暗度陈仓，大败项羽，帮助刘邦问鼎天下，被称为世间无二的战神；他在别人都盲目看好项羽的时候，毅然决然地选择离开项羽，投奔刘邦，终于登台拜将，功成名就。是什么人有如此跌宕起伏的经历，又是什么人有如此的胸怀抱负、如此的果敢和谋略？他就是"汉初三杰"之一——韩信！

韩信是谁

淮阴侯韩信是西汉时期的开国功臣，他是中国历史上杰出的军事家，与萧何、张良并称为"汉初三杰"。

起初，韩信家里很穷，常常寄居在别人

---

①刘邦曾问韩信他们两人各能指挥多少兵？韩信回复说刘邦能指挥十万大军，而自己则是"多多益善"。

家。秦朝末年农民起义风起云涌，那时西楚霸王项羽在义军中的威望很高，于是韩信去投奔项羽，希望可以大展宏图。但项羽并没有发现韩信的过人之处，几次对韩信的计谋都不予采纳。韩信非常失望，于是又投奔刘邦。刘邦听从重臣萧何的建议，拜韩信为大将军。韩信得到重用之后，向刘邦分析了当前的形势，主张举兵东进，先夺取关中，再以关中为基地，进而夺取天下。

当初刘邦为了不让项羽怀疑，入川时火烧栈道，表示不再出关。于是，韩信先派了几百名士兵去修栈道。汉中守将得知后嘲笑韩信不自量力。谁知道韩信表面上是派兵修复栈道，暗中却领兵从小路袭击了关中守军，夺取了陈仓。关中守军措手不及，纷纷投降。韩信用"明修栈道，暗度陈仓"的计策帮刘邦占领了关中地区。

胯下之辱

韩信在淮阴的时候，虽然生活落魄，但是每天依然拿着把宝剑，希望有朝一日能凭借自己的才能建功立业。城中有一个年轻的屠户看不起韩信，认为韩信生活落魄靠人救济还自命不凡，于是纠集了一帮人拦住韩信，故意羞辱他说："韩信你虽然长得高大，平时又剑不离身，其实你只不过是个胆小鬼罢了。"又当众侮辱他说："你要不怕死，就拿剑刺我；如果怕死，就从我胯下爬过去。"韩信打量了屠户一番，认为自己将来是干大事的人，不值当在这里和一个屠户过不去，于是低下身去，

趴在地上，从屠户的胯下爬了过去。满街的人都笑话韩信，认为他胆小。

后来，韩信功成名就，荣归故里，还特意找来了当年让他受胯下之辱的那个屠户，不但没有惩罚他，反而任命他当了楚国的中尉，负责都城的警卫。人们不解，问韩信这是为什么。韩信说："正是因为忍受了那种屈辱，才使我更加坚定信念，奋发图强，最终成就了事业，所以我要感激他。"

背水一战

韩信率领三万大军想要突破井陉口，攻击赵国。赵王听说汉军要袭击赵国，在井陉口聚集兵力，号称二十万大军。赵军谋士李左车向赵王献计，希望利用井陉狭窄的道路，率兵阻截汉军后面的粮草，然后赵军据守城池并不迎战，汉军缺粮，久而久之就能不战而胜。但赵王并没有采纳李左车的计谋。

韩信得知赵王并没有采纳李左车的计谋，大喜过望，马上领兵进入井陉狭道，背靠河水摆开战斗队列。

赵军远远望见，大笑不止。赵军打开营垒攻击汉军，激战了很长时间。这时，韩信假装抛旗弃鼓，逃回河边的阵地。赵军以为汉军兵败，倾巢出动，争夺汉军的旗鼓、追逐韩信。韩信已进入河边阵地，全军殊死奋战，赵军一时无法取胜。韩信预先派出去的两千轻骑兵，等到赵军倾巢出动追击韩信的时候，火速冲进赵军军营，把赵军的旗帜全部拔掉，竖立起汉军的旗帜。这时，赵军见自己军营中插满了汉军的旗帜，大为震惊，以为汉军已经全部俘获了赵王的将领，于是军队大乱，纷纷落荒而逃。汉军前后夹击，彻底打垮了赵军，生擒了赵王。

韩信用"背水一战""置之死地而后生"的办法取得了战争的胜利，将领们都十分佩服。

狡兔死，走狗烹

韩信被封为齐王后，齐国人蒯（kuǎi）通劝说韩信与刘邦、项羽三分天下，形成三

足鼎立的局面。韩信认为刘邦有恩于他，于是他谢绝了蒯通。

汉五年正月，刘邦改封齐王韩信为楚王，允许他在下邳建都。韩信的人生进入了巅峰时期。可好景不长，第二年便有人上书刘邦告韩信谋反。刘邦采纳陈平的计谋，假托天子外出巡视要会见诸侯，其实是要袭击韩信，韩信却不知道。刘邦将要到楚国时，韩信曾想发兵反叛，但又认为自己没有罪，想朝见刘邦，又怕被擒。有人给韩信出主意，让韩信杀了刘邦不喜欢的钟离昧以讨好刘邦。韩信拿着钟离昧的人头，到陈县朝拜刘邦。刘邦命令武士绑了韩信，押在随行的车上。韩信说："果真像人们说的'狡兔死了，出色的猎狗就遭到烹杀；高翔的飞禽光了，优良的弓箭就会被收藏起来；敌国破灭，谋臣也就没有用了，就会被杀死'。现在天下已经太平，我看来到了应当被杀死的时候了！"刘邦把韩信带回洛阳，改封他为淮阴侯。

读史有智慧

韩信是汉朝的实际缔造者，被后人奉为"兵仙""战神"。"王侯将相，韩信一人全任""国士无双""功高不二""略不出世"等都是人们对韩信的评价，可谓前无古人，后无来者。韩信的一生起起伏伏，非常具有传奇色彩。他年少时放荡不羁，但心怀理想，为了理想他可以忍受困苦和磨难的考验。登台拜将之后，韩信的军事才能得到了非常好的展现，攻城略地，所向披靡，得到了天下的认同。但同时也功高震主，加上韩信为人恃才傲物，不懂得功成身退，才落得个"狡兔死走狗烹，飞鸟尽良弓藏"的下场。

历史寻踪

◆ 白鹿泉

白鹿泉位于今河北省鹿泉市中部偏西山区，南靠长寿山，北倚抱犊寨。相传，当年韩信统兵三万出井陉口破赵。大军行至土门关西扎营，被派出去找水的军卒皆因未能找到水源而被斩杀。三军无水，不战自灭。韩信焦急无奈，一天夜里梦见一只白鹿，向韩信频频点头，而后飞身而去，韩信策马追赶。追到一座山脚下白鹿缓缓停下，韩信搭弓射箭，那鹿化作一道白光不见了。韩信所发之箭深入泥土之中，韩信下马取箭，用力一拔，一汪清澈甘甜的泉水喷涌而出。韩信醒来循着梦中的道路果然找到一处泉水，从此这泉水因韩信射鹿而得名"白鹿泉"，此地也因此改名为鹿泉。

秦朝建立之初的岭南，南越部族的百姓还停留在"刀耕火种"的时代，他们不懂教化，不识汉字，不通商贸。后来一位将领统一了南越百族，还不断促进当地生产发展和社会进步，利用行政手段推广汉字和汉语；利用中原先进的文化和伦理道德教化越人；带头尊重越人风俗习惯，与越人通婚。他事事亲力亲为、以身作则，为中越两族人民建立融洽的民族关系做出巨大贡献，这位将军就是后来的南越王赵佗。

赵佗是谁

赵佗，恒山郡真定（今河北正定县）人，原为秦朝将领，与任嚣南下攻打百越。秦末大乱时，赵佗割据岭南，建立南越国。

赵佗是南越国第一代王和皇帝，号称"南越武王"或"南越武帝"。赵佗从公元前219年作为秦始皇平定南越的五十万大军的副帅，一直到公元前137年（汉武帝刘彻建元四年）去世，一共参与治理岭南八十一

年。其间由于他一直实行"和辑百越^①"的政策，促进了汉越民族的融合，并把中原地区的先进文化带到了南越之地，使南越得到了更好的发展。

平定岭南

秦始皇统一六国之后，开始着手平定岭南地区的百越之地。公元前219年，秦始皇派屠睢（tú suī）做主将、赵佗做副将，率领五十万大军平定岭南。屠睢因为滥杀无辜，引起当地人的顽强反抗，被当地人杀死。秦始皇重新任命任嚣为主将，并和赵佗一起率领大军平定越地。

经过四年的努力，公元前214年，岭南总算顺利地划进了大秦的版图。秦王朝在番禺（今广州）设南海郡治，以任嚣为郡尉，统管一郡的政治、军事、监察，下辖番禺、龙川、博罗、四会四个县。龙川地理位置和军事价值都极其重要，于是委任赵佗为龙川县令。赵佗在龙川筑城辟地以为治所。赵佗既致力防范越人反抗，又采取"和辑百越"的方针，极力安抚越族。他劝导士兵在当地养儿育女，促进汉越两族人民同化；又上书皇帝要求遣送中原居民迁居南越以传播中原文化。

---

①和辑百越：赵佗建立南越政权后，为了巩固政权、缓和民族矛盾而采取的灵活政策。主要内容有让越人参加政权管理、尊重越人习俗、鼓励与越人通婚、因地制宜让越人"自治"。

南越称帝

秦始皇死后，秦二世继位，他的暴政激起陈胜、吴广起义，四方诸侯、豪杰互相争夺，中原陷入了一片混乱状态。

公元前208年，南海郡尉任嚣病重，临死前他把龙川县令赵佗叫来，向他阐述了依靠南海郡傍山靠海、有险可据的有利地形来建立国家，抵抗中原各路起义军队侵犯的谋划。他说："南海郡的长官中没有谁比你更有远见，所以我把你叫来，告诉你这些事。"说罢，向赵佗颁布任命文书，让赵佗代行南海郡尉职务。

赵佗洞悉防御要领，为了防止北方战乱南延，他下令严封关隘，断绝四条新修筑的道路，构筑了捍卫番禺的三道防线。不久，任嚣病亡，赵佗向南岭各关口的军队传达了据险防守的指令，以防止中原的起义军队进犯。

秦朝灭亡后，公元前203年，赵佗起兵兼并桂林郡和象郡，在当地汉越两族士民的拥戴下，建立了以番禺为王都，占地千里的南越国，自称"南越武王"，从而为南越国奠下基石。

臣服汉朝

经过多年征战，刘邦建立了西汉政权，平定了中原包括项羽在内的其余军事势力。而

此时的中原，已经战乱多年，百姓生活劳顿困苦，所以刘邦决定不用军事剿灭的方式来对付南越国。公元前196年，汉高祖刘邦派遣大夫陆贾出使南越，劝赵佗接受汉王朝的封王，归化中央政权。

公元前195年，在陆贾劝说下，赵佗接受了汉高祖赐给的南越王印绶，臣服汉朝，使南越国成为汉朝的一个藩属国，并向朝廷称臣奉贡。此后，南越国和汉朝互派使者，互相通市。赵佗归顺汉朝，使得刘邦成功通过和平方式解决南

越问题。没有成为汉朝南边的敌对势力，这更加有助于南越的发展。

至此，中原地区的铁器等生产资源及技术源源不断引入南越国，促进了社会经济的进步。赵佗重视引入中原汉文化和先进生产技术，并结合越地社会特点，使岭南生产发展、人民安居乐业。他又对任嚣所建的番禺城进行扩建，城周达十里，被称为"佗城"，成为后代广州的中心地区。他努力协调各民族之间的关系，积极吸取中原文化，从而促使广东地区文化经济在秦末汉初年间稳步发展。

二次归汉

汉高祖死后，吕后临朝，开始和赵佗交恶，禁止与南越交界的地区向南越国出售铁器和其他物品。赵佗觉得吕后

可能会通过长沙国（汉朝的另一个属国，位于南越国北部，现湖南省境内）来吞并南越，于是宣布脱离汉朝，自称"南越武帝"。

公元前179年，吕后死后，汉文帝刘恒即位。他派人重修了赵佗先人的墓地，设置守墓人每年按时祭祀，并给赵佗的堂兄弟们赏赐了官职和财物。接着汉文帝在丞相陈平的推荐下，任命汉高祖时曾多次出使南越的陆贾为太中大夫，令其再次出使南越说服赵佗归汉。

陆贾到了南越后，向赵佗说明了事情的利害关系。赵佗再次被说服，决定去除帝号归复汉朝，与中央政权的关系又像当初那样修好，维护了岭南的社会稳定。

读史有智慧

赵佗是南越地区的开拓者，在公元前204年创立了"东西万余里"的南越国，而后的"赵佗归汉"，使岭南列入中国统一的版图。赵佗是中原先进耕作技术、打井灌溉技术和冶金、纺织技术的传播者、推广者，是引导岭南越人部落从原始氏族社会迅速走向文明时代的文化先驱和伟大政治家，是使汉族与南越部族建立和睦民族关系、增进民族间友好感情的重要引导者。

射石搏虎"飞将军"——李广

　　苍茫的战场上狼烟四起，士兵们喊声震天，一位将军拉满战弓，"嗖"的一声，敌军主将应声落马。都说"不想当将军的士兵不是好士兵"。在汉代，就有这样一个箭术高超的少年，年纪轻轻就怀着领兵打仗、保家卫国的雄心踏上了战场，一生与匈奴抗衡，连敌人也敬佩他的英勇，称他为"飞将军"。

李广是谁

　　李广，陇西郡成纪县人，家中世代传习射箭之术。文帝十四年（公元前166年），匈奴人大举入侵，李广参军抗击匈奴。因为他善骑射，杀敌多，所以被任命为中郎。他展现出自己冲锋陷阵、抵御敌人和格杀猛兽的超群本领。文帝知道后说："可惜啊！你没遇到时机，如果让你赶上高祖的时代，封个万户侯都不在话下！"

　　景帝即位后，吴王刘濞（bì）等发起七国叛乱。李广随太尉周亚夫一起反击吴楚叛军，在昌邑城下夺取敌

人军旗，由此立功扬名。可是由于梁孝王私自把将军印授给李广，回朝后，朝廷没有封赏他，只是调他任上谷太守。

上谷这个地方，每天都有匈奴来交战。典属国公孙昆（hún）邪（yé）哭着对皇上说："李广的才气，天下无双，他本领高超，每次都与敌人正面交锋，再这样下去，我们恐怕会失去这员良将啊！"于是景帝又调李广任上郡太守。后来，他又曾任陇西、北地、雁门、代郡、云中等地太守，都以奋力作战而出名。

智勇退敌

皇帝派一名宦官跟随李广学习军事，宦官带领几十名骑兵，路遇三个匈奴人。匈奴人回身放箭，射伤宦官，还杀了很多骑兵。宦官逃到李广那里，李广推断说："这一定是匈奴的射雕能手。"就带上一百名骑兵前去追赶。走了几十里，看到三个徒步前行的匈奴人，李广命骑兵左右散开，两路包抄。他亲自射杀，射死两个，活捉一个，果然是匈奴的射雕手。

就在这时，李广远远望见几千名匈奴骑兵。匈奴兵看到李广，以为是诱敌骑兵，吃惊地跑上山去摆好阵势。李广的百名骑兵大为惊恐，想回马飞奔逃跑。

李广说："我们离大军几十里，现在这种情况，只要一跑就会被匈奴追击射杀；我们停留不走，匈奴以为我们是来诱敌的，必定不敢攻击我们。"于是命令骑兵前进，在离匈奴阵地还有大约二里的地方停下来。他又下令："全体下马，解下马鞍！敌人原以为我们会逃跑，现在我们都解下马鞍表示不逃，他们会更加坚信我们是诱敌之兵。"

匈奴骑兵果然不敢来攻击，就派一名骑兵将领前来监视，李广上马射死那名匈奴将领，又回到自己的骑兵队里。到了半夜，匈奴人见一点儿动静都没有，以为有伏兵想趁夜偷袭他们，就撤离了。

李广射虎

李广身材高大，两臂如猿，射箭是他的天赋，即便是他的子孙或外人向他学习，也没人能赶上他。他常与别人在地上画军阵，比射箭，输了就罚酒。他没有别的爱好，一生都把射箭当作消遣。

汉武帝时，李广为右北平郡太守。当时这一带

常有老虎出没，危害人民。李广经常带兵出猎，为民除害。一天，李广狩猎回来，路过虎头石村，已是夜幕降临时分，月色朦胧。这里怪石林立，荆棘丛生，蒿草随风摇曳，沙沙作响。行走间，突然发现草丛中有一黑影，形如虎，似动非动。李广让士兵闪过，拉弓搭箭，只听"嗖"的一声，正中猎物，他策马上前察看，不觉大吃一惊，原来射的不是老虎，而是虎形巨石。仔细一看，箭头已入石。这时众随从也围拢过来观看，都赞叹不已。

李广带兵，遇到缺粮断水的时候，如果见到水，士兵还没有完全喝到水，李广不会先喝水；士兵还没有完全吃上饭，李广一口饭也不尝。李广对士兵宽厚和缓不苛刻，士兵因此爱戴他，乐于为他所用。

李广难封

李广为官清廉，得到赏赐就分给他的部下，饮食总与士兵在一起。李广一生直到死，做二千石俸禄的官共四十多年，家中没有多余的财物，他始终也不谈及家产方面的事。

李广的堂弟李蔡和李广同朝为官。李蔡多次受赏，官至丞相，还被封为乐安侯。李广的才干和声名比李蔡还好，却没有得到封爵和封地，官位也远远低于李蔡。李广感叹："汉朝攻打匈奴以来，我没有一次战争不参加。但是很多级别比我低、才能不如我的军官，都因为攻打匈奴的军功被封侯了，我却没有得到一点儿封赏。难道我注定不该封侯吗?"

后来，卫青、霍去病率军大举出征匈奴，李广亲自请求随行。天子认为他已年老，拖了好几次，才准许他跟随卫青出征。

皇上曾暗中警告卫青：李广年老，运气不好，不能与单于对敌。因此卫青自己带领精兵追逐匈奴单于，而命令李广和右将军一起从东路出击。东路迂回绕远，军队又没有向导，就迷失了道路，落在卫青之后。卫青只得单独与单于交战，结果让单于逃跑了。

军队汇合后，卫青派长史急切责令李广的校尉前去受审。李广说："校尉们没有罪，我迷失了道路，会亲自去受审对质。"李广对部下说："我从少年起与匈奴打

过七十多次仗，如今有幸跟随大将军卫青出征，可是大将军让我去走迂回绕远的路，偏又迷失道路，难道不是天意吗！我已经六十多岁了，不能再受刀笔吏的侮辱。"说罢拔刀自刎。所有将士都为之痛哭，百姓听到消息也纷纷落泪。

读史有智慧

　　李广与匈奴战斗七十余次，常以少胜多，匈奴人对他闻风丧胆，称之为"飞将军"。他以百骑机智地吓退匈奴数千骑，临危不惧，指挥若定。他体恤士卒，治军简易，与士卒同甘共苦，深得将士敬佩。"但使龙城飞将在，不教胡马度阴山。"王昌龄这句脍炙人口的诗句生动表达了后人对这位一代名将的仰慕赞佩。历史的评判是公正的，李广虽然一直未受重用，但是他英勇善战、刚直中正、以身作则，广为后世敬佩。

历史并不如烟

◆"李广射虎"石

　　李广从小练就一副好臂力，箭法惊人，百发百中。"李广射虎"的事情传开后，有人就感叹道："至诚则金石为开。"意思是只要诚心诚意，最坚硬的金石也会受到感动。随着李广箭射石虎故事的传播，"金石为开"这一典故也就流传下来了。当年李广射中的那只石虎，至今仍留有遗迹。从此，这个村子便叫虎头石村，现在卢龙城南部。那只石虎，下部早已深埋地下，上半身袒露在外，已经成了游人参观欣赏的地方。

征战匈奴的大将军——卫青

卫青有着悲惨的童年，但是他踏踏实实地做好自己。机会总是留给一些踏实的人，卫青被卷入一场"后宫大戏"，却因祸得福，得到了汉武帝的赏识。时势造英雄，这时的汉朝饱受匈奴的骚扰，于是朝廷派卫青出征攻打匈奴。

悲惨童年

卫青，字仲卿，河东平阳（今山西临汾）人。他的父亲叫郑季，在平阳侯曹寿家做事，与平阳侯的侍女卫媪（ǎo）私通生了卫青。郑季非常不喜欢卫青，就让卫青放羊。郑家的儿子也没把卫青看成兄弟，经常虐待卫青。卫青稍微大一点儿后，不愿再受气，便回到母亲身边给平阳公主驾车。卫青的同母哥哥卫长子，同母姐姐卫子夫在平阳公主家得到汉武帝的宠爱。卫媪的大女儿叫卫孺，二女儿叫卫少儿，三女儿就是卫子夫。

有一次，卫青跟随别人来到甘泉宫，一个囚徒看到他的相貌后说："你是个贵人，将来能当大官，能被封侯的！"卫青笑笑说："我是仆人生下的孩子，能不挨他人

打骂就心满意足了，怎能想封侯的事呢？"

因祸得福

汉武帝建元二年（公元前139年）春，卫青的姐姐卫子夫入宫，受到武帝的宠幸。那时候的皇后陈阿娇是堂邑大长公主刘嫖的女儿，没有儿子。大长公主听说卫子夫有了身孕，很是嫉妒，就派人逮捕了卫青。卫青的朋友骑郎公孙敖听说了这件事后，就和一些壮士把他救了出来。武帝得知真相后，任命卫青为建章监，并给了他侍中的官衔。连同他的兄弟们都得到显贵，皇上给他们的赏赐几天之内竟然累积到一千两黄金。卫孺做了太仆公孙贺的妻子。卫少儿原来同陈掌私通，武帝便提拔陈掌，使他显贵。公孙敖也越来越显贵。卫子夫做了武帝的夫人。近十年间，卫青作为建章监和侍中跟随皇帝左右，和他一起听闻朝政，后又成为太中大夫，深得武帝信任，为后来七征匈奴①及任大司马大将军参决政事打下良好的基础。

征战沙场

元光六年（公元前129年），匈奴南下，直奔上谷。

---

① 匈奴：历史悠久的北方游牧民族，秦末汉初称雄中原以北。公元前215年被蒙恬逐出黄河河套地区以及河西走廊地区，西汉前期强大起来，屡次进犯边境，对西汉政权造成了重大的威胁。

汉武帝任命卫青为车骑将军，率一万骑兵迎击匈奴。车骑将军卫青从上谷出兵，骑将军公孙敖从代郡出兵，轻车将军公孙贺从云中出兵，骁骑将军李广从雁门出兵，四路将领各率一万骑兵，向匈奴浩浩荡荡地杀过去了。这是卫青第一次出征，他勇敢冷静，深入险境，直捣匈奴祭天圣地龙城，俘虏了 700 人。另外三路，两路失败，一路无功而返。汉武帝看到只有卫青凯旋，便封卫青为关内侯。龙城之战是汉初以来对战匈奴的首次胜利，为以后汉朝的反击打下了良好的基础。此后卫青多次出兵攻击匈奴，连连获胜。卫青的外甥霍去病也表现卓越，受到汉武帝的赏识。

　　元狩四年（公元前119年）春，汉武帝派卫青与霍去病各率领五万骑兵、步兵和运输物资的军队十万余，兵分两路，跨漠长征出击匈奴。

　　卫青大军出塞一千多里，与匈奴单于主力遭遇。卫青命前将军李广和右将军赵食其两军合并，从右边包围敌军，自己率领左将军公孙贺、后将军曹襄从正面对抗单于主力军队，并下令让武刚车排成圆形营垒，又命令五千骑兵骑马奔驰，抵挡匈奴。匈奴大约一万骑兵奔驰而来。恰巧太阳西下，刮起大风，两军都无法看见对方，汉军又命左右两边的战马飞驰向前，包围单于。单于见大事不妙，在傍晚时乘车同大约几百名健壮的骑兵，径直冲开汉军包围圈，向西北奔驰而去。天已黄昏，汉朝军队和匈奴人相互扭打，杀伤人数大致相同。匈奴俘虏说单于已逃，于是汉军派出轻骑兵连夜追击，未能擒获。

　　漠北之战击溃了匈奴在漠南的主力，匈奴逐渐向西

北迁徙，十几年内再无南下之力。而汉军损失也很大，出征的十四万马匹仅三万余匹返回。汉武帝为表彰卫青、霍去病的战功，特加封他们为大司马。

读史有智慧

卫青出身卑微，小时候受尽了屈辱。他进入宫廷之中，慢慢地受到了汉武帝的赏识。时势造英雄，卫青出征平定匈奴，将匈奴打回老家，汉武帝也给了卫青无数奖赏，在卫青去世后还追送他谥号为"烈"。我们要学习卫青爱国和勇敢的精神。

历史寻踪

◆ 卫青墓

卫青墓的封土为二层台覆斗形，是茂陵陪葬重臣中最大的一座。西北角凹进一部分，而西南角凸出一部分，遥望如一小山，南面坡陡，北面坡长缓，中腰有平台。现存墓碑是清朝时立的，立碑人名叫毕沅（续《资治通鉴》的作者），是当时的地方长官。卫青墓碑上写着"汉大将军大司马长平侯卫公青墓"十四个字。

实战与著书的全能兵圣——孙武

旗帜招展，战鼓擂动，一支由宫女组成的队伍排列在吴国的操练场上。孙武手持令旗，严峻的号令一出，队伍本应整齐划一，气氛严肃。可这些长期生活在后宫的宫女们以为只是陪吴王玩玩，丝毫没有认真。她们有的左脚踩了右脚，有的转错了方向，原来排好的队列都打乱了，惹来一阵大笑。面对这种情况，孙武能否用这群后宫的女子完成军队的演练呢？

孙武是谁

孙武，字长卿，齐国乐安人，春秋时期著名的军事家、政治家，兵家代表人物，被尊称为兵圣。后人又尊称其为孙子、孙武子、百世兵家之师、东方兵学鼻祖。

孙武自幼聪慧睿智，机敏过人，勤奋好学，善于思考，而且特别尚武。他对打仗的故事百听不厌。八岁时，孙武被送进学校接受教育。当时，"五教""六学"①是主修课程，孙武天资聪明，对

---

① "五教""六学"："五教"是指五种伦理道德的教育，即父义、母慈、兄友、弟恭、子孝。"六学"是指六种基本科目的学习，即礼、乐、射、御、书、数。

那些艰涩繁杂的"五教"和文化基础课，看几遍就能熟记于心。久而久之，老师感觉到这孩子有不同常人的天赋，将来必成大器，于是教育他也就更加用心了。

斩姬练兵

孙武到了吴国，被伍子胥引荐给吴王阖闾。孙武带着自己写的兵法求见阖闾，阖闾说："我已经将您的兵法全部拜读，您可以试着为我操演一番吗？"孙武说："可以。"阖闾问："可用妇女来操演吗？"孙武说："可以。"

于是阖闾从自己的后宫中选出一百八十位美女，让孙武指挥。孙武把她们分为两队，派吴王的两位宠姬担任队长。孙武问她们："你们知道自己的心口、左手、右手和背的方向吗？"妇女们说："知道。"孙武便命这些妇女操练起兵器。

然后，孙武用鼓声指挥她们向右，妇女们从来没有经过这样的训练，看着孙武一本正经的样子，纷纷大笑起来。孙武说："规定不明，申说不够，这是我的过错。"然后又把刚才的命令重复多遍，再用鼓声指挥她们向左，妇女们又大笑起来。孙武说："现在已经再次申明规则，你们仍不按规定来做动作，这是队长的过错。"说着就要将左右两队的队长斩首。

吴王见自己的两位爱姬将要被斩，大惊失色，急忙派使者对孙武说："寡人已经知道将军善于用兵了。但寡人不能没有这两个爱姬，还请将军不要将她们斩首。"

孙武说："臣下既然已经受命为将，身在军队中，国君的一些命令，将领可以不接受。"于是将做队长的两位宠妃斩首示众。用地位在她们之下的人担任队长，再次用鼓声指挥她们操练。这次，不管是向左、向右、向前、向后，还是跪下起立的动作，全都合乎要求，没有一个人敢出声。阖闾冷静思考一番后发现孙武确实善于用兵，就任命他为将领。

孙武论政

在伍子胥、孙武的治理下，吴国的内政和军事都大有起色。吴王倚重二人，把他们两人视为左膀右臂。

一天，吴王同孙武讨论晋国的政事，他问孙武："晋国的大权掌握在范、中行、智、韩、魏、赵六家大夫手中，将军认为哪个家族能够强大起来呢？"

孙武说："范氏、中行氏两家会最先灭亡。六家之中，这两家田最少，租税最重，人民没有生存保障。官吏众多而又骄奢，军队庞大而又屡屡兴兵。长此下去，必然众叛亲离！"

吴王见孙武的分析切中要害，又问："接下来又该轮到哪家呢？"

孙武回答说："智氏与范氏、中行氏相似，恐怕要蹈范氏、中行氏的覆辙。"

吴王继续追问："智氏家族灭亡之后，又该轮到谁了呢？"

孙武说："那就该轮到韩、魏两家了。韩、魏两家税率同样很高，只是因为亩制稍大，人民负担相对较轻，所以能多残喘几天。"

孙武接着说："至于赵氏家族的情况，和前五家大不一样。六卿之中，赵氏的亩制最大，收取的租赋也不重。田地多，租税轻，官兵寡少，统治者没有过分骄奢，可以满足百姓们的温饱，必然兴旺发达。晋国的政权最终要落到赵氏的手中。"

孙武论述晋国六卿兴亡的一番话使吴王深受启发。吴王高兴地说："将军论说得很好。寡人明白了，君王治国的正道，就是要爱惜民力，不失人心。"

隐居著书

在孙武、伍子胥的策划下，吴王夫差大败越军。但他不听伍子胥劝阻，同意勾践求和。

吴国的争霸活动在南方取得胜利后，又向北方进逼，凭借强大的军事力量，争得霸主地位。随着吴国霸业蒸蒸日上，夫差逐渐变得自以为是，不再像以前那样励精图治，对孙武、伍子胥等功臣也不再重视，反而重用奸臣伯嚭（pǐ）。西施入吴后，夫差大兴土木，沉迷酒色。孙武、伍子胥认为勾践被迫求和一定会报复，必须彻底灭越，以绝后患。但夫差听信奸臣，不予理睬。伍子胥一再进谏，夫差大怒，逼其自尽。

伍子胥的死给了孙武一个沉重的打击。他意识到吴国已经不可救药，于是悄然归隐，著书立说，最终写成巨作《孙子兵法》十三篇，为后世兵法家所推崇，被誉为"兵学圣典"，置于《武经七书》之首。

读史有智慧

孙武出生在将门，聪颖的天资再加上家庭的熏陶，使他很早就形成自己独到的军事思想，从而受到吴王的赏识。他可以将一百多个弱柳扶风的后宫女子训练成一支整齐严肃的队伍，这是怎样的一种魄力和能力？归隐之后，他将自己的军事思想进行记录整理，写成后世广为流传的《孙子兵法》。

历史寻踪

◆《孙子兵法》

《孙子兵法》是孙武的兵学著作。《孙子兵法》竹简出土在临沂，是中国现存最早的兵书，也是世界上最早的军事著作，被誉为"兵学圣典"。共有六千字左右，一共十三篇。

少年乐读《史记》

谋臣名相定乾坤

卫晋 著

湖南文化音像出版社

为什么要写这样一本《史记》

历史是一面镜子，记录着兴衰、成败。

2000多年前，司马迁忍辱负重，靠个人意志完成了这样一部杰作。鲁迅先生的评价：史家之绝唱，无韵之《离骚》。

欲读历史，必绕不开《史记》。《史记》是二十四史之首，司马迁把一生全部奉献给了《史记》，给炎黄子孙留下了宝贵的文化遗产。

《史记》不仅是司马迁对历史所做的贡献，更凝结了自己的人生感悟。在2000多年前的汉代，司马迁因李陵事件备受摧残，可他没有忘记自己是一个史官，自己身上的使命以及父亲的临终嘱托。难堪、耻辱、愤怒，统统凝聚到笔上，他把从传说中的黄帝时代开始，一直到汉武帝太初四年（公元前101年）为止近3000年

的历史，经过 18 年，终于编写成 130 篇、52 万字的巨著《史记》。

相较之前的史书，司马迁采用的是"纪传体"，以生动的叙事呈现了历史人物在每个时代的事迹。在这背后，凝结了司马迁对历史和人物的心血：他到过长沙，在汨罗江边凭吊爱国诗人屈原；他到过曲阜，考察孔子讲学的遗址；他到过汉高祖的故乡，听取沛县父老讲述刘邦起兵的情况……

《史记》里的人物是有温度的，就像发生在我们身边，让人能置身其中，如《鸿门宴》中，每个人物都是栩栩如生的。

相比历史研究来说，《史记》这样的呈现无可厚非。然而，对于普通读者以及青少年来说，有没有更好的接触《史记》的方式？

这就是我们改编出本套专门为青少年阅读，取材史书和历史文献所讲述的正史故事，内容贴近历史事实，更彰显人物的本来面貌的图书的初衷。全书以《史记》为纲，以品读的形式编排。用适合儿童的语言，讲述了一个个有温度的故事，使人仿若身在其中。

让我们赶快来阅读这款专为青少年而编写的《史记》吧！

目 录

善于抓住机会的才子——司马相如

夜深了，大多数人已经进入梦乡。跳动的烛光下，一位少年捧着竹简看得津津有味，时不时还将自己喜欢的词句记录下来。这位少年就是后来大名鼎鼎的文学家——司马相如。从小就爱读书的他，最终用自己的文采打动了皇帝，征服了世界，为后世称赞。

司马相如是谁

司马相如是西汉时期蜀郡成都人，字长卿。父母曾给他起名叫"犬子"。他长大后，仰慕战国名相蔺相如，便给自己更名为相如。

汉景帝时期，有个不成文的规定：家里富有的人就可以当官。司马相如凭借家中资财而被授予郎官的职务，做了汉景帝的武骑常侍。但习武并非他的真正爱好，而汉景帝又不太喜欢辞赋。一天，汉景帝的同母弟弟梁孝王来京，他的手下邹阳、枚乘、庆忌等人发现了司马相如这匹潜伏着的"千里马"。后来，司马相如辞去侍卫职位远走梁国。从此，他有机会与当时的名家切磋辞赋，如鱼得水，最终写下流传千古的名作——《子虚赋》。①

琴挑文君

　　梁孝王去世，相如返回成都。然而他家境中落，又没有可以维持生计的职业。临邛县令王吉敬重司马相如的才华，多次拜访他。临邛县里富人多，卓王孙和程郑两位富人商量说："县令有贵客，我们应该备办酒席宴请他。"于是，他们先把县令请来，又去请司马相如。相如不得已，勉强来到卓家。相如仪表堂堂、文静典雅，满座的客人见了，无不惊羡他的风采。

　　宴会上，王吉捧了一副琴，恭恭敬敬地送到司马相如的面前，想请司马相如抚一曲。司马相如弹了两支非常有名的曲子（相传有一曲是《凤求凰》），满座皆惊，无不被他的高超琴技折服。这吸引了卓家刚满十七岁且守寡而又喜欢音乐的千金卓文君。宴会上，卓文君隔着门缝看到司马相如一表人才，风度翩翩，再听他弹了曲子，可谓心动不已。没想到，司马相如对卓文君也是一见钟情。宴会完毕，司马相如间接向卓文君表达了倾慕之情。卓文君欣闻相如也喜欢自己，当天夜里便逃出家门与司马相如私奔。这就是历史上有名的"琴挑文君"的故事。

---

① 《子虚赋》：司马相如早期游梁时所作，有着浓厚的黄老道家色彩。

文君当垆，相如涤器

司马相如与卓文君回到成都后，两个人的生活可谓是囊中羞涩，度日如年。史书记载，文君为了生活，不得不典当自己的高档裘皮大衣。最后在文君的提议下，两人变卖小马车，回临邛开了家小酒店。文君亲自主持垆前的酌酒和待客之事，相如自己则与雇工们一起忙活，洗涤酒器。

卓王孙听说这件事后，感到很耻辱，闭门不出。有些兄弟和长辈就劝他说："你有一个儿子、两个女儿，家中又不缺少钱财。如今，文君已经成了司马长卿的妻子，他虽然贫穷，但确实是个人才，完全值得文君依靠。况且他又是县令的贵客，为什么还这样轻视他呢！"卓王孙听了以后，只好分给卓文君一百个家奴以及她出嫁的衣服被褥和各种财物。卓文君同司马相如回到成都，买了田地房屋，成为富有的人家。

因才受用

过了很久，已经是汉武帝当政。一天，汉武帝读《子虚赋》，对身旁的人说："这篇文章写得真好啊，可惜我不能与其作者处在同一时代啊！"皇帝身边当班的是四川巴蜀人，他对武帝说："我的同乡司马相如称这篇赋是他写的，皇上不妨召他过来看看。"武帝召见司马相如询问。司马相如说："《子虚赋》是我写的，不过它只是写诸侯的事，没什么大不了，我再写一篇关于天子生活的《上林赋》^①吧。"司马相如把《上林赋》进献给皇帝后，皇帝对他的欣赏溢于言表，立即任命他为郎官。

文采斐然

汉武帝多次赞美子虚，司马相如看出他喜爱仙道，趁机说："上林之事算不得最美好，还有更美好的。臣曾经写过《大人赋》，未完稿，请允许我写完后献给皇上。"司马相如认为，传说中居住在山林沼泽间的众位先人形体容貌特别清瘦，不是帝王心意中的仙人，于是就写成别具一格的《大人赋》。汉武帝看完以后有凌驾云天之感，心情好似遨游天地之间那样爽快，更加青睐司马相如的文章了。

后来，司马相如因病辞官。汉武帝怕司马相如病逝后其文章散佚，便命手下人去全部取回宫里。使者赶到司马相如家里时，司马相如已经去世了。令人惊讶的是，他的家中竟然没有书。使者询问其中缘由，司马相如的妻子回答说："长卿本来就不曾有书。他每次一写完，别

---

① 《上林赋》：《子虚赋》的姊妹篇，亦有浓厚的黄老道家色彩。

人就过来把他的文章求走，因而家中总是空空的。长卿去世前写过一卷书，说如果有使者来取书，就把它献上。"使者将仅剩的这卷《封禅书》献给汉武帝，汉武帝看完后对司马相如的文采感到惊异，也采纳了他的建议。

读史有智慧

　　司马相如相貌好、才艺全，善　　写赋、鼓琴，与司马迁合称"西汉文章两司马"。他那精妙绝伦的辞赋，受到世人的追捧。他为人们留下大量的经典辞赋，同时也留下了与卓文君"自由婚姻典范"的爱情佳话。机会是留给有准备的人的，能不能在机会到来之时把握住机会，要看事先准备得如何。司马相如拥有聪明才智以及出色的文采，所以才能在爱情和从政的机会来临时从容不迫。

历史寻踪

◆ 琴台故径

　　琴台故径位于成都市通惠门，相传为司马相如弹琴处，也是其与卓文君相遇之处。其时司马相如弹琴，卓文君卖酒。诗圣杜甫曾有《琴台》一诗记载。现成都市已将琴台故径延伸成为琴台路。

聪明一生的谋臣——陈平

陈平是刘邦的重要谋臣之一，在刘邦入秦及楚汉相争的过程中，他"救纠纷之难，振国家之患"，对胜利起到了非常关键的作用。但他虽有谋略，也会为保一己之身而帮刘邦出谋擒获韩信，成为诛杀开国功臣的帮凶。

陈平是谁

陈平，是今河南阳武县户牖乡人。他年轻时家中贫穷，喜欢读书。陈平长得身材高大，相貌堂堂。但等到陈平长大成人该娶妻时，富有的人家没有谁肯把女儿嫁给贫穷的他，陈平又不愿娶穷人家的媳妇。街道里有个叫张负的富人，他的孙女嫁了五次，丈夫都死了，没人再敢娶她。陈平却想娶她。乡镇中有人办丧事，陈平因为家贫，就去帮忙料理丧事，靠着早出晚归多得些报酬来贴补家用。张负在丧家见到他，相中了这个高大魁梧的陈平。有一次，张负跟着陈

平到了陈家，陈家住在靠近外城城墙的偏僻小巷子里，拿一块破席就当门了，但门外却有很多贵人留下的车轮印迹。张负回家后，对他的儿子张仲说："我打算把孙女嫁给陈平了。"张仲说："陈平又穷又不干活，全县的人都耻笑他的所作所为，为什么偏把我女儿嫁给他？"张负说："像陈平这样仪表堂堂的人怎么会长久贫寒卑贱呢？"终于将孙女嫁给了陈平。因为陈平穷，张家就借钱给他行聘，还给他置办酒宴的钱。张负告诫他的孙女说："不要因为陈家穷的缘故侍奉人家就不用心。侍奉他的哥哥陈伯要像侍奉父亲一样，侍奉嫂嫂要像侍奉母亲一样。"陈平娶了张家女子以后，资财日益宽裕，交游也越来越广。

巧用离间计

项羽带着自己的楚军去攻打汉军，把刘邦围困在荥阳城。刘邦不得已想割地求和。项王不同意。陈平花重金收买项羽军队的士兵，在楚军中进行离间活动。他们在很多将领面前说钟离眛等人作为项王的将领，功劳很多，但始终不能划地封王，他们打算跟汉王联合起来，消灭项王，瓜分楚国的土地，各自为王。项羽果然猜疑起来，不再信任钟离眛等人。项王又派出使者到汉军去打探消息。刘邦备下丰盛的酒宴，见到项羽的使者，假装吃惊地说："我还以为是亚父的使者，原来竟是楚王的使者！"又让人把酒肴端走，换上粗劣的饭菜端给项羽

的使者。使者回去以后，把这些情况禀告给项羽。项羽果然又开始怀疑亚父范增。范增想急速攻下荥阳城，项羽不信任他，不肯听从。范增听说项羽在怀疑他，就生气地说："天下的大事基本定局了，大王您自己干吧！我请求辞职告老还乡！"他回乡还没有到达彭城，就因背上毒疮发作而死。陈平让两千名妇女在夜里出荥阳城东门，楚军发动攻击，陈平就与刘邦趁机从荥阳西门出城逃离。汉军随即进入关中，收集了败散的士兵后才再次东进。

功成封赏

汉高祖六年的时候，有人告发楚王韩信谋反。将领们说："赶紧发兵活埋他。"刘邦没有应答，转而问陈平。陈平说："如今您的军队不如韩信精锐，将领的才干又远不及韩信，却要发兵攻打他，这是促使他

同我们作战，我很担忧啊。"刘邦说："那该怎么办呢？"陈平说："古时候天子巡察各地，会召见诸侯。南方有个云梦泽，您就假装是出游云梦，然后在陈县会见诸侯。陈县在楚国的西部边界，韩信听到天子出游至此，没有理由不来拜见您。您就在他前来拜见的时候趁机将他拿下。"刘邦依计行事，果然抓获了韩信，并在陈县会见了诸侯，全部平定了楚地。刘邦赏赐陈平，陈平辞谢说："这不是我的功劳。"刘邦说："我用了你的计谋，克敌制胜，这不是功劳是什么呢？"陈平说："如果不是魏无知推荐我的话，我怎么能入朝为官呢？"刘邦赞赏地说："像你这样不忘本真是难得啊！"于是又赏赐了魏无知。第二年，陈平以护军中尉的身份跟从刘邦行军到了平城，被匈奴围困，七天吃不上饭。刘邦采用了陈平的妙计，派人到单于的阏氏（yān zhī，匈奴王后）那里去疏通，才得以解围。刘邦脱身以后，陈平的计策始终秘而不宣，世间没人得知内情。

出任丞相

过了几年，相国曹参去世，于是皇帝任命安国侯王陵为右丞相，陈平为左丞相。两年后，汉惠帝去世。吕太后想立吕氏宗族的人为王，询问王陵，王陵说：

"不行。"又问陈平，陈平却说："可以。"吕太后很生王陵的气，于是假意提升王陵为皇帝的太傅，实际上是削弱了他的权力。王陵于是称病辞职了。王陵被免除丞相职务后，吕太后就调任陈平为右丞相，任命辟阳侯审食为左丞相。左丞相不设办公的处所，所以常在宫中处理政务。

吕媭（xū）是吕后的妹妹，因为从前陈平曾为皇帝出谋划策捉拿樊哙这件事，多次和吕后说："陈平当丞相不理政务，每天饮酒作乐。"陈平听到后，饮酒作乐日益加剧。吕太后闻知此事，暗自高兴。她当着吕媭的面对陈平说："俗语说'小孩和妇女的话不可信'，只要你对我忠心，不要怕吕媭说你的坏话。"

吕太后立吕氏宗族的人为王，陈平假装顺从这件事。等到吕太后去世，陈平跟太尉周勃合谋，终于消灭了吕氏宗族，拥立汉文帝即位，陈平是这件事的主要策划者。

侍奉文帝

孝文帝即位后，认为太尉周勃亲自率兵讨伐吕

氏宗族，功劳很大；陈平想把右丞相的尊位让给周勃，于是称病不来上朝。孝文帝刚刚即位，觉得陈平病得奇怪，就去探问他。陈平说："高祖时期，周勃的功劳不如我。到消灭吕氏宗族时，我的功劳就不如周勃了。我愿意把右丞相的职位让给周勃。"于是孝文帝任命绛侯周勃为右丞相，位次名列第一；陈平调职为左丞相，位次名列第二，并赏赐陈平千两黄金，加封食邑三千户。到了孝文帝二年，丞相陈平去世，谥号为献侯。

读史有智慧

陈平年轻的时候就喜欢黄老学说，虽然很贫困但志向远大。他彷徨于楚汉之间，最终归附刘邦。他常常想出妙计，解救纷繁的危难，消除国家的祸患。到了吕后执政时期，诸事多有变故，但陈平既能自免于祸，又能安定汉室，保持荣耀的名望终身，被称为贤相，难道不是善始善终吗？假若没有才智和谋略，谁能做到这一步呢？

历史寻踪

◆ 陈平墓

陈平墓在陕西省西安市户县石井镇曹家堡西北，呈覆斗形。墓前有"汉曲逆侯陈公平墓"石碑一通，为乾隆四十一年陕西巡抚毕沅所写。陈平墓非常大，建在一个冈上，是陕西省重点文物保护单位。

战斗英勇，从政爱民——曹参

"一个人有多英勇，就有多温柔"。用这句话来形容曹相国再合适不过了。作为大将军，他追随刘邦从一而终，起兵市井，征服四方，辅佐刘邦推翻了大秦帝国，继而又随刘邦与项羽争霸，出谋划策，尽心竭力，定鼎汉家基业。作为相国，他继承萧何的传统，实行无为而治，顺从民意，与民休息，政通人和。这就是曹参，英勇无比而又亲政爱民。

起兵反秦

刘邦起义的时候，曹参以中涓的身份前去归顺。曹参率军攻打在胡陵、方与据守的秦军，把他们打得落花流水。曹参向东拿下薛县，在薛县外城的西面进击泗水郡郡守的军队。然后又打下了胡陵。紧接着曹参率军去守卫方与，此时方与、丰邑已经反叛，投降了魏王，曹参又去攻打它们。一路上曹参战无不胜。曹参打败了秦朝的军队，夺取了砀县、狐父和祁县的善置驿。曹参向北救援东阿，进击章邯的军队，把陈县拿

下，追击到濮（pú）阳。他进攻定陶，夺取临济。往南救援雍丘，进击李由的军队，杀死李由并俘虏秦朝军侯一人。这时秦将章邯打败项梁的军队，杀死项梁，刘邦与项羽率军东归。楚怀王任命刘邦为砀郡长，统领砀郡的军队。刘邦封曹参为执帛，号称建成君。后曹参升为戚县县令。

从此，曹参跟随沛公攻打东郡郡尉的军队，在成武南面打败了敌军，又在成阳南面进击王离的军队，把他打得大败。曹参率军追击败逃的敌军，追到开封时，遇到赵贲的军队，又将赵贲围在开封城中。军队在西进时遭遇秦将杨熊的军队，俘虏了秦朝的司马及御史各一人。部队再向西攻打武关、峣关，夺取了这两个关口。攻打蓝田时，曹参的部队白天从南面攻打秦军，晚上从北面攻击秦军，秦军大败。刘邦和曹参随即到达咸阳，灭亡了秦朝。

楚汉相争

项羽到了关中，封刘邦为汉王。汉王封曹参为建成侯。曹参跟随汉王到了关中，升为将军，又回军平定三秦。他首先进击章平的军队，又夺取了壤乡。在壤乡东面和高栎（yuè）一带进击三秦的军队，赢得了战争。之后曹参又带兵包围了章平，章平只得突围逃跑。于是曹参转向进攻赵贲和内史保的军队。紧接着曹参向东夺取了咸阳，把咸阳改名叫新城。

曹参率兵守卫景陵二十天，三秦派章平等人进攻曹参，曹参出兵迎战，又一次赢得了战争。汉王把宁秦赐给曹参。曹参以将军的身份领兵在废丘包围了章邯，以中尉的身份跟随汉王出临晋关。到了河内，拿下修武，从围津渡过黄河，向东在定陶进击龙且、项他的军队，打败了他们。刘备军队的将军王武在外黄反叛，程处在燕县反叛，曹参率军前往平叛，取得胜利。战争还在继续，曹参在昆阳攻打羽婴，追击到叶邑。他回军攻打武强，随即又打到荥阳。曹参从汉中做中尉、将军，跟随汉王扫荡诸侯，到项羽战败，回到荥阳，前后总共两年时间。

出任齐相

可以说曹参是一位战无不胜的大将军，他总共打下了两个诸侯国，一百二十二个县；俘获诸侯王二人，诸侯国丞相三人，将军六人，郡守、司马、军侯、御史各一人，之后还随从韩信，打败了项羽。刘邦做了皇帝，韩信被调封为楚王，齐国划为郡。不久汉高祖把长子刘肥封为齐王，因其年轻，故任命曹参为齐国相国辅助齐王刘肥。

黥布反叛，曹参以齐国相国的身份跟从刘肥率领十二万人马，与刘邦合攻黥布的军队，大败敌军。向南打到蕲（qí）县，又回军平定了竹邑、相县、萧县、留县。公元前194年，皇帝废除了诸侯国设相国的法令，改命曹参为齐国丞相。曹参做齐国丞相时，齐国有七十座城邑。当时天下刚刚平定，刘肥年纪很轻，曹参把老年人、读书人都招来，询问安抚百姓的办法。但齐国的那些读书人主张各有不同，曹参不知如何决定。他听说胶西有位盖（gě）公，精研黄老学说，就派人带着厚礼把他请来。见到盖公后，盖公对曹参说，治理国家的办法贵在让百姓们自行安定。曹参很赞同，于是让出自己办公的正厅，让盖公住在里面。

从那之后，曹参治理国家的要领就是采用黄老的学说，所以他当齐国丞相九年，齐国安定，人们称赞他是贤明的丞相。

继任汉相

公元前193年，萧何临终前向孝惠帝刘盈推荐曹参继承他的相位。曹参听到萧何去世的消息后，就告诉他的门客赶快整理行装，说："我将要入朝当相国去了。"过了不久，朝廷果然派人来宣曹参进京。

曹参入朝成为相国，一切都按照萧何之前的做法做，没有改变，并且从各郡和

诸侯国中挑选一些质朴而不善文辞的厚道人，立即召来任命他们为丞相的属官。对官吏中那些言语文字苛求细微末节、想一味追求声誉的人，就撵走他们。

曹参见别人有细小的过失，总是大度容忍，因此相府中平安无事。曹参当丞相三年之后病逝，在汉朝历史上与萧何齐名，"萧规曹随"也成为历史上的佳话。

读史有智慧

曹参从一个市井中的小人物，跟随汉高祖刘邦起义，率兵东征西讨，征战沙场，推翻了秦朝的残暴统治；之后曹参继续紧紧跟随刘邦的脚步，打败了项羽，取得了楚汉之争的胜利。起兵以来，他走南闯北，枪林弹雨，出生入死，重要的战役都可以看见他的身影，为汉朝的建立立下了汗马功劳。之后曹参又实行无为而治，使人民得以休养生息。曹参的勇敢、忠诚和"萧规曹随"等都让他被后人称颂。

历史寻踪

◆ 后世纪念

唐朝建中三年（782年），颜真卿向唐德宗建议，追封古代名将六十四人，并为他们建设庙宇，当中就包括"汉相国平阳侯曹参"。宋代宣和五年（1123年），宋室依照唐代惯例，为古代名将设庙，七十二位名将中也包括曹参。

公孙弘位高禄重，节俭律己，以人为先，亲朋有难，他全力助之，世人夸他贤明。然而他城府极深，也有假公济私、陷害忠良的一面，是一个两面三刀的人物。公孙弘是西汉建立以来第一位以丞相封侯者，其在职期间，广招贤士，关注民生，为儒学的推广做出了巨大贡献。

公孙弘是谁

公孙弘出生在齐地菑（zī）川国薛县，字季，也可以叫他公孙季。他在年轻的时候曾经担任过薛县的监狱官员，但是因为犯了罪，就被免除了官职。公孙弘家里生活条件不好，只能去海边放猪。直到四十多岁时，他才开始学习《春秋》和其他著作。

汉武帝刚刚即位，就开始招选有才华的文学之士。这时，公孙弘已经六十多岁了，因为他通晓《左传》《春秋》等书而闻名全国，汉武帝认为他贤良，就把他征召入京，

当了博士。汉武帝派他出使匈奴，回来后向武帝报告情况。汉武帝听了觉得并不符合他的心意，于是发怒，认为公孙弘无能。公孙弘就借有病为名，辞官回家去了。

在汉武帝五年的时候，皇帝下诏书，继续征召贤良的文人，菑川国再一次推荐了公孙弘。公孙弘向国人推辞说："我曾经去过京城，接受过皇帝的任命，因为无能而辞官归乡。希望这次别推荐我了，换个别的人去吧。"国人坚决推举公孙弘，公孙弘就到了太常那里。太常让所征召的一百多个儒士分别对策，公孙弘的对策文章，每次都被排在最后边。全部对策文章被送到皇帝那里，武帝把公孙弘的对策文章提拔为第一。公孙弘被召去觐见皇帝，武帝见他仪表堂堂，封他为博士。这时，汉朝开通西南夷的道路，在那里设置郡县，巴蜀人民对此感到困苦，皇帝命公孙弘前去视察。公孙弘视察归来，向皇帝报告，极力诋毁西南夷没有用处，但皇上并不认同他的观点。

为人忠诚

公孙弘为人雄伟奇异，见多识广。他平日节俭，吃饭时不吃两种以上的肉菜。后母死了，他也要守丧三年。他每次上朝和大家一起议论政事，总是陈述多种方案，让皇上自己去选择决定，从不当面驳斥和在朝堂上争论。皇上发现他品行忠厚，善于言谈，熟悉文书法令和官场事务，而且能用儒学观点加以文饰，非常喜欢他。两年之内，他便官至左内史。公孙弘向皇帝奏明事情，有时不被采纳，也不在朝堂上加以辩白。他曾经和主爵尉汲黯请求皇上分别召见，汲黯先向皇上提出问题，公孙弘则随后把问题阐述得清清楚楚，皇上很高兴，他所说的事情就被采纳了。从此，公孙弘一天比一天受到皇帝的青睐，地位显贵起来。他曾经与公卿们事先约定好要与皇帝谈论的问题，但到了皇上面前，他却违背约定，而只顺从皇上的意旨。汲黯在朝堂上责备公孙弘说："齐地之人多半都欺诈而无真情，他开始时同我们一起提出这个建议，现在全都违背了，不忠诚。"皇上问公孙弘，公孙弘谢罪说："了解我的人认为我忠诚，不了解我的人认为我不忠诚。"皇上赞同公孙弘的说法。皇上身边其他的宠臣都在诋毁公孙弘，但皇上却越来越欣赏公孙弘。

被封平津侯

武帝元朔三年（公元前126年），皇上任命公孙弘为御史大夫。这时，汉朝正在开通西南夷，东边设置沧海郡，北边修建朔方郡城。公孙弘屡次劝谏皇上，认为国中疲惫，不该花更大的精力去经营那些无用的地方，希望停做这些事情。于是，武帝就让朱买臣等用设置朔方郡的有利情况来诘难公孙弘。朱买臣等提出十

个问题，公孙弘一个也答不上来。公孙弘便道歉说："我是个鄙陋之人，不知置朔方郡有这些好处，希望停做通西南夷和置沧海郡的事，集中力量经营朔方郡城。"皇上就答应了。

汲黯说："公孙弘处于三公的地位，俸禄很多，但却盖麻布做的被子，这是伪诈。"皇上问公孙弘，公孙弘谢罪说："有这样的事。九卿中与我好的人没有超过汲黯的了，但他今天在朝廷上诘难我，确实说中了我的毛病。我有三公的高贵地位却盖布被，确实是巧行欺诈，妄图钓取美名。况且我听说管仲当齐国的相，有三处住宅，其奢侈可与齐王相比，这是对国君的越礼行为。晏婴在齐为相，吃饭时不吃两样以上的肉菜，他的妾不穿丝织衣服，齐国治理得很好，这是晏婴向下面的百姓看齐。如今我

当了御史大夫，却盖布被，这使从九卿以下直到小官吏没有了贵贱的差别，真像汲黯所说的那样。况且没有汲黯的忠诚，陛下怎能听到这些话呢！"武帝认为公孙弘谦让有礼，越发厚待他。

拜相封侯

元朔五年（公元前 124 年），丞相薛泽被免职。武帝任用公孙弘为相。然而，按照汉朝以前的制度，丞相一职必须选用列侯担任，唯独公孙弘没有侯爵。于是，武帝下诏封公孙弘为平津侯。他是第一个以平民身份拜相的人。

公孙弘出任丞相期间，适逢武帝兴建功业，屡举贤良。于是，公孙弘在丞相府邸建起宾客之馆，广纳天下贤才参与国事的商议。他躬行节俭，欲为天下人的榜样，所有的俸禄全部用来奉养宾客，家里没有余资。世人多称颂公孙弘的贤良。

可公孙弘记恨仇人。汲黯经常在武帝面前诋毁公孙弘，公孙弘做了丞相之后，便向武帝进言右内史管辖的地界贵人宗室众多难以治理，不是素有声望的大臣不能胜任，并建议任用汲黯为右内史。董仲舒视公孙弘为阿谀奉承之人，公孙弘也记恨在心。胶西王刘端凶残蛮横，害死过数位朝廷派去的国相，公孙弘故意向武帝推介说，只有董仲舒这样的大儒才能够胜任胶西王国相之位，其实是想害董仲舒。

读史有智慧

公孙弘善于审时度势，该放弃时果断放弃，该妥协时就妥协，懂得进退有度。不论有什么理由，他绝不与汉武帝发生正面冲突。公孙弘善于察言观色，并会见风使舵。他十分了解汉武帝的心理，知道汉武帝要掌握绝对权力。所以他帮助汉武帝处理各种事情，往往提出几套方案，供汉武帝自己选择。公孙弘算不得一个好人，他矫饰善变，两面三刀，见风使舵，外宽内忌。我们也不要做这样的人啊。

历史寻踪

◆ 公孙弘墓

公孙弘墓在陕西茂陵西边较远处。1982年12月，咸阳市人民政府公布，兴平市南位镇陈王村村南一公里处，南近高干渠，有一座圆形墓冢，即为公孙弘墓。该墓葬封土在"文革"期间遭到严重破坏。据传墓前曾竖立小碑一座，早已丢失。

　　他，只身犯险，凭一己之力舌战群雄，据理力争，终将和氏宝玉完璧归赵；他，深明大义，进退有据，礼让贤良，使赵国将相同心，军民协力，抗击暴秦。战国，是一个兼并剧烈的时代。秦强赵弱，在这种情况下，如何应对秦国的挑战是赵国安危之所系的重大问题。他，就是在这个历史舞台上起关键作用的人物，"将相和"讲的就是他的故事，他就是蔺相如。

廉颇与蔺相如

　　蔺相如是赵国人，是一个宦官头目家的门客。赵惠文王时，秦国向赵国索要"和氏璧[①]"。他临危受命，携璧入秦，在秦宫大殿上陈词力争，凭借智谋

[①]和氏璧：在楚国山中发现的一块宝璧，因发现者叫卞和，所以称之为"和氏璧"。这块宝璧从侧面看颜色翠绿，从正面看则呈现白色光彩。今地质专家考实有一种月光石与其特征相符，产地在神农架海拔三千米高处的板仓坪、阴峪海地带。

最终将宝玉完整带回了赵国。赵惠文王二十年（公元前279年），秦王、赵王赴渑池相会，他据理力争，不失大义，因善于应对，使赵王免遭屈辱，被封为上卿。他因为心系国家大事，对大将廉颇一再容忍谦让，使其感悟动容，二人结为知交。

完璧归赵

　　楚国曾有一件宝贝，叫作和氏璧。后来，这个宝贝被赵惠文王得到。秦昭王听说后，提出愿意用十五座城来换取赵王的和氏璧。赵王不敢不给，但又怕秦王得到和氏璧后赖账不给城池，于是召见蔺相如想办法。蔺相如自告奋勇表示愿带和氏璧去秦国，承诺如果赵国得到秦国的城邑，就将和氏璧留在秦国，如果秦王敢赖账，他就一定把和氏璧带回来。蔺相如到秦国后，将和氏璧献上，秦王非常高兴，一直拿着和氏璧把玩，却没有一点儿要将城邑给赵国的意思。蔺相如骗秦王说玉上有斑点，要指给秦王看，借机拿回了宝玉。他站在大殿的柱子旁，举起宝玉来对秦王说："赵王担心秦国自恃强大，得到和氏璧后不给城邑，经过我劝说方才答应。赵王斋戒五天，然后才让我捧璧前来，以示对秦国的尊重和敬意。不料大王礼仪简慢，毫无割让城邑的诚意，如果大王要硬抢宝玉，我宁可将脑袋与宝玉一起撞碎在柱子上，这样大王就既没有了宝贝，还会失信于天下。"秦王无奈，提出愿意划出十五个城邑给赵国。蔺相如估计秦王并不是真心想割让城池，便提出要秦昭王也斋戒五日，再郑重其事地将和氏璧交给他。秦昭王只好答应。蔺相如便抓住时机，派随从偷偷将和氏璧带回了赵国。秦王五日斋戒完毕，举办了交换仪式。仪式上，蔺相如才把送回和氏璧的事告诉秦王，从而保全了和氏璧。秦王碍于情面，又自知理亏，于是不得不放蔺相如回去。

渑池相会

　　蔺相如完璧归赵的第二年，秦国借口赵国不跟它联合，派兵攻下赵国的两座城池。秦国在对赵国进行军事威胁的同时，又在外交方面迫使赵国屈服。秦王派使者通知赵王在渑池这个地方会谈。赵王怕秦国使诈，想要推辞不去赴会。廉颇、蔺相如两人商量后对赵王说："大王不去赴会，会显得我们赵国软弱、胆怯。"于是赵王决定去和秦王相会，并带蔺相如同行。廉颇送到国境上，与赵王诀别时约定说："大王出发之后，估计来回路程及会见的礼节完毕，前后不过三十天。要是过了三十天还没有回来，就请让我们立太子为王，用以断绝秦国扣留您作为要挟的念头。"赵王答应了。赵王到了渑池与秦王相会。席上，秦王酒喝得很畅快的时候，对赵王说："我听说您喜欢弹瑟，请弹一曲给我听听。"赵王就在筵席上弹了一曲。秦国的史官走上前来，写道："某年某月某日，秦王与赵王会饮，命令赵王为秦王弹瑟。"蔺相如上前对秦王说："赵王听说秦王擅长秦国的音乐，现在我奉献盆缶，请秦王敲敲，大家相互娱乐一下。"秦王很不高兴，也并不将缶接过来。蔺相如捧着盆缶，跪在秦王面前。秦王还是不肯敲。蔺相如威胁说："我跟大王的距离不满五步，大王要是不答应我的请求，我可要把颈上的血溅到大王身上了！"秦王的侍卫们要杀蔺相如，蔺相如瞪起眼睛，大声呵斥他们，吓得那些人直向后退。秦王只得勉强在缶上敲了一下。蔺相如回头叫赵国的史官写道："某年某月某日，秦王为赵王击缶。"秦国的群臣说："请赵王送十五座城给秦王作为礼物。"蔺相如回应道："请秦王把国都咸阳送给赵王作为礼物。"就这样你来我往，直到酒筵完毕，秦国始终不能占据上风。赵国调集了大军提防秦国进犯，秦国也不敢有什么举动。

负荆请罪

　　蔺相如完璧归赵有功，被封为上大夫不久，又在渑池会上维护了赵王的尊严，因此被进一步提拔为上卿，且位次在廉颇之上。廉颇对此不服，扬言说："我要是见了他，一定要羞辱他一番。"蔺相如知道后，就有意不与廉颇会面。别人以为蔺相如害怕廉颇，廉颇为此很得意。可是蔺相如却说："我哪里会怕廉将军？只不过现在秦国之所以怕赵国，是因为有廉将军和我两个人在，如果我们互相攻击，那只能对秦国有益。我之所以避开廉将军，是以国事为重，把私人的恩怨丢一边罢了！"这话传到了廉颇耳朵里，廉颇十分感动，便光着上身，背负荆杖，来到蔺相如家请罪。他羞愧地对蔺相如说："我真是一个糊涂人，想不到你能这样地宽宏大量！"两个人最终结成了誓同生死的朋友，共同为赵国出力。

读史有智慧

蔺相如携璧入秦，当庭力争，临危不惧，完璧归赵；渑池之会，他善于应对，使赵王免遭屈辱。两件事都体现出他不畏强暴的精神，也体现了他维护赵国尊严，取得外交胜利的机智与果敢。对廉颇的一再容忍与谦让则表现了蔺相如"先国家之急而后私仇"的高尚品格和宽广胸襟。面对强大的敌国，蔺相如绝不允许赵国受到一点儿凌辱；而面对同僚对自己的侮辱，他却可以容忍谦让、委曲求全。如此鲜明的对比不仅展现了蔺相如的智慧和勇气，更显示出他对国家的一片赤胆忠心。

历史寻踪

◆ 相如故里

据《安阳县志》记载，今河南省安阳市渐平岗村是蔺相如的故里，后改名为相村。相村、渐平岗、岗西村都是相府宅地。岗西村正北大路直通蔺相如祖坟，墓地两旁松柏成荫，石人石马石羊石象成对，前有殿宇灵堂，后有莲花池塘，由玉带石桥连接。岗西村西还有蔺氏祠堂，家谱上面画着蔺相如彩色遗像，下面排列着后世宗亲，现已有近百代世孙。蔺氏每家操办丧事都要到祠堂，先烧箔焚香祭奠祖宗，然后才殡埋下葬。

爱憎分明的相国——范雎

历史上有这么一个另类的相国，他能使秦王对他言听计从，他说要报仇，秦王便倾全国之力助他报仇，这样的待遇真是旷古绝今！但这样厉害的人，却遭受过奇耻大辱，以至于造就了他滴水之恩必报，睚眦之仇必报的性格，爱憎分明！

范雎是谁

范雎是魏国人，字叔，秦国相国，著名的政治家、军事家、谋略家。因为有功，秦昭王把应城赏赐给他做封地，所以人们又称他为"应侯"。

范雎的厉害之处在于他为秦王提出了远交近攻的策略，没有这一策略，秦国很难统一天下。同时他又提醒秦昭王，国内四大贵族的权力太大，王上应该加强自己的权力。

厕中受辱

范雎没到秦国之前曾周游列国，希望自己的主张能够被各国接受，有一番作为，但是没有成功。于是身无分文的他就在魏国大夫须贾（gǔ）的门下找了点事做。

一次，须贾带着范雎出使齐国。齐王一连好几个月不理须贾，却因赏识范雎，派人给范雎送了一些礼物。须贾知道后非常生气，觉得肯定是范雎把魏国的秘密出卖给齐国了。

回国后，须贾就把这件事报告给相国魏齐。魏齐大怒，下令用荆条、板子狠狠地抽打范雎，把他的肋骨打折，牙齿都打掉了。范雎知道魏齐和须贾想要他死，于是就假装死去。魏齐就派人用席子把他卷了，扔在厕所里，还让宾客往范雎身上撒尿。后来，假死的范雎趁人不备，偷偷逃跑了。

拜见秦王

范雎历经千辛万苦来到秦国后，并没有像他期待的那样得到重用。有一次，他去离宫拜见秦王，走到宫门口时，他假装不知道这是通往内宫的路，仍然大摇大摆地往里走。这时秦昭王走了出来，宦官看见范雎在这里，一边驱赶他，一边说："大王来了！"范雎眼珠子一转，他明白向秦王引荐自己的机会来了呀！于是，他故意嚷嚷着说："秦国哪里有王上？秦国管事的是太后和穰侯罢了！王的命令根本不算话！"他想用这些话激怒秦王。果然，秦昭王听到范雎的话后就赶着上前去迎接范雎，并诚恳地向范雎道歉说："我早就应该向您请教了，最近

我一直都忙着处理义渠的事了，每天都要向太后请示。直到现在，才有机会向您请教，希望您不要嫌弃我笨。"

自此，范雎凭借他的聪明才智，越来越受秦昭王赏识。有一次，范雎对秦昭王说："在秦国，人们只听说有太后、穰侯、华阳君、高陵君、泾阳君，却从来没听人提起过秦王。如今，太后在秦国独断专行，穰侯、华阳君、高陵君、泾阳君也有很大的权力。很少有人知道秦国还有一个王啊！"接着他又说："现在的秦国，无论是大官还是小官，几乎都是穰侯的亲信，忠心于您的臣子没几个呀！万一您去世了，秦国肯定就成了别人的呀！"

秦昭王听了范雎的话仿佛大梦初醒，心里感到十分惊恐。于是秦王就废弃了太后，把穰侯、华阳君、高陵君、泾阳君驱逐出国都。从此秦昭王就把范雎任命为秦

国的相国，还把应城封赏给范雎，封号为应侯。

绨袍之恩

　　范雎从魏国逃跑后改名叫张禄，在秦国担任相国时用的也是这个名字，魏国那群欺负他的人都认为范雎已经死了。所以当时魏王听说秦国即将向东攻打韩国和魏国，便派出须贾出使秦国。范雎一看，报仇的机会来了。于是他就乔装打扮了一番，隐蔽了相国的身份。他穿着破旧的衣服来到须贾住的客店。须贾见到范雎后，惊讶地说："你原来没死呀！"

　　范雎说："是呀，我在给人家当小杂役呢！"

　　须贾听到这里就有些可怜他，同情地说："你怎么能贫困到这个地步呢！今天就留下来吃饭吧。"吃饭时他看到范雎的衣服很破，于是就把自己的一件丝袍送给范雎，顺便向范雎打听秦国相国的情况。他说："范雎，你认识秦国的相国张禄吗？听说秦王非常信任他，我这次来有事要求于他。你有没有一些与张禄熟悉的朋友呀？"

　　范雎一看鱼儿上钩了，心中窃喜，主动要求亲自驾车把须贾送到秦相国府。到相国府后，范雎对须贾说："您在这里等我，我进去通报一声。"须贾在门口等了很

久也不见有人出来，心里非常奇怪，就问相国府看门的侍卫："范雎进去这么长时间了怎么还不出来？"

看门的侍卫感到莫名其妙，就告诉他说："刚刚进去的是我们的相国呀！"

须贾一听大惊失色，知道范雎就是张禄，是秦国的相国，于是赶快跪在地上向范雎请罪。范雎招来许多大臣，到家中看须贾的笑话。须贾只得连连叩头说："我实在没想到您能当这么大的官，我是个有眼无珠的人！以后我再也不敢读书了，也不敢参与天下的事情了！"

范雎说："你的罪过有三大条。第一条，你诬陷我叛变魏国，在魏齐面前说我的坏话；第二，当初魏齐要把我扔在厕所里，你却没有制止；第三，你喝醉后往我的身上撒尿，你的心真黑啊！"停了停又说："我本来打算杀了你，但今天你赐给了我一件袍子，这是对我的恩情。

我就不杀你了，给你一条生路！"

须贾返回魏国时，范雎对他说："回去告诉魏王，赶快把魏齐交出来，否则我一定会攻打魏国都城大梁的。"

须贾把消息带到魏国后，魏齐十分害怕，于是便逃到了赵国，躲在了平原君的家里。

范雎担任秦国相国之后，曾经帮助范雎逃跑的郑安平受范雎的恩惠成了秦国的大将军。同时，范雎还散尽家财去报答曾经帮助过他的人。人们都说范雎是一个爱憎分明的人。

读史有智慧

范雎在魏国受到如此大的侮辱，却没有自暴自弃，依然奋力向上，最终成了秦国的相国。这告诉我们无论什么时候都不能丧失希望，即使生活艰难。只要咬牙向前走，终会看到希望的曙光。须贾与魏齐一起侮辱了范雎，但因为他无意间给了范雎一件袍子，这使得范雎没有杀他。这告诉我们人要心存善念，不可作恶，要尊重别人。

历史寻踪

◆ 范雎墓

范雎墓坐落在河南省修武县刘范村村头。传说春秋战国时期，秦国相国范雎死后葬于此地，该村就由此得名范村。后来刘、郜、李三姓迁居此地，因为刘姓最多就统称为刘范村了。

政商全才陶朱公——范蠡

　　文种和范蠡（lí）是春秋时期越国重要的两位谋臣，正是因为有他们两人披肝沥胆的辅佐，才有了"苦心人，天不负，三千越甲可吞吴"的巨大胜利。越王成为霸主之后，范蠡选择急流勇退。不久，越王赐死文种，而范蠡却凭借着对越王的了解，成功归隐，开始了自己精彩的经商生活。下面，让我们来了解这位政商全才的故事。

范蠡是谁

　　范蠡，字少伯，楚国宛地三户人。春秋末年著名的政治家、军事家和经济学家。曾献策扶助越王勾践复国，后归隐。

　　范蠡被后人尊称为"商圣"，是中国经商的鼻祖，也是越国著名谋臣，虽出身贫贱，但是博学多才。年轻时，他曾拜计然为师，研习治国、治军方策。后与楚宛令文种相识，因不满当时楚国政治黑暗，和文种一起投奔越国，辅佐越王勾践。辅助勾践二十余年，帮助勾践振兴越国，使勾践在公元前473年消灭吴

国，一雪会稽之耻。功成名就之后急流勇退，化名为鸱（chī）夷子皮，遨游于七十二峰之间。他三次经商成巨富，三散家财，后迁往陶地，自号陶朱公。世人誉之："忠以为国，智以保身；商以致富，成名天下。"

范蠡从政

公元前494年，勾践听说吴国日夜练兵准备复仇，就想先发制人。范蠡急忙劝阻："我听说攻战违背道德，先引起战争会遭到天下的反对，对我们不利。"勾践不听劝谏，执意出兵，果然大败。勾践对范蠡说："我没听您劝告，落到现在这个地步，该怎么办呢？"范蠡回答："能够保住功业的人，必定效法天道'盈而不溢'；能够扭转败局的人，一定懂得崇尚谦卑。您现在应该对吴王谦卑有礼，想方设法向他求和。"勾践说："好吧！"于是派文种去求和。

按照双方议和的条件，越王勾践要带着妻子到吴国当奴仆。他本想带文种前去，范蠡却自荐随行，他说："用兵打仗的事，文种不如我；镇定安抚国家，让百姓亲近归附，我不如文种。"可见，范蠡对自己有清醒的认识并且敢于担当。

在夫差生病的时候，范蠡指使勾践尝夫差的粪便，为他看病，迷惑夫差。经过此事，吴王被深深感动，放下了对勾践的防备。为了进一步迷惑夫差，范蠡又投其所好，派人送给夫差各种奇珍异宝，还向他进献美女西施，消磨他的意志。

战后的越国民生凋敝，既要复兴，又不能让吴国察觉。范蠡建议勾践鼓励农业生产，先抓经济，然后稳定社会。他出台一系列措施，使百姓得到安定。

公元前476年，伐吴条件成熟，范蠡建议勾践立即兴兵伐吴。越军果然大败吴军，夫差向勾践求和，祈望勾践也能像自己对他那样宽容，允许保留吴国社稷。勾践动摇了，范蠡却站出来说："会稽之战，上天把越国赐给吴国，吴国不要。现在上天把吴国赐给越国，君上难道要违背天命吗？再说您谋划伐吴已经二十二年，就这样轻易放弃，难道是忘记会稽的苦难了吗？"最终，范蠡平复了勾践动摇的心态。夫差最终掩面自杀。

归隐经商

勾践平定了吴国后，出兵向北，渡过黄河。诸侯们都来庆贺，越王号称霸王。回国后，范蠡认为盛名之下，难以长久，便写信辞别勾践。他打点包装了细软珠宝，与随从从海上乘船离去，没有再回越国。勾践为了表彰范蠡，把会稽山作为他的封邑。

范蠡离开后，给大夫文种送来一封信。信中说："我了解越王的为人，只可以与之共患难，不可以与之共享乐。你为何不离去？"文种看过

范蠡的信后，声
称有病不再上朝。但还是有人
中伤文种要作乱，最终越王赐给文种一把
剑，让文种自杀。

范蠡乘船来到齐国，更名改姓，自称"鸱夷子
皮"，在海边耕作，吃苦耐劳，努力生产，父子合力治
理产业，积累了数十万财产。齐人听说他贤能，让他做
了国相。范蠡叹息道："住在家里就积累千金财产，做官
就达到卿相高位，这是平民百姓能达到的最高地位了。
长久享受尊贵的名号，不吉祥啊！"于是归还了相印，
散尽了自己的全部家产，只携带贵重财宝，秘密来到陶
地住下来，自称陶朱公。他认为这里是天下的中心，
交易买卖的道路通畅，经营生意可以发财致富。
于是，他约定好父子合作，在这里耕
种畜牧，看准时机买进卖出，获取
利润。过了不久，家资又积累到百万。
天下人都称道陶朱公经商的能力。

范蠡救子

范蠡的二儿子杀了人，被楚国拘捕。他打点好黄金，派小儿子去探望。这时，范蠡的长子请求前去，他说："我是长子，二弟有难，父亲不派我去，却派小弟，这说明我是不肖之子。"说完就想自杀。范蠡不得已就派长子前去，写了一封信要长子送给好友庄生，并对他说："到楚国后，把黄金送到庄生家，一切都要听从他的。"

长子到达楚国，向庄生进献了黄金。庄生说："你赶快走，不要留在此地！等弟弟释放后，不要问原因。"长子见庄生住所简陋，以为庄生会私吞财产，就悄悄留在了楚国。

庄生虽住在陋巷，但由于廉洁正直在楚国很闻名。他并非有心收下范蠡的黄金，只是想事成之后再归还范蠡以示诚信。他入宫见楚王，劝楚王大赦天下。楚王答应了庄生的请求。范蠡长子还以为大赦是偶然，而不知是庄生在帮忙，于是又去见庄生，想把之前进献的黄金要回来。庄生感觉自己被戏弄了，他先压下心头的不满，把黄金还给范蠡长子。

长子走后，庄生再次入宫，向楚王说明实情。楚王大怒："我怎么能因为这一个人布施恩惠呢！"于是下令先杀掉范蠡的二儿子，再实行大赦。

范蠡长子带着弟弟的尸体回家了，母亲和乡邻们都十分悲痛，只有范蠡苦笑着说："我就知道长子一定救不了弟弟！他不是不爱弟弟，只是年幼跟着我经受过各种辛苦，把钱看得太重，不敢轻易花钱。而小弟一生下来就看到我十分富有，把钱看得极轻。原本我打算让小儿子去，因为他舍得花钱。长子不舍得花钱，最终害了二弟，这一切都在我的意料之中啊！"

读史有智慧

范蠡不仅是越王勾践的重要谋臣，也是中国古代著名的商业奇才。做官，他深谋远虑，运筹帷幄，终使国富民强；经商，他辛苦劳作，用心经营，积蓄数十万家产，被人们称颂。范蠡目光敏锐，懂得取舍。

历史寻踪

◆ 范蠡村

范蠡村为春秋越国大夫范蠡的故里，就是史书上记载的"楚宛三户"。范蠡扶助越王勾践灭吴后辞官入齐、陶、卢等处，经商赢利巨万，成了中国的大商人。每到一处发财后，都把大部分资财散发给好友和乡邻们，人们把他奉为财神。

"管鲍之交"留佳话——管子

　　管仲生于一个本来富足的家庭，但后来日子越来越不好过了，管仲只能和自己的好朋友鲍叔牙一起做生意，每次赚了钱，管仲都多分钱，这是因为管仲的朋友鲍叔牙主动资助他。不仅如此，鲍叔牙还在各个方面关心照顾管仲，最终帮助管仲当了齐国宰相，"管鲍之交"的佳话也流传至今。

管鲍之交

　　管仲的父亲管庄是齐国的大夫，后来家里的日子越来越不好过，到管仲时已经很贫困。管仲和鲍叔牙是好朋友。起初，管仲和鲍叔牙合伙做买卖。管仲家里穷，出的本钱没有鲍叔牙多，可是到分红的时候，他却要多拿。鲍叔牙手下的人都很不高兴，骂管仲贪婪。鲍叔牙却解释说："他哪里是贪这几个钱呢？他家生活困难，是我自愿让给他的。"有好几次，管仲帮鲍叔牙出主意办事，反而把事情办砸了，鲍叔牙也不生气，还安慰管仲，说："事情办不成，不是因为你的主意不好，而是因为时

机不好，你别介意。"管仲曾经三次做官，但是每次都被罢免，鲍叔牙认为不是管仲没有才能，而是因为管仲没有碰到赏识他的人。管仲曾经带兵打仗，进攻的时候他躲在后面，退却的时候他却跑在最前面。手下的士兵全都瞧不起他，不愿再跟他去打仗。鲍叔牙却说："管仲家里有老母亲，他保护自己是为了侍奉母亲，并不真是怕死。"鲍叔牙替管仲辩护，极力掩盖管仲的缺点，完全是为了爱惜管仲这个人才。管仲听到这些话，非常感动，说："生我的是父母，了解我的是鲍叔牙啊！"

桓公称王

当时，齐国的国君襄公没有儿子，只有两个异母兄弟。一个是公子纠，一个是公子小白。有一天，管仲对鲍叔牙说："依我看，将来继位当国君的，不是公子纠就是公子小白，我和你每人辅佐一个吧。"于是，管仲当了公子纠的老师，鲍叔牙做了公子小白的老师。

齐襄公十分残暴昏庸，朝政混乱，公子们纷纷逃到别的国家等待机会。周庄王十二年（公元前685年），公孙无知杀死了齐襄公，夺了君位。不到一个月，公孙无知又被大臣们杀死。齐国一片混乱，于是有些大臣暗中派使者去迎接公子小白回齐国即位。鲁庄公听到这个消息，决定亲自率领三百辆兵车，用曹沫为大将，护送公子纠回齐国。他先让管仲带一部分兵马在路上拦截公子小白。

　　管仲带着三十辆兵车，日夜兼程，追赶公子小白。管仲追了很久终于追上，他弯弓搭箭，瞄准小白，一箭射去。只听小白大叫一声，口吐鲜血，倒在车上。管仲看到这个情景，认为小白一定死了，便驾车飞跑回去，向鲁庄公报告。鲁庄公因小白已经死了，马上设宴庆贺，然后带着公子纠，慢慢悠悠地向齐国进发。

　　哪知道，管仲这一箭并没射死公子小白，只射中了小白的衣带钩。小白怕管仲再射他，便把舌头咬破，假装吐血而死。忙乱中大家也都被他瞒住了。直到管仲走远了，小白才睁开眼，坐起来。鲍叔牙说："我们得快跑，说不定管仲还会回来。"于是，公子小白换了衣服，抄小路赶到了齐国都城临淄，率先登上王位，这就是著名的齐桓公。

鲍叔举贤

　　鲁庄公听说公子小白已经当上了国君，顿时大怒，马上向齐发动进攻。齐桓公只好发兵应战，鲁军大败回国。齐国大军压境，强令鲁庄公杀死公子纠，交出管仲。鲁庄公不愿为一个公子纠冒亡国的风险，就下令将公子纠杀死，又叫人把管仲抓起来，准备送给齐国。谋士劝说鲁庄公管仲是人才，应该除掉以绝后患。

鲍叔牙听说鲁庄公要杀管仲，急忙跑去对鲁庄公说："我们国君对管仲恨之入骨，非要亲手杀他才解恨。你们把他交给我吧。"鲁庄公只好将公子纠的头连同管仲都交给齐国。管仲非常感动，鲍叔牙把管仲安排在自己家里住下，随后去向齐桓公推荐管仲。

齐桓公说："管仲不就是射我衣带钩的那个家伙吗？他射的箭至今我还留着呢！我非常恨他，你还想让我重用他？"鲍叔牙说："管仲射您的时候，他心中只有公子纠。再说，您如果真要富国强兵，建立霸业，没有一大批贤明的人是不行的。"齐桓公说："我早已经想好了，在我的大臣中，你是最忠心、最能干的，我要请你做相，帮助我富国强兵。"鲍叔牙说："我

比管仲差远了，我不过是个小心谨慎、奉公守法的臣子而已，管仲才是治国图霸的人才哪！您要是重用他，他肯定会为你打下更多的江山！"

齐桓公见鲍叔牙这么推崇管仲，就说："那你明天带他来见我吧。"鲍叔牙笑了笑说："您要得到有用的人才，必须恭恭敬敬以礼相待，怎么能随随便便召见呢？"于是，齐桓公选了一个好日子，亲自出城迎接管仲，并且请管仲坐在他的车上，一起进城。管仲到了宫廷，急忙跪下向齐桓公谢罪。齐桓公亲自把管仲扶起来，虚心地向他请教富国强兵、建立霸业的方法。两人越谈越投机，真是相见恨晚。齐桓公接着就任命管仲为相。

助齐称霸

管仲出任齐国宰相以后，凭借着小小的齐国在海边的地理条件，流通货物，积聚财富，使得国富兵强。所以，他在《管子》一书中称述说："仓库储备充实了，百姓才懂得礼节；衣食丰足了，百姓才能分辨什么是光荣的什么是耻辱的；国君的作为合法，

国家才会得以稳固。""国家下达政令就像流水的源头，顺着百姓的心意流下。所以政令符合下情就容易推行。百姓想要得到的，就给他们；百姓所反对的，就替他们废除。"

在管仲的辅佐下，齐国没费力气就消灭了谭国，扩大了国土，联合宋、卫、郑三国在鄄会盟，一步步奠定了齐桓公的霸主地位。

读史有智慧

从管仲、鲍叔牙的故事里，我们看到了朋友之间的信任与爱护。面对齐国宰相这样重要的官职，鲍叔牙竟然主动放弃，并推荐他心目中的最佳人选——他自己的朋友管仲。除了这些，管仲帮助齐桓公治理国家时发展经济，稳定人心，成为伟大的政治家、经济学家、法学家。他们真不愧为一代先贤啊！

历史寻踪

◆ 管鲍祠

管仲故里位于今安徽颍上县建颍乡管谷村。建有管鲍祠，是为纪念齐相管仲与齐大夫鲍叔牙的合祠，约500年前的明万历六年（1578年）时任县令屠隆重建，增祀鲍叔牙易名至今。管鲍祠几经兴废，明末毁于兵乱，道光六年（1836年）邑人万如陵重修，咸丰年间再次毁于兵火，"民国"二十二年（1933年），时任县长重修。

能言善辩的臣子——晏婴

漫漫路途中，晏（yàn）婴看见囚车里被镣铐监禁的越石父，他心中不免有些可惜：这么有德行的人怎么可以囚禁起来呢？于是他花钱帮越石父换回了自由。但是有一次晏婴不小心对越石父失了礼，他十分懊悔，从那以后，他把越石父当作最尊贵的客人招待。晏婴就是这样谦虚，有品德。

晏子是谁

晏子名婴，是齐国莱地夷维人。他辅佐了齐灵公、齐庄公、齐景公三代国君，由于生活俭朴，又非常努力地工作，在齐国几乎无人不知、无人不晓，受到人们的尊重。他做到宰相高官，吃饭时从来不吃肉菜，只吃素菜，妻妾只穿普通的粗布衣服而不穿丝绸衣服。在朝廷上，国君说话时如果涉及他，他就正直地陈述自己的意见；国君的话不涉及他，他就正直地去办事。晏婴做事极为踏实正直。如果君主说的非常正确，他就按照君主的命令认真去做；如果君主说的不对或者不全对，晏

婴就经过深思熟虑，寻找最恰当的方法有取舍地去办事。因此，他在齐灵公、齐庄公、齐景公三代，名声显扬于各国诸侯。

晏子识越石父

越石父是一个有才能的贤者，但是他因为犯了过错被囚禁起来。有一天晏子外出，正好遇到准备押送至其他地方的越石父，于是晏婴就解开乘车左边的马，把越石父用钱赎出来，用自己的车拉回家。到了家门口，晏子没有向越石父告辞，就走进内室办自己的事儿了，过了好久都没有出来。在外面等候的越石父非常生气，越石父就请求与晏子绝交。晏子大吃一惊，匆忙整理好衣帽向越石父道歉："我即使说不上有多善良宽厚，也总算帮助您从困境中解脱出来，让你不至于坐牢受罚，可是您为什么这么快就要求绝交呢？"越石父说："不是这样的，我听说君子可以在不了解自己的人那里受到委屈，而在了解自己的人面前扬眉吐气。当我在犯了错误被关在囚车上的时候，那些人不了解我，就算是对我没有礼貌，对我不尊重，我心里也能忍受。你既然已经觉悟，把我赎买出来，这就是了解我，觉得我是一个有德行的人，可是你在刚才没有跟我告辞就回了家，虽然你了解我，但是却不能以礼相待，还不如把我关在囚车里啊！"晏子明白了越石父因为自己没有对他遵守礼节而责怪自己，心里也觉得有些失礼，便请越石父进屋并待为贵宾。

推荐车夫

晏子做齐国宰相时，一次坐车外出，让一位车夫驾车。晏子和车夫出发后，车夫的妻子从门缝里偷偷地看她的丈夫。她丈夫替宰相驾车，头上遮着大伞，挥动着鞭子赶着四匹马，神气十足，扬扬得意。不久车夫回到家里，妻子就要求离婚，不和车夫继续过日子了，车夫问她离婚的原因，妻子说："晏子身高不过六尺，个子非常矮却做了齐国的宰相，名声在各国显扬，天下的人都称赞晏子高尚的品行，我看他外出，志向思想都非常深沉，做事也非常谦虚礼貌，常有那种甘居人下的态度。现在你身高八尺，才不过给晏子那样的贤人拉车，但是看你的神态，却自以为挺满足，你的品行比晏子差得多，因此我要求和你离婚。"从此以后，车夫就谦虚恭谨起来。车夫继续给晏子驾车，日子长了，晏子发现了他的变化，感到很奇怪，就问他，车夫如实相告。晏子认为车夫有错就改，也很谦虚，就推荐他做了大夫。

晏子使楚

有一回，齐王派大夫晏子出使楚国。楚王仗着国势强盛，想乘机侮辱晏子，彰显楚国的威风。

楚王知道晏子身材矮小，就叫人在城门旁边开了一个五尺高的洞，叫人把城门关了，让晏子从这个洞进去。晏子看了看，对接待的人说："这是个狗洞，不是城门。只有访问狗国，才从狗洞进去。我在这儿等一会儿，你们先去问个明白，楚国到底是个什么样的国家？"接待的人立刻把晏子的话传给了楚王。楚王只好吩咐大开城门，迎接晏子。

晏子见了楚王。楚王瞅了他一眼，冷笑一声，说："难道齐国没有人了吗？"晏子严肃地回答："这是什么话？我国首都临淄住满了人。大伙儿把袖子举起来，就是一片云；大伙儿甩一把汗，就是一阵雨；街上的行人肩膀擦着肩膀，脚尖碰着脚跟。大王怎么说齐国没有人呢？"楚王说："既然有这么多人，为什么打发你来呢？"晏子装着很为难的样子，说："敝国有个规矩，访问上等的国家，就派上等人去，访问下等的国家，就派下等人去。我最不中用，所以派到这儿来了。"说着他故意笑了笑，楚王只好赔笑。

楚王安排酒席招待晏子。正当他们吃得高兴的时候，有两个武士押着一个囚犯，从堂下走过。楚王看见了，问他们："那个囚犯犯的什么罪？他是哪里人？"武士回答说："犯了盗窃罪，是齐国人。"楚王笑嘻嘻地对晏子说："齐国人怎么这样没出息，干这种事儿？"楚国的大臣们听了，都得意扬扬地笑起来，以为这一下可让晏子丢尽了脸了。哪知晏子面不改色，站起来，说："大王怎么不知道哇？淮南的柑橘，又大又甜。可是橘树一种到淮北，就只能结又小又苦的枳，还不是因为水土不同吗？同样的道理，齐国人在齐国能安居乐业，好好地劳动，一到楚国，就做起盗贼来了，也许是两国的水土不同吧。"楚王听了，只好赔不是，说："我原来想取笑大夫，没想到反让大夫取笑了。"从这以后，楚王不敢不尊重晏子了。

读史有智慧

早就听说过"晏子使楚"的故事，他一个人代表齐国到楚国进行外交活动，不仅没有被楚国人侮辱，还凭借自己的智慧和能言善辩的本领予以回击，给齐国赚足了面子。晏子还解救了被囚禁的越石父，并对越石父言听计从，以礼相待。晏婴真是一个谦逊、慧眼识贤又聪明善辩的人！他崇高的品行足以让他成为贤人。

历史寻踪

◆ 晏婴墓

晏婴墓在今山东省淄博市齐都镇永顺村东南约350米。墓高约11米，南北50米，东西43米。墓前立有明万历二十六年（1598年）五朋石碑一幢，刻有"齐相晏平仲之墓"和清康熙五十二年（1713年）、五十三年重修碑两方。

中国历史上改革第一人——商鞅

在千年中华大地上，各种改革、革命浪潮此起彼伏，改革者要有顶天立地、推翻一切重新来过的勇气和能力，每次改革中总能看见杰出英雄人物的出现。尽管如此，很多改革最后并没有取得胜利，改革的难度可想而知。但商鞅变法却取得了巨大的成功，商鞅也因此被后人铭记。

商鞅是谁

商鞅原来是卫国人，姓公孙，所以人们又把他叫作卫鞅或者公孙鞅。他后来在秦国实施变法改革，获得了秦孝公的重用。在河西之战中他立了大功，秦孝公便将商于的十五座城池封赏给他，并赐给他一个封号——"商君"，所以人们又叫他商鞅。

商鞅通过变法使秦国更加富裕强大起来，从而具备了争霸中原的实力，这场变法就是"商鞅变法"。这也是我国历史上第一次彻底决绝的变法，功效之大，内容之新之全，对今天都有极大的影响。可以说，在这场史无前例的变法中，其主角商鞅不愧是我国历史上改革变法第一人！

三见孝公

商鞅是卫国国君和一个小妾的儿子，他年轻时在魏国丞相的门下做一个小小的门客，尽管满腹才华却不得重用。魏丞相死之前对魏王说："公孙鞅是个奇才，大王如果不任用他就杀了他，免得他去别的国家做事！"可惜魏王没有听从老丞相的话，既没有重用商鞅，也没有杀了他。

商鞅听说秦孝公在寻访有才学的人，就在一个姓景的太监的帮助下见到了秦孝公。

第一次见面，商鞅还弄不清秦孝公的想法。他试探性地从三皇五帝讲起，还没说完，秦孝公已经打起了瞌睡。事后，秦孝公怒斥景监："你推荐的什么朋友，就知道夸夸其谈。"

景监将秦孝公的话转述给商鞅，并责备商鞅，商鞅反而高兴了："原来秦公的志向不在帝道。"第二次见面，他又从王道仁义讲起，秦孝公的兴致比前一次好点了，但还是觉得不着边际，哈欠连天。

商鞅明白了："秦公志不在王道。"要求景监第三次引见，并保证这次一定能说服秦孝公。

于是，第三次见面，商鞅劈头就问："当今天下四分五裂，您难道不想开疆拓土，成就霸业吗？"

秦孝公立刻精神了，他要的就是霸道！听着听着，他不由自主地向商鞅靠拢。最后，秦孝公不再矜持，激

动地握住商鞅的手说："请先生教我。"

南门立木，取信于民

秦孝公封商鞅当了左庶长，让商鞅主持在秦国开始变法。

商鞅起草了一个改革的法令，但是怕老百姓不信任他，不按照新法去做，就先叫人在都城的南门竖了一根三丈高的木头，下令说："谁能把这根木头扛到北门去，就赏十两金子。"

不一会儿就围了一堆人，大家议论纷纷。有的说："这根木头谁都拿得动，哪儿用得着十两赏金？"有的说："这大概是左庶长成心开玩笑吧。"

商鞅见没人敢去搬木头，就把赏金提到五十两。正在大伙儿议论纷纷的时候，人群中有一个人跑出来，说："我来试试。"说着就扛起木头走到了北门。

商鞅立刻派人赏给扛木头的人五十两黄澄澄的金子，足斤足两。

这件事立即传了出去，老百姓说："左庶长的命令不含糊。"

商鞅见自己的命令已经起作用，就把新法令公布了出去。新法令赏罚分明，规定官职的大小和爵位的高低以打仗立功为标准，贵族没有军功的就没有爵位，多生产粮食和布帛的，免除官差……

秦国自从商鞅变法以后，农业生产增加了，军事力量也强大了。不久，秦国进攻魏国的西部，从河西打到河东，把魏国的都城安邑也打了下来。

车裂之祸

商鞅制定的法律十分严酷，很多人对他不满。有一次太子犯了法。因太子是未来的国君，不能施以刑法，按照刑法应由他的老师代他受刑。可太子的老师是秦孝公的哥哥。当时很多人都在反对这件事，可商鞅觉得如果因为犯法的人地位高就改变律法，那这样变法是不可能

取得成功的。于是商鞅就按照刑法对太子的师傅实施了处罚。太子的师傅在秦国有很高的声誉，这件事使得秦国人对商鞅更不满。

有个叫赵良的人对商鞅说："您在秦国通过严刑酷法迅速建立权威，使得老百姓不再做不好的事，可教化人心应该如同春风化雨一般慢慢来呀！况且您有了那么大的封地，自己过着富足的日子，却要求别人遵纪守法。我劝你赶快把封地还给秦国，找个清静的地方，种菜耕地去吧！这样以后或许还能活命。"

可惜商鞅并没有听进去他的话。

五个月后，秦孝公去世，太子成了秦国新任国君——秦惠王。秦惠王即位后，第一件事就是以谋反之罪抓捕商鞅将他处决。商鞅得知后，逃到了边关。天已经很黑了，路上都没什么行人了，只有挨门挨户搜查、抓捕商鞅的秦国士兵。商鞅打算找一家客栈住宿，躲过秦军的搜查。但他从家中匆匆逃出，并没有带相关凭证，客栈的主人一看他没有凭证，便不敢收留他，对商鞅说："你没有凭证，我不能让你进来住。这是商君的律法规定的，如果不遵守，就会被实行连坐惩罚。"

　　商鞅听后长叹一口气说："唉！我竟然会死于自己制定的法律啊！"

　　没办法，商鞅只得逃到魏国，但是魏国没有接纳他，商鞅不得已逃回他的封地，组织手下的士兵攻击郑国。秦惠王知道后，下令讨伐商鞅，结果商鞅兵败被杀死了，尸体也被带回了秦国。秦惠王便下令将商鞅的尸体进行车裂。

　　虽然商鞅死了，但是他的变法深入人心，他死后秦国依然沿用他的法律。

读史有智慧

　　通过商鞅三见秦孝公，我们明白了一个道理：劝说人，也是一门学问，要求我们察言观色，洞察所劝之人的心思。要想使人听从自己的见解，就要弄清楚别人在想什么，找到一个共同点，否则就会像商鞅前两次一样，无法打动别人，别人也不会接受我们的见解，我们自己的理想、抱负也就不会实现。

历史寻踪

◆ 商鞅广场

　　商鞅广场位于陕西商洛市北侧，广场两面皆可望山，高耸的商鞅雕像一手捧卷，一手指山，表情肃毅，棱角鲜明，令人想到两千年前，这位执掌一国军政大权，铁腕推行变法的强臣先贤，在追求变法强国理想中的坚定意志。

成功"逆袭"的商人——吕不韦

　　古代商人的社会地位非常低，但有一位商人却成功"逆袭"，进了皇宫参与政事，这就是吕不韦。他相中了子楚这只"潜力股"，不惜"投资"千金，让他慢慢得到朝廷的重视，最终登上皇位，吕不韦也顺势成了秦朝的丞相。但是算计来算计去，吕不韦最终深陷丑闻，搬起石头砸了自己的脚，结束了自己的一生。

奇货可居

　　吕不韦是阳翟（dí）的大商人，他在各地做买卖，商品以低价买进，高价卖出，所以积累起千金的家产。

　　公元前267年（秦昭王四十年），秦悼太子死在魏国。到了公元前265年（昭王四十二年），秦国的安国君做了太子。安国君有个非常宠爱的妃子，安国君立她为正夫人，称之为华阳夫人，但华阳夫人没有儿子。安国君有个排行居中的儿子名叫子楚，子楚的母亲叫夏姬，不受宠爱。子楚作为秦国的人质被派到赵国。因为秦国多次攻打赵国，赵国对子楚也不以礼相待。

　　子楚是秦王庶出的孙子，生活困窘，很不得意。吕不韦到邯郸去做生意，见到子楚后非常喜欢，说："子楚就像一件珍奇的货物，可以留起来，以待高价售出。"于是他就前去拜访子楚，并对子楚说："我能让你有出息。"子楚笑着说："你先自己长了出息再让我长出息吧！"吕不韦说："你不懂啊，我得等到你有了作为才能有出息。"子楚懂了吕不韦的意思，就拉他坐在一起深谈。吕不韦说："秦王已经老了，安国君被立为太子。我私下听说安国君非常宠爱华阳夫人，华阳夫人没有儿子，能够选立太子的只有华阳夫人一个。现在你的兄弟有二十多人，你又排行中间，不受秦王宠幸，你也不要指望争太子之位啦。"子楚说："那该怎么办呢？"吕不韦说："我吕不韦虽然不富有，但愿意拿出千金来为你去秦国游说，侍奉安国君和华阳夫人，让他们立你为太子。"子楚于是叩头拜谢道："如果实现了您的计划，我愿意分秦国的土地给您。"

协助子楚

　　吕不韦于是拿出五百金送给子楚，作为日常生活和结交朋友的花费；又拿出五百金买珍奇玩物，自己带着去秦国游说。他把带来的东西统统献给华阳夫人，顺便谈及子楚聪明贤能，所结交的诸侯宾客，遍及天下，并说子楚常常说"我把夫人看成亲母一般，日夜哭泣思念太子和夫人"。夫人非常高兴。吕不韦乘机又让华阳夫人的姐姐劝说华阳夫人："现在夫人您侍奉太子，君主非常宠爱你，可是你却没有儿子，不如趁这时在太子的儿子中结交一个有才能而孝顺的人，立他为继承人并且好好对待他。那么丈夫在世时受到尊重，丈夫死后，自己立的儿子继位为王，最终也会受到尊重的。现在子楚表现得不错，而他自己也知道排行居中，按次序是不能被立为继承人的。他的生母又不受宠爱，自己就会主动依附于夫人，夫人若真能在这时提拔他为继承人，那么夫人您一生在秦国都要受到尊崇啦。"

华阳夫人认为姐姐说得对，就和安国君委婉地谈到子楚非常有才能，许多人都称赞他。接着，她就哭着说："我有幸能做您的妃子，但非常遗憾的是没有儿子，我希望能立子楚为继承人，以便我

日后有个依靠。"安国君答应了，决定立子楚为继承人。安国君和华阳夫人都送给子楚好多礼物，并请吕不韦当他的老师，因此子楚的名声在诸侯中越来越大。

吕不韦同一个非常漂亮而又善于跳舞的邯郸女子同居，后来这个女子怀了吕不韦的孩子。子楚有一次和吕不韦饮酒，看到这个女子后非常喜欢，就站起身来向吕不韦祝酒，请求把此女赐给他。于是吕不韦就献出了这个女子。后来此女生下儿子嬴政。子楚就立这个女子为夫人。

秦昭王去世，太子安国君继位为王，华阳夫人为王后，子楚为太子。但是安国君当了秦王一年后，突发疾病去世。子楚继位，他就是秦庄襄王，华阳夫人成为华阳太后。吕不韦被任命为丞相。

一字千金

当时，魏国有信陵君，楚国有春申君，赵国有平原君，齐国有孟尝君，被称为"四公子"。他们都礼贤下士，结交宾客，名扬四海。吕不韦认为秦国如此强大，而自己也是堂堂秦国丞相，不应该被他们比下去，所以他也招来了文人学士，给他们优厚的待遇，门下食客多达三千人。那时各诸侯国有许多才辩之士，著书立说，流行天下。吕不韦就命他的食客各自将所见所闻记下，综合在一起。自己认为其中包括了天地万物古往今来的事理，所以号称《吕氏春秋》。他还把书的内容写在布匹

上，并将之刊布在咸阳的城门，上面悬挂着一千金的赏金，遍请诸侯各国的游士宾客，若有人能增删一字，就给予一千金的奖励。但是最后也没有一个人能够做到。

滔天大祸

秦王嬴政逐渐长大，但嬴政的母亲赵姬却并不安分，常常做出不合礼法的事情来。吕不韦怕之前他们之间的事情败露，就偷偷找了一个帅气的男子假扮太监进献给赵太后。赵太后非常高兴，给了这个男子无限的荣华富贵。赵太后偷偷地和这个男子生下两个儿子，甚至私下商量如果秦王死去，就让这两个儿子继承王位。秦王得知后大怒，命法官严查此事，把事情真相全部弄清，结果牵连到相国吕不韦。秦王对吕不韦恨之入骨，想杀掉他，但因他侍奉先王有很大功劳，还有很多宾客辩士为他说情，所以秦王不忍心处罚吕不韦。于是秦王免去了吕不韦的职务，把吕不韦赶出京城，让他去河南的封地。

又过了一年多，各诸侯国的宾客使者络绎不绝，前来问候吕不韦。秦王恐怕吕不韦发动叛乱，就写信给他说："你对秦国有什么功劳？秦国封你在河南。你跟秦王有什么血缘关系？这样吧，你与家属全都搬到蜀地去住！"吕不韦一想到自己已经逐渐被逼迫，害怕日后被杀，就喝下毒酒自杀而死。

读史有智慧

吕不韦生于战国时期，本来是一个普通的商人，但是他的野心扩张到政治权力上。他帮助子楚登上王位，自己也做了秦朝的宰相。吕不韦的一生都体现了他作为商人的特点——精明。纵观吕不韦的一生，他没有在治国的大政方针上出现失误，集合门客编撰了《吕氏春秋》，他也是从政的高手。

历史寻踪

◆ 吕不韦墓

据《皇览》记载："吕不韦冢在河南洛阳，北邙道西大冢是也。"考其地望，在今偃师市首阳山镇大冢头村东。冢头村即因吕不韦之墓冢而得名。原冢高15米，直径20米。冢上原有建筑曾被拆毁，大冢也被挖去三分之一。今墓冢已由当地政府出资重修并加以保护。

大起大落的悲情丞相——李斯

从一个默默无名的小官吏到一人之下万人之上的丞相，在这其中李斯经历了什么？他聪明绝顶，然而最后却含冤而死，这又是为什么？李斯一生大起大落，人们对他有惋惜，有愤恨，他到底是个什么样的人？

入关侍秦

李斯原来是楚国的一个看管仓库的小官吏。有一次，他看到厕所里的小老鼠在偷偷摸摸地吃脏东西，一旦有人和狗过去，小老鼠就吓得逃跑了。而粮仓中的老鼠吃的是囤积下来的粮食，从来不用担心人和狗的惊扰。看到这个情景，李斯就感叹道："粮仓中的老鼠并不比厕所里的老鼠聪明厉害，而是因为粮仓的环境好。人跟老鼠一样，要想出人头地，就应该到好的环境中去。"

于是，李斯就跟著名的大师荀子学习治理天下的学问。学成后，李斯西行到了秦国，正好秦庄襄王去世，吕不韦掌握了大权。李斯就当了吕不韦的舍人，不久就被任命为客卿。

谏逐客书

李斯本来在秦国当着客卿，但天不如人意，有时候会有飞来横祸。有一个叫郑国的韩国人假扮成修渠道的工匠来秦国当间谍，秦王嬴政一怒之下就下令："把国内所有的客卿都赶出去！"李斯还等着在秦国有一番大作为呢！于是他就给秦王上书说："秦国要驱逐客卿，我认为这种做法不对。秦国的先王们千辛万苦为秦国引进人才，治理秦国。没有这些人才，秦国不可能像现在这么强大。他们都曾是秦国的客卿，他们有什么地方对不起秦国吗？现在陛下您驱赶客卿，就相当于给别的国家送人才呀！不仅如此，天下有才学的人，肯定不会再来秦国了！"

嬴政看了李斯的上书后恍然大悟，就赶快废除了逐客令，恢复了李斯的职务，并将他的官位升到了廷尉之职。二十多年后，嬴政终于统一了天下，成为中国第一位皇帝秦始皇，李斯也被任命为丞相。

主张焚书，助纣为虐

秦始皇在咸阳宫设宴，一个叫淳于越的人反对秦始皇重用平民，想让秦始皇效法周朝的制度，对有功劳的人进行分封。秦始皇把这个问题交给丞相李斯来处理，李斯觉得淳于越的观点很荒谬。

他对秦始皇说："以前之所以分封土地给臣子，是因为天下混乱。现在您统一了天下，而各个学派的人却用

旧时的观点来蛊惑人心，如果不禁止的话，您的权威会下降，大臣们也会拉帮结派，甚至会使社会动荡不安。因此，还是把人们收藏的诸子百家的著作都消灭吧！"

秦始皇接受了他的建议，在国内开始焚书。

秦始皇三十七年，秦王外出巡游时病逝了。当时只有秦始皇的小儿子胡亥、李斯、赵高以及他的几个亲信宦官知道始皇帝去世的消息。

赵高与公子胡亥商量着要改诏书篡位，但他们又怕李斯的阻挠会使事情不成功，于是赵高就去说服李斯。

赵高说："秦始皇去世了，他要立长子扶苏为继承人，但诏书和玉玺都在公子胡亥手里。立谁为继承人只需要咱们俩一句话，你看这个事怎么办？"

李斯一听，说："岂有此理！这种亡国的话不是臣子该说的！你还是该干什么就干什么去吧，我只执行皇帝的遗诏！"

赵高说："如今天下的权力和人们的命运都掌握在胡亥的手里，您要是不同意，就是反叛！明白了吗？"

李斯说道："自古以来，中途换掉太子都会导致国破家亡！如此违背天意会导致死后没人祭祀的，我怎么能参与这些阴谋呢？"

赵高继续诱惑他，说："如果你放弃这个到手的机会，老天爷一定会惩罚你的，一定会祸及子孙后代。"

李斯一看自己没有反抗的力量，于是仰天长叹，流着泪说："唉！我为什么出生在这样的乱世，既然不能以死尽忠，我将要去哪里寄托我的命运啊！"

李斯就这样依从了赵高。他们一起篡改了诏书，立胡亥为皇帝，称秦二世。

李斯冤死

胡亥当了皇帝之后大肆搜刮民脂民膏，赵高权势极高。由于李斯多次要求向皇帝进言，惹得皇帝不快，再加上赵高暗中的陷害，李斯很快就失去了昔日的宠信。

后来，李斯被关进了监狱，赵高就逮捕了他的儿子李由。李斯在狱中每天都要经受严刑拷打，后来他实在受不了了，就含着冤屈招供了。李斯自负地认为他能言善辩，又为秦国立下了汗马功劳，也没有反叛之心，如果他向皇帝上书，皇帝一定会清醒过来赦免了他。

　　于是李斯在狱中上书说："我担任秦国的丞相三十多年了，之所以有这样的下场，是因为我犯了七条罪。第一条罪状是我为秦国扩大疆土，提高了秦国的威望；第二条罪状是我帮助秦国平定了南北的土地，显示了秦国的强大；第三条罪状是我尊重大臣，使君臣之间关系融洽；第四条罪状是我辅助秦王建立国家，彰显君王的贤明；第五条罪状是我统一了度量衡和文字，树立了秦朝的威名；第六条罪状是我主持修建道路，为了讨君王的欢心修建娱乐场所；我的最后一条罪状是我减轻国家的赋税和刑罚，帮助皇帝赢得百姓的爱戴。我有这么多的罪状，足以被处死，能活到今天都是皇上您的仁慈，希望陛下能够明察！"

　　李斯的这份奏书写得确实感人肺腑，可惜秦二世并没有看到。因为赵高在中途就把奏书拦了下来，随便一扔说："一个囚犯怎么能给皇帝上书？"

　　同时，赵高还派他

的门客假扮成参与审讯的御史和侍从，轮番审问李斯。假如李斯用实话回答，就让人拷打他。以至于后来当皇帝派人去验证李斯的口供时，李斯还以为与以前一样，不敢说真话，在供词上承认了自己的罪状。不久，李斯的儿子李由也被杀死了。

李斯在被押赴刑场时，对二儿子说："我真想像过去一样，牵着狗与你一起去打猎追兔子，可这再也办不到了！"

读史有智慧

李斯面对小老鼠能思考出人生道理，并从中受到启发，告诉我们要留心生活中的细节，并从中吸取教训。后来他之所以落到不好的下场，很大的原因是他没能经受住诱惑，这告诉我们要有长远的眼光，道义和操守比外在财物要重要得多。

历史寻踪

◆ 峄山碑

李斯是小篆的鼻祖，在中国书法史上占有非常重要的地位，为后世书法的发展做出了极大的贡献。他的《峄山碑》书法精简、朴实有力，摆脱了大篆的烦琐装饰，是写小篆者的范本。鲁迅曾评价说秦代李斯篆书"质而能壮"，只有在"泰山刻石"里感觉得到。

眼光独到的丞相——萧何

楚汉之争中，韩信率军度陈仓，战荥阳，破魏平赵，收燕伐齐，连战连胜，打败项羽。但韩信之所以能够大展身手，很大程度上，与汉朝开国丞相萧何的慧眼识才、极力荐贤是密不可分的。在其他人甚至刘邦都不看好韩信的情况下，萧何力排众议，推举韩信做大将军。后来的种种事实也证明了萧何的眼光确实独到。

萧何是谁

萧何，沛县丰邑（今江苏省属县）人。他通晓法律，无人能比，早年在沛县县令手下做官吏，秦末辅佐刘邦起义，攻克咸阳后他接收了秦丞相、御史府所藏的律令、图书，掌握了全国的山川险要、郡县户口，对日后制定政策和取得楚汉战争的胜利起了重要作用。楚汉战争时，他留守关中，使关中成为汉军巩固的后方，不断输送士卒粮饷支援作战，对刘邦战胜项羽，建立汉朝起了重要作用。萧何重新制定律令制度，在思想上，他喜好黄老之术，主张无为而治。后协助刘邦消灭韩信、英布等异姓诸侯王。刘邦死后，他

辅佐汉惠帝。惠帝二年卒，谥号"文终侯"。萧何是汉朝的开国元勋之一，与张良、韩信并称为"汉初三杰"。

拥护刘邦

汉高祖刘邦还是平民时，萧何多次凭着官吏的职权保护他。刘邦当了亭长，萧何也常常帮助他。刘邦以官吏的身份到咸阳服役，官员们都奉送他三百钱，唯独萧何送他五百钱。

秦朝的御史到泗（sì）水郡督察工作时，萧何跟着他的属官办事，经常把事情办得有条有理、清清楚楚。于是，萧何得以担任泗水郡卒史的工作，公务考核中名列第一。秦朝的御史打算入朝进言征调萧何，萧何一再辞谢，才没有被调走。

等到刘邦起事做了沛公，萧何作为他的助手督办公务。刘邦进了咸阳，将领们都争先奔向府库，分取金帛财物；唯独萧何，首先进入宫室收取秦朝丞相及御史掌管的法律条文、地理图册、户籍档案等文献资料，并将它们珍藏起来。刘邦做了汉王，任命萧何为丞相。项羽和诸侯军队进入咸阳屠杀焚烧了一番就离去了。汉王之所以能够详尽地了解天下的险关要塞、家庭、人口的多少、各地诸方面的强弱、民众的疾苦等，就是因为萧何完好地得到了秦朝的文献档案的缘故。

萧何月下追韩信

韩信原是项羽部下，他有勇有谋，是位出色的军事家。他在项羽手下没有得到重用，于是投到刘邦麾下。刘邦却只让他当一个管理粮草的小官，韩信大失所望。一次偶然的机会，萧何结识了韩信。

接触过程中，萧丞相发现韩信有胆有识，是个不可多得的人才，于是多次向刘邦推荐，但并没有引起刘邦的重视。

韩信见自己一直不受重用，一气之下离开汉营。萧何得知后，马上放下没处理完的公务，亲自策马追赶韩信，连个招呼也来不及向刘邦打，急得刘邦坐立不安。再说萧何为追韩信，不辞辛苦，一路问，一路追，

直到天黑了，还没追着韩信。正想下马休息一下，忽然远远望见有个人牵着马在河边徘徊。萧何顿时抖擞精神，快马加鞭，大声喊着："韩将军！韩将军！"他策马赶到河边，气喘吁吁地下了马，说："韩将军，咱们一见如故，你怎么一句话不说，就这么走了？"这时，韩信的朋友夏侯婴也策马赶到，两个人苦苦请求韩信回去。他们说："要是大王再不听我们的劝告，那我们三个人一起走，好不好？"韩信只好跟着他们回去。

　　刘邦知道萧何是为追韩信而离开，很不以为然地说："逃走的将军有十多个，你怎么偏要去追韩信？"萧何说："那些将军都很容易得到，韩信却是不可多得的人才，跑了就再也没有第二个了。大王如果只想当个汉中王，没有韩信也就算了；如果要准备打天下，那就非用韩信不可。大王若能重用韩信，他自然会留下；如果不重用他，他终究会离开。"刘邦下决心说："就依着丞相，让他做个将军，怎么样？"萧何说："叫他做将军，他还得走。""那拜他为大将军

怎么样？"萧何说："很好。"刘邦就依照萧何的建议请韩信做了大将军。

论功行赏

　　汉高祖打败项羽，平定天下之后，论功行赏。由于群臣争功，一年多了，功劳的大小也没能决定下来。高祖认为萧何的功劳最显赫，给他的封赏最多。

　　列侯均已受到封赏，待到向高祖进言评定位次时，群臣都说："平阳侯曹参身受七十处创伤，攻城夺地，功劳最多，应该排在第一位。"高祖已经委屈了功臣们，较多地赏封了萧何，到评定位次时就没有再反驳大家，但心里还是想把萧何排在第一位。关内侯鄂千秋进言说："各位大臣的主张是不对的。曹参虽然有转战各处、夺取地盘的功劳，但这不过是一时的事情。然而萧何常从关中派遣

军队补充前线，陛下虽然多次失掉崤山以东的地区，但萧何一直保全关中等待着陛下，这是万世不朽的功勋啊。应该是萧何排第一位，曹参居次。"高祖说："好。"于是便确定萧何为第一位，特恩许他带剑穿鞋上殿，上朝时可以不按礼仪小步快走。

读史有智慧

　　萧何作为刘邦的重要谋臣，他眼光长远，深谋远虑。作为刘邦的助手，他能从宏观的战略着眼，为西汉王朝的建立和政权的巩固，做出了重大的贡献。咸阳城内，将领们忙于争分财物时，萧何却先去收取文献档案，由此掌握了全国户籍、法令方面的情况，为统一天下创造了条件。他眼光独到，慧眼识珠。韩信在别人眼中不成大器，只能做管粮草的小官，但经他发掘，却成为名留史册的大将军。"萧何月下追韩信"的历史佳话使萧何堪称识才、惜才的典型。

历史寻踪

◆ 萧何故宅遗址

　　萧何故宅遗址在今江苏丰县城东北二里处，其南方为凤鸣公园，凤鸣公园内凤鸣湖为秦始皇镇压丰县王气对丰县古城"挖心削足"而留下的遗迹，凤鸣塔为刘邦被秦兵追杀出逃丰县时凤凰鸣叫之处。萧何宅西为高祖庙，现为明代古建筑孔庙所在地。

决胜千里的"谋圣"——张良 🌀

汉高祖刘邦评价张良时说："夫运筹策帷帐之中，决胜于千里之外，吾不如子房。"这一席话，表现出张良的机智谋划。他与韩信、萧何并称为"汉初三杰"。现在，让我们再领略一下张良的智慧吧！

张良是谁 🌀

张良，字子房，秦末汉初杰出的谋士、大臣，他与韩信、萧何并称为"汉初三杰"。后世敬其谋略出众，称其为"谋圣"。

张良跟随汉高祖刘邦建立功业，他以出色的智谋，协助汉高祖刘邦在楚汉战争中最终夺得天下，帮助吕后扶持刘盈登上太子之位，被封为留侯。

同时，他精通黄老之道，不留恋权位。

张良拜师 🌀

张良的祖父、父亲都在韩国当过大官，家财丰厚。但好景不长，韩国被野心勃勃的秦国灭掉。张良把家财集中起来，昭告天下寻求勇士刺杀秦始皇，要为韩国报仇。

他找到了大力士，并造了个一百二十斤重的大铁锤，埋伏在博浪沙打算袭击秦始皇，可惜砸错了车，让秦始皇逃过了一劫。

面对秦始皇的搜捕，张良只好改名换姓，逃到下邳先躲起来。

有一天，一个老人走到张良跟前脱下鞋，把脏鞋子甩在了桥下。老人理直气壮地说："去！下去把鞋子捡上来！"张良有些生气，但看到老人衣衫褴褛又年老，忍着气去桥下帮他捡了鞋。谁想到老人竟对张良说："给我把鞋穿上！"张良又跪着给老人穿上了鞋。老人穿上鞋，连句谢谢都没有就离开了。

老人离开后，突然返回来说："五天后在这里相会。"

五天后张良到时，老人已先在那里，生气地说："你怎么来得这么迟？"

老人离开时说："五天后早早来会面。"五天后鸡一叫，张良就去了。老人又先在那里，又生气地说："为什么又来晚了？"

再一个五天后，张良不到半夜就去了。过了一会儿，老人也来了，高兴地说："这样做才好。"老人拿出一部书，说："读了这书就可以做帝王的老师了。十三年后你到济北见我，谷城山下的黄石就是我。"老人说完便走了。天明时张良一看老人送的书，原来是《太公兵法》。

追随刘邦

后来，张良聚集了一百多个热血青年跟随了沛公刘邦。刘邦把张良安排在马厩工作，张良成了厩将。

尽管如此不被重视，张良还是没有放弃一切大展拳脚的机会，他多次根据《太公兵法》向沛公献计谋。慢慢地，沛公就开始赏识他，经常采用他的计谋了。

沛公当时想攻打秦朝的军队，张良认为这样做不妥。于是他就对刘邦说："秦国的军队非常强大，我们不能轻视。峣关守将喜欢贪图小便宜，我们可以利用他这个弱点，用利益诱惑他。您先不要轻举妄动，预备五万人的食物，在各个山头挂上旗子。再派人带着贵重的宝物诱惑守将！"

果然，秦军的将领看到一大堆的宝物时，口水直流，打算跟着刘邦一起去袭击秦国都城咸阳。

刘邦又有些得意了，张良劝谏他："这可能只是峣关的守将想反叛，恐怕秦国的士兵不想。不如我们先动手，趁他们懈怠时攻打他们。"刘邦于是率兵攻打秦军，取得了胜利。进驻了咸阳，秦王子婴只好向刘邦投降。

刘邦看到秦宫满室的金银珠宝，一时迷了眼，打算住在这里。张良于是又劝刘邦："我们之所以能够如此顺利地攻进咸阳城，正是因为秦朝的残暴无道。现在咱们

刚刚到达这里，没想着造福百姓，却想要享受安逸，这是助纣为虐吧！"刘邦于是放下了咸阳宫的财物，重新回到灞上驻守。

斗智鸿门

刘邦在灞上时采纳张良建议，与诸县父老豪杰约法三章。另外，还派人与秦吏一起巡行各地，传达他的指令，博得了秦民的一致拥戴。

项羽率诸侯兵抵达函谷关时，刘邦命令守军紧闭关门。项羽十分恼怒，立即命令英布督军强攻。

幸亏项羽的叔父项伯与张良曾有旧交。在项羽大军决定进攻刘邦的前夜，项伯偷偷把消息告诉了张良，要和他一同逃跑。

张良说："沛公如今在危难之中，我必须去向他辞行再走。"于是，张良来到刘邦的营帐中，把项伯所说的一五一十地告诉了刘邦。

刘邦听后连忙问张良："这可怎么办呀？"

张良没有直接回答，反问刘邦："您觉得我们的军队能抵挡住项羽的进攻吗？"

刘邦有气无力地说："确实不能。可是事已至此，又怎么办呢？"

张良一想，当务之急是打消项羽对刘邦的疑虑，使他放弃进攻刘邦的计划。而要达到这一目的，项伯是个关键人物。

张良给刘邦出了个主意："请您去告诉项伯，说您不敢背叛项王。"

于是，刘邦对张良说："你替我把项伯请进来，我要像对待兄长一样对待他。"张良就邀请项伯入帐见刘邦。项伯进帐后，刘邦亲自为项伯斟酒祝寿，并结为了儿女亲家，并告诉项伯说："我守在这里，日夜盼望项将军到来，怎么敢反叛呢？"

项伯信以为真，便交代刘邦："明天一定要亲自来向项羽谢罪。"

第二天，刘邦仅带着张良、樊哙等人来到楚营。刘邦一见项羽，忙上前说道："我是运气好才入关的，现在有小人挑拨离间，让咱俩闹矛盾。"

项羽见刘邦只带百余从骑前来赴宴，而且一副谦恭委屈的样子，不禁动了"妇人之仁"。

席间，项羽的谋臣范增屡次示意项羽杀死刘邦。然而，项羽就是犹豫不决。范增只好又招来勇士项庄，让他舞剑助兴，伺机杀掉刘邦。

项伯也拔剑对舞，用自己的身体护住刘邦。张良一看情况不妙，赶快起身出帐去找樊哙，让他立即去保护刘邦。樊哙立马带着武器闯入项羽的军门。项羽十分震惊并赏给樊哙一壶酒。

过了一会儿，刘邦见情势已渐好转，便借口要去厕所，招呼樊哙出帐，张良也跟着出来了。三人商量对策，决定由樊哙保护刘邦赶快脱身，张良留下来应付局面。

读史有智慧

张良拜师的故事告诉我们要尊重别人，尊老爱幼是我们的传统美德。张良如果没有帮老人穿鞋，也就没有后面的故事了。同时，故事也告诉我们，做人要讲究诚信。说好与老人在桥上见面，就一定要按时到达。我们青少年也要学习张良的这种品质，诚信是道德之本。

出名要"趁晚"——冯唐

有一句话叫"出名要趁早",但并不是所有人都能早早成名。历史上有这么一个人,他凭借自己的孝心和美好的品行在本地做了小官,一做就是几十年。等到皇帝想再提拔他时,他已经老得无法做官了……

文帝召见

冯唐的祖父是战国时期的赵国人,到冯唐父亲这一代,他们家移居到了代地。汉朝建立后,他们家又迁到安陵。他们就这样迁来迁去,似乎在哪里都不能久居。

汉朝提倡以孝治国,一个人如果孝敬父母,就有可能被推荐到朝廷里做官。冯唐很孝顺,被举荐做了中郎署长。这个官职较低,但是冯唐却一直踏踏实实地工作着。

冯唐一直在那里尽心地工作,已是两鬓飘霜。有一次,汉文帝乘车经过冯唐任职的官署,看到头发花白但依旧工作的冯唐,就好奇地问:"老人家怎么还在做中郎署长?你的老家在哪里?"冯唐规规矩矩地一一做了回答。

一个地名引起了皇帝的兴趣，这就是"代"。汉文帝是高祖的四子，曾作为代王在代地生活了很长一段时间。回忆起了从前的一切，汉文帝不禁来了兴致。

汉文帝问道："你听说过李齐这个名字吗？当年我在代地的时候屡次听人说起这个人，说他如何如何有才干，如何如何出类拔萃，在巨鹿之战中表现又是如何如何神勇……这么多年过去了，这个人名依然不时地在我脑海里飘来荡去。老人家，您的老家也在代地，您听说过这个名字吗？"

汉文帝说得兴趣盎然，冯唐的回答却平淡至极："唉，据我所知，您说的这个李齐没有传说的那么厉害，和廉颇、李牧等人比起来，他只能算是个无足挂齿的小不点儿。"

汉文帝惊讶地说："凭什么这样说呢？您有什么证据？"

冯唐接着说："我的祖父在赵国时，担任过统率士兵的职务，和李牧有很好的交情。我父亲从前做过代相，和赵将李齐也常往来，所以知道他们的为人。"

汉文帝听完冯唐的述说，非常高兴，喃喃自语道："可惜我偏偏

得不到廉颇、李牧这样的人做将领，如果有这样的将领，还用忧虑匈奴吗？"

冯唐的回答更加出人意料："恕我直言，陛下您即使得到廉颇、李牧，我想您也不会任用他们。"

汉文帝非常生气，愤然回宫。过了好久，估计是觉得自己有些失态，就让人把冯唐叫了过去，责备他说："你为什么当众侮辱我？难道就不能私下告诉我吗？为什么？"

冯唐也觉得当初的话有些直，于是就说："我不过是一个市井中的小人物，不大懂得说话的规矩。"汉文帝这才觉得有了面子。

巧救魏尚

过了不久，匈奴大举侵犯，势不可当，局势令人忧虑。汉文帝病急乱投医，突然想起了那个不会说话的冯唐，就派人把他叫来追问："当初你怎么知道我不能任用廉颇、李牧那样的将领呢？能给我个理由吗？"

冯唐说："据说古时君王派遣将军出征时，会跪下来亲自为远征的将军推战车，边推边说，国门以内的事我决断，国门以外的事由将军您裁定。有了这样的信任，在外的将军才会舍生忘死，奋勇杀敌。我的祖父说，李牧在赵国边境统率军队时，把征收的税金

自行用来犒赏部下，朝廷从不干预。眼下，我听说魏尚做云中守，他把军市上的税金全部用来犒赏士兵，还经常拿出个人钱财宴请手下，因而很有凝聚力，匈奴人闻风丧胆，再也不敢靠近云中郡。但是，前一段时间魏尚仅仅报多杀敌六人，陛下您就削夺了他的爵位，判处一年的刑期。因此，我断定陛下即使得到廉颇、李牧这样的将领，也无法重用！"

　　汉文帝听后，当天就赦免了魏尚，重新让他担任云中郡郡守，并任命冯唐为车骑都尉，掌管中尉和各郡国的车战之士。战争果然胜利了，冯唐渐渐引起文帝的重视。

冯唐易老

汉文帝后元七年（公元前157年），汉景帝即位，让冯唐去做楚国的丞相，不久被免职。汉武帝即位时，征求贤良之士，大家举荐冯唐。冯唐这年已九十多岁，不能再做官了。这个有才华的老头儿没能再继续做官。

读史有智慧

《滕王阁序》中说"冯唐易老，李广难封"。冯唐年老时才被起用，他说话直率，敢于直接批评皇帝，是一个有想法有胆量的人。

历史寻踪

◆ 古文中的"冯唐"

老夫聊发少年狂。左牵黄，右擎苍。锦帽貂裘，千骑卷平冈。为报倾城随太守，亲射虎，看孙郎。

酒酣胸胆尚开张。鬓微霜，又何妨。持节云中，何日遣冯唐？会挽雕弓如满月，西北望，射天狼。

"持节云中，何日遣冯唐"，用典极为贴切。那时苏轼尚以有罪之身被贬他乡，盼望朝中有人能像冯唐一样犯颜直谏，更盼望皇帝早一天派人来为自己昭雪，他的诉求可以很好地在冯唐身上显现。

少年乐读《史记》

智者先贤存风范

卫晋 著

湖南文化音像出版社

为什么要写这样一本《史记》

历史是一面镜子，记录着兴衰、成败。

2000 多年前，司马迁忍辱负重，靠个人意志完成了这样一部杰作。鲁迅先生的评价：史家之绝唱，无韵之《离骚》。

欲读历史，必绕不开《史记》。《史记》是二十四史之首，司马迁把一生全部奉献给了《史记》，给炎黄子孙留下了宝贵的文化遗产。

《史记》不仅是司马迁对历史所做的贡献，更凝结了自己的人生感悟。在 2000 多年前的汉代，司马迁因李陵事件备受摧残，可他没有忘记自己是一个史官，自己身上的使命以及父亲的临终嘱托。难堪、耻辱、愤怒，统统凝聚到笔上，他把从传说中的黄帝时代开始，一直到汉武帝太初四年（公元前 101 年）为止近 3000 年的历史，经过 18 年，终于编写成 130 篇、52 万字的巨著《史记》。

相较之前的史书，司马迁采用的是"纪传体"，以生动的叙事呈现了历史人物在每个时代的事迹。在这背后，凝结了司马迁对历史和人物的心血：他到过长沙，在汨罗江边凭吊爱国诗人屈原；他到过曲阜，考察孔子讲学的遗址；他到过汉高祖的故乡，听取沛县父老讲述刘邦起兵的情况……

《史记》里的人物是有温度的，就像发生在我们身边，让人能置身其中，如《鸿门宴》中，每个人物都是栩栩如生的。

相比历史研究来说，《史记》这样的呈现无可厚非。然而，对于普通读者以及青少年来说，有没有更好的接触《史记》的方式？

这就是我们改编出本套专门为青少年阅读，取材史书和历史文献所讲述的正史故事，内容贴近历史事实，更彰显人物的本来面貌的图书的初衷。全书以《史记》为纲，以品读的形式编排，用适合儿童的语言，讲述了一个个有温度的故事，使人仿若身在其中。

让我们赶快来阅读这款专为青少年而编写的《史记》吧!

目 录

　　孤竹国的伯夷、叔齐，面对王位，一个是受父命继承王位，一个是按照礼仪继承王位，他们最后却没争没抢，将王位让给了其他兄弟，相继离开了自己的国家，在其他的地方过着清苦的生活。

夷齐让国

　　三千年前，现在的秦皇岛一带正是孤竹国管辖的区域。这个古代的国家建国很早，历经了商和西周两个朝代。这个古老的国家当时的经济、文化都比较发达，有饲养大量牲畜的畜牧业和可以用剩余粮食酿酒的农产品。从这个国家最初取名觚（gū）竹来看，它是以酒器和书写的文具借代作国名，这就反映了这个国家已经有比较高的文化。

　　到了商朝后期，在这个国家出现了夷齐让国的美谈。那时的孤竹国君是孤竹国第七任君主，名叫亚微，

是殷商的同宗。他有三个儿子，长子名允，字公信，就是后来我们说的伯夷。二子名亚凭，成为第八任孤竹国国君。幼子名智，字公达，就是后来我们说的叔齐。孤竹君生前有意立叔齐为下一任国君，继承他的事业。后来孤竹国君死了，按照当时的常礼，长子应该即位。但清廉自守的伯夷却说："应该尊重父亲生前的遗愿，国君应由叔齐来做，我就不做国君了。"大家又推举叔齐做国君，叔齐说："我如当了国君，对兄弟来说是不讲义气，在礼仪制度上也说不过去。"后来伯夷和叔齐一起离开了孤竹国，把君位让给了亚凭。如果认真梳理伯夷、叔齐二人的一生，确实没有轰轰烈烈、引人注目的功绩，但他们的所作所为，充分体现出他们做的所有事情的初心都是为了民生，为了长治久安，而没有一丝一毫的私利。所以中国后世永远怀念他们。仁义道德，是每一个人、每一个民族的安身立命所在。所以中国人评论人物，首先就要看他的德行修养。伯夷、叔齐两个人在面对王位的时候互相推辞，因为他们都认为对方"既贤且能"，是当国君的最佳人选。他们二人的初心都是为了国家，为了民众。

叩马而谏

　　相传三千多年以前，商纣王荒淫无道，政苛刑酷，百姓们过着水深火热的生活，人们怨声载道，就连诸侯都众叛亲离。为了躲避残暴的商纣王，伯夷、叔齐居住在北海沿岸，和东夷人一起生活。听到西伯周文王

兴起，国内稳定，生产发展很快，他们高兴地说："应该从东夷回去了，我们听说西伯的国内很安定，很适合老年人居住。"于是他们相约到周国去。

周武王统一西北地区以后，亲自率领兵将四万五千人，兵车三百辆进攻商纣王。八百位诸侯在孟津集会见面，一起商量攻打商纣王的计谋。孟津当时是黄河中下游的一个重要渡口，也是通往朝歌（商朝的首都）的要道。当周武王面对所有军队出兵宣誓、挥师北渡的时候，孤竹国的伯夷、叔齐赶来，跪拜在周武王战马前，指责武王说："你父亲去世了还没有埋葬，你就发兵攻打商纣王，你这能算孝顺吗？你作为商朝的臣子，竟敢发兵讨伐天子，这能算忠诚吗？"武王左右的兵将听了他们的话非常生气，拔出剑要杀掉他们，姜太公马上制止说："他们这样说也算是有义气的人啊！"说完，就让人把他们推开了，武王率领队伍，直接打到朝歌。牧野（今河南淇县一带）一战，纣王的奴隶兵纷纷倒戈。武王大胜，攻克朝歌，统一了天下，建立了周朝。武王伐纣，确实是拯救人民于水火的正义之举。但以臣伐君，是违背当时政治理念的。君主仁爱，大臣尊敬，这才是当时推崇的长治久安的人伦正道。伯夷、叔齐叩马而谏，正是奋不顾身之举。正因为如此，所以孔子才力赞二人为古之仁人。

伯夷、叔齐叩马而谏的地方，后来就叫作叩马。还有一种说法：伯夷、叔齐是扣马缰而谏，因而也称扣马。

不食周粟

周武王灭掉商朝后，建立了新的王朝周朝，这正是公元前1046年。伯夷、叔齐认为武王伐

纣这种做法太可耻了，发誓再不吃周朝的粮食。但是当时各地都属于周朝了，他们就互相扶持着到首阳山上采薇菜吃。在采薇菜时，他们还唱着歌说："上那个西山哪，采这里的薇菜。用那强暴的手段来改变强暴的局面，我真不理解这样做算是对吗？先帝神农啊，虞夏啊！这样的盛世，恐怕不会有了。我们上哪里去呢，真可叹啊！我的生命就要结束了。"两个人只靠吃薇菜不能填饱肚子，没过多久就饿死在首阳山之上。他们的让国和不食周粟、以身殉道的行为，得到了儒家的大力推崇。子贡问孔子："伯夷、叔齐是什么样的人呢？"孔子立即回答说："他们是古代贤能的人。"又问："他们对所做的事不觉得后悔吗？"孔子说："他们求仁而得仁，没有什么后悔的。"后来又进一步说："齐景公有马千驷，死之日，民无德而称焉。伯夷、叔齐饿于首阳之下，民到如今称之，其斯之谓与。"原来伯夷、叔齐的行为正符合儒家的价值观。

伯夷、叔齐的故事千古流传。夷齐爱国守志、清正廉明、仁义礼让、孝感天地的高尚品行，是中华民族和人类社会的宝贵财富。

读史有智慧

面对国君的宝座，伯夷、叔齐兄弟二人一人认为应该听从父王的意见，一人认为应该遵从礼义道德，两个人互相谦让，最后让第三个兄弟坐了王位。面对武王伐纣浩浩荡荡的军队，兄弟二人勇敢地拦住了周武王的马车，直指周武王的不道德，直至拒绝吃周朝的粮食而饿死在山林里。他们两个人都坚守着仁义的道德底线。二人的爱国守志、清正廉明、仁义礼让、孝感天地的品行感染着无数中国人。

历史寻踪

◆ 伯夷、叔齐墓

伯夷、叔齐墓位于河南新郑市首阳山，高达七尺左右，直径丈余，周围古松参天，绿草如茵。墓前设一高大石碑，上有左文襄公篆刻的"百世之师"和"有商逸民伯夷叔齐之墓"的碑文。墓地后面，为供奉伯夷、叔齐的"清圣祠"，始建于唐贞观年间，历经坍塌复修，最后一次复修于清同治十三年（1874年）。前殿拆除，正殿厢房尚存，廊檐下原有清陕甘总督左宗棠"首阳山宜清圣祠辩"碑，现存有左部督军范绍儒将军"首阳怀古"诗碑。

是重臣也是传奇——姜尚

　　渭水河畔，一人正在垂钓，此人须发皆白，看上去有七八十岁了。奇怪的是他一边钓鱼，一边嘴里念叨："快上钩呀！愿意上钩的快来上钩！"再一看，老人的鱼钩离水面有三尺高，并且钩是直的，上面还没有饵。这位奇特的老人就是受封为齐国第一代国王的齐太公——姜尚。

姜尚是谁

　　姜尚就是姜太公，或者叫齐太公，字子牙，号飞熊，也称吕尚，商朝末年人。他的始祖四岳伯夷辅佐大禹治水有功，被封在吕地。他是周文王、周武王的首席谋臣、最高军事统帅、开国元勋，齐国的第一位君主、齐文化的创始人，也是一位影响久远的杰出军事家与政治家，被尊为"百家宗师"。

姜尚归周

传说姜尚博学多闻，曾为商纣做事。商纣有失王道，姜尚就失望地离开了。他听说周文王姬昌为了治国兴邦，正在广求天下贤能之士，便来到渭水之滨的西周领地，栖身于磻溪，每天从早到晚在水边垂钓，静观世态的变化，等待时机出山。一天，姬昌出猎，出发前占卜一卦，卦辞说："狩猎所得是成就霸王之业的辅臣。"果然，他在渭河北岸遇到姜尚。谈话间，姬昌见姜尚学识渊博，通晓历史和时势，便向他请教治国兴邦的良策，姬昌听后大喜，亲自把姜尚扶上车辇，一起回宫，拜为太师。从此，英雄有了用武之地。

辅佐朝政

姜尚在辅佐周文王期间，为强周灭商制定了一系列正确的内外政策，表面上坚持恭顺事殷，以麻痹纣王，暗中实行"争取邻国、逐步拉拢、瓦解商朝盟邦，以削弱和孤立殷商王朝"的策略。在姜尚的积极谋划下，归附周文王的诸侯国和部落越来越多，逐步占领了大部分殷商王朝的属地，出现了"天下三分，其二归周"的局面。周文王死后，周武王姬发继位，拜姜尚为国师，尊称师尚父。姜尚继续辅佐周国朝政。

周武王想减轻罪罚，又想树立自己的威信，想少行赏，又能促进百姓积极向善，简化法令又能教化民众。

姜尚教他杀一儆百震慑千人，赏赐一人而使千个人感到振奋，由此类推。武王按照姜尚所说的去做，谨慎地进行赏罚，力求令行禁止，使周朝政治越来越清明。而此时的殷商王朝政局更加昏暗，叛离殷商、依附周朝的人越来越多。

征伐商纣

武王十一年，殷商王朝统治集团核心发生内讧，良臣比干被杀，箕子被囚为奴，微子启惧祸出逃，太师、少师投降周武王。武王问姜尚："殷大臣或死或逃，现在是否可以讨伐纣王？"姜尚答道："这是上天给我们的机遇，如果不抓住，反而会受到惩罚。"武王听了以后，决意举兵伐纣。他遍告诸侯说："殷有重罪，不可以不讨伐。"然后以"吊民伐罪"为号召，联合诸侯各国，出兵进取商都。

部队行至途中，暴雨突至，刮起大风，旗折鼓毁，诸侯将领们都十分恐惧，甚至有人请求还师。但是姜尚

坚持出兵："纣王做了这么多违背民心的事情，我们为什么不能讨伐他呢？能否办成一件事，要看民心所向、看时机，而不是只看占卜的吉凶。"说罢，姜尚亲自击鼓率众前进。周武王率领大军会合各诸侯国的部队陈师牧野，与纣王的七十万大军展开决战。拂晓的时候，姜太公进行庄严的誓师——这便是历史上有名的"牧誓"，誓词历数纣王听信宠姬谗言，暴虐地残害百姓等罪行，说明伐纣的目的是替天行道。他又宣布战法和纪律要求，激励战士勇猛果敢作战。商纣王的军队虽然有很多士兵，但是很多人都丝毫没有斗志，反而掉转矛头指向商军，为武王开路。武王见此情景，指挥全军奋勇冲杀。结果，商纣王的几十万大军，瞬时就土崩瓦解。纣王见大势已去，在鹿台放火自焚。至此，殷商灭亡。

牧野之战所以能大获全胜，多赖姜尚的英明指挥。在作战时机的把握上，他选择在纣王麻痹松懈、众叛亲离之时出兵；在力量的组织上，以"吊民伐罪"为号召，联合诸侯共同伐商；在作战指挥上，首先以兵车、猛士从正面展开突击，然后以甲士展开猛烈冲杀，一举打乱了商军的阵势，夺取了战争的胜利。

执掌齐国

武王平定商纣后，成为天下之主，就把齐国营丘封赏给姜尚。姜尚东行到自己的封地去，路上每宿必留，走得很慢。有人对他说："我听说过时机难得而易于失去，作为一个客人，安于路边旅店中的享乐，恐怕不像到自己封地上任的样子。"太公听了，夜里穿起衣服马上前行，天亮时到达营丘，正好遇到莱国的人来与他争夺营丘，姜太公最终夺回了封地。

姜尚在齐国政局稳定后，又开始改革政治制度。他顺应当地的习俗，简化周朝的繁文缛节，大力发展商业，让百姓享受鱼盐之利。于是天下人来齐国的很多，齐国成为当时的富国之一。在周成王时，管叔、蔡叔作乱，淮河流域的少数民族也趁机叛乱，周王下令给姜尚征伐大权："东到大海，西到黄河，南到穆岭，北到无棣，无论是侯还是伯，如果不服从，你都有权力征服他们。"从此，齐国成为大国，疆域日益广阔，为后来成为"春秋五霸"和"战国七雄"奠定了基础。

读史有智慧

从普通百姓到国家重臣再到一国之主，姜尚经历了很多。他半生寒微，择主不遇，但他懂得等待时机。最终，他得遇明君，辅佐姬昌，修德振武，振兴周王朝。周武王伐纣，选他为军师，牧野大战，灭商首功。周初分封，姜子牙被封为齐国君主，他治国有方，创建了泱泱大国，为后来的齐桓公"九合诸侯，一匡天下成为五霸之首"奠定了基业。他的传奇经历使他成为古代诸侯王中最奇特、最闪亮的一颗星。

历史寻踪

◆ 姜太公祠

姜太公祠位于今山东省临淄永流镇张家庄太公衣冠冢北侧。姜太公在公元前11世纪被封在齐地，成为齐国第一代国君。他在任期间，将齐国治理得很好，人民都愿意到齐国来生活。姜太公死后，齐人感念他的德行，将他的衣冠葬在此地。衣冠冢墓高28米，南北长50米，东西宽55米。1993年，临淄区在太公衣冠冢北侧建姜太公祠。祠的大门两侧两座威武的大将雕像即青龙、白虎二星君。主殿供奉着姜太公彩绘圣像，殿壁有反映姜太公贫困生涯、避纣去商、习武著书、牧野大战、封齐就国、太公治齐等不平凡一生的壁画。

据联合国教科文组织统计，《道德经》是除了《圣经》以外被翻译成外国文字发行量最多的文化名著。《道德经》作为经典著作，早已跨越时空和文化，成为全人类的精神指导。而其作者老子仅用短短三天就完成了它，可见老子是一个多么有智慧的人！

老子是谁

老子是春秋时期的楚国人，姓李，名耳，字聃（dān），又有说法是字伯阳，出生于春秋时期陈国苦县厉乡曲仁里。他曾经在周朝担任过史官，专门看管藏书室。更是我国古代伟大的思想家、哲学家、文学家和史学家，是道家学派的创始人。

老子是世界文化名人，今存世的著作有《道德经》（又称《老子》），其作品的核心精华是朴素的辩证法，主张无为而治。

入周求学

有一天，老子的老师商老先生来向老子的母亲辞行，他说："聃儿思维敏捷，十分聪明。这三年，我已经把自己所学的东西都教给他了！"

商老先生怕老子的母亲误会，接着解释说："今天来辞行，并非我教育学生没有始终，也并非聃儿不勤奋。实在是我没有东西再教他了！聃儿求知无穷，以我有尽的知识来满足他无穷的求知欲，不是非常搞笑吗？他是个志向远大的孩子，咱们这个偏僻的小地方不能满足他。如果想要变成一个更好的人，他需要去周朝的都城求学深造！"那时，周朝的都城书籍著作浩如烟海，贤能的人众多，是天下最神圣的地方。

老夫人听了商老先生的话，心里却有些犯难。因为聃儿才十三岁，连宋的都城都没去过，去周的都城简直就像登天一样难。再说他们夫妻二人老来得子，怎么放心让孩子一个人去？正犹豫不知道怎么回答时，先生说："夫人不用担心，我的师兄是周朝太学里的博士，学识渊博，心胸旷达，爱才敬贤，以树人为生，以助贤为乐，以荐贤为任。他在家里教养了很多在民间选来的神童，不要学费，像对待亲生子女一般对待这些孩子。我已经向他推荐过聃儿了，今日有家仆路过这里，正好带聃儿去周都。这可是一个千载难逢的好机会啊！"

老夫人听后，不禁悲喜交集。高兴的是先生保荐，使聃儿有缘入周；悲的是他们母子即将分别。这时，老子扑入母亲怀中，哭着说道："母亲不要伤心，待我业成功就，定然早日来接母亲！"

于是，这母子二人拜谢先生举荐之恩。三天后，全家与商老先生把老子送到五里之外。老子随博士家仆西行而去。

老子入周后，拜见了博士，在太学里开始读书学习，三年后获得了巨大的进步。博士又推荐他担任守藏室的官吏。

守藏室是周朝收藏典籍的地方，收藏了天下几乎所有的书，真可谓是汗牛充栋，无所不有。老子在这里如饥似渴地学习，终于成为人人称赞的智者。

老子道德

孔子十分仰慕老子，他听说老子在周朝做官，于是就不远万里来到周朝的都城，去拜见老子，向老子请教关于礼的学问。老子看他如此诚心，就给了他几句忠告。

老子说："孔老兄啊！你们儒家要求做人要讲礼，指的是人的

肉体和骨头都已经腐烂了，但他的言论还在。这样即使一个人死去了，但他高尚的言行却被活着的人铭记。但精明的商人会把货物钱财藏起来，不让人们发现。君子有高尚的品德，但当运气好时他们就驾着车出去做官，时运不济时就像蓬草一样随风飘转。君子与商人一样，他们虽然品德高尚，但表面看起来是平淡无奇的，甚至有点儿笨。你呀！应该学一学他们，抛弃自己的傲气和贪欲，不要太锋芒毕露！"

回到鲁国，弟子们问："老子长什么样？"

孔子说："鸟，我知道它能飞；鱼，我知道它能游；兽，我知道它能走。能走的可用网捞它，能游的可用钩钓它，能飞的可用箭射它，至于龙，我不知道它是怎样的。龙乘风云而能上九天！我所见到的老子，比龙还要厉害！他学识渊博，志趣高雅；他像蛇能屈能伸，像龙能随时代变化而行。老子真的永远是我的老师！"

老子出关

后来，老子看到周王朝越来越衰弱，而且越来越不像样子了，于是他决定出走。老子计划要到秦国和西域，但这必须得经

过函谷关。

函谷关守关的长官叫尹喜，人们称他为关令尹喜，是一个修养与学识极其高深的人。老子出走这一天，他正站在城关上远眺，只见关谷中有一团紫气从东方慢慢飘移过来。一看到这种气象，他马上就想到：有圣人来啦！今天一定有圣人要经过我的城关了，不知是哪一位？

不一会儿，他就见到一位仙风道骨的人，骑着一头青牛慢慢向关口行来。仔细一看，发现竟然是老子！关令尹喜知道他要离开周朝了，就拦住老子，一定要让他留下点儿智慧的东西，他要是不写书，就不让他出关！

老子没办法，只得答应条件。他静静想了一会儿，将自己的智慧一个字一个字地写在了简牍上，先写了上篇，又接着写了下篇。写完了一数，共有五千来字，取名为《道德经》，上篇叫《道经》，下篇叫《德经》，又分成八十一章。

一部惊天动地的伟大著作就这样诞生了！据说，关令尹喜读到这样美妙的著

作，深深地陶醉了。他对老子说："读了您的著作啊，我再也不想当这个边境官了，我要跟您一起出走。"老子微微一笑，同意了。据说，关令尹喜真的跟着老子出走了，后来还有人看到他们两人一起在西域流沙那儿呢，而且都活了很大年纪！

读史有智慧

老子十三岁时便可以独自一人去周朝的都城求学，作为当代青少年，我们也应当像老子一样，勇于追求真知，提高自己的自立能力，不让父母为我们劳心。老子的故事告诉我们，谦虚是一种美好的品德。

历史寻踪

◆ 老君台

老君台原名升仙台或拜仙台，原为明道宫的一部分，位于老子故里鹿邑县城内东北隅。相传老子修道成仙于此处飞升，因而得名。台高13米，顶部面积765平方米，底面积略大。全台以古式大砖堆砌，由24个平面围成圆柱形，台上环筑70厘米高的围墙，形与城墙相似。台上有正殿三间，东西配殿各一间。正殿内原有老子铜像一尊，高两米许，铸工精巧。殿门檐下东西各嵌一碑，上书"道德真源""犹龙遗迹"。

万世师表——孔子

孔子创造的儒学思想是中国封建社会的核心，孔子本人也被称为"圣人"。他一生波折，为了自己的政治理想奔波在各个国家，然而总是得不到重用，最后他开堂讲学，收三千弟子，成为天下师表。

少年孔子

孔子出生在鲁国的陬（zōu）邑，是宋国人孔防叔的后代。孔子的父亲叔梁纥，在老年得到了孔子。鲁襄公二十二年，即公元前551年，孔子诞生。因为他出生时头顶是凹下去的，所以取名叫丘，字仲尼。孔子身高九尺六寸，人们都觉得他不同于一般人。

孔子家贫，他长大后为了谋生，曾做过管理仓库和牧场的小官吏，后来又升任主管营建工程的司空。不久，他离开了鲁国，在齐国受到排挤，在宋国和卫国遭到了驱逐，又在陈国和蔡国之间被围困，最后他又返回鲁国，可谓奔波一生。

景公问政

孔子从鲁国到了齐国，齐景公久闻孔子大名，就向

020

孔子请教治理国家的方法。孔子说："国君就要有国君的样子，臣子就要有臣子的样子，父亲要有父亲的样子，儿子也要有儿子的样子。"景公听了，十分赞同。

改日，齐景公又向孔子请教为政的道理，孔子回答道："为政最重要的是节俭。"

景公听了非常高兴，打算把一块土地封赏给孔子。这时，齐国一个叫晏婴的大臣劝阻说："像孔子这种儒生，巧言善辩，不能用法律来约束；他们自以为是，不是好的臣子；他们重视丧葬不惜倾家荡产，如果形成这种风气，国家就会衰落！现在周王室衰微，礼崩乐坏。孔子讲究礼节，就是穷尽几代人的心血也学不完，这无益于国家的发展！"

于是齐景公不再向孔子问礼。齐国大夫中有人想害孔子，孔子只好离开齐国，返回了鲁国。

夹谷之争

鲁定公十年的春天，齐国的一个官员对齐景公说："鲁国起用了孔丘，这势必对咱们齐国不利啊！"于是齐景公就派使者与鲁国在夹谷约定会晤。

鲁国派孔子以大司寇的身份，管理会晤典礼的相关事宜。仪式顺利进行后，齐国的官员心怀不轨，于是就请示说："请让我们齐国给大家演奏四方各族的歌曲和舞蹈。"于是齐国的乐队有的人头戴羽毛做的帽子，身上披着皮衣，有的人手里拿着矛、戟、剑、盾等武器大叫着拥上会晤台，准备捣乱。

在这紧张的时刻，孔子赶忙跑过来，身手敏捷地登上会晤台说："我们这次会晤的目的是为了促进两国关系，为什么平白无故要在这里演奏西北那些少数民族的乐舞？"鲁国的一个主管官员叫齐国的乐队退下，然而齐国的那些人却不肯动，都等着看晏子和齐景公的脸色。

齐景公见孔子的态度如此诚恳，反而有些愧疚，不好意思地挥手叫乐队退下。过了一会儿，齐国掌管乐舞的官员又跑过来向齐王请示："请允许我们演奏宫中的乐曲！"

尽管刚刚齐景公要侮辱鲁国的行为被孔子及时制止了，但他仍不甘心，于是就答应说："可以。"

然而，那些演奏的人一上场鲁国的官员就都惊呆了。原来齐国派了一些耍杂技的人和一些侏儒来表演。

这下，孔子又着急了。他急急忙忙地跑过来，连最后一阶台阶都没有迈上去就指着那帮表演的人说："你们这些普通人，哪里来的胆子来这里迷惑诸侯！论罪当杀！请大王下命令惩罚他们！"

孔子言出必行，这些人被杀了之后，齐景公十分恐惧，触动很大。他终于明白过来，在两国会晤的时候侮辱对方，是不占理的。回去后他特别惶恐，就对大臣们说："鲁国的臣子用君子的道理来辅佐他们的国君，而你们却拿夷狄的办法来教我。现在，我得罪了鲁国的国君，这下该怎么办？"

齐国的一个官员上前认真地回答说："君子如果犯了错，就要采取实际行动向别人道歉，以改正错误。您如果痛心，就向鲁国道歉吧！"

于是，齐景公就退还了从前所侵夺的一些土地，以此来向鲁国忏悔。

孔子归鲁国

孔子离开鲁国十四年后又回到了鲁国。此时，周王室衰微，天下礼崩乐坏，道德沦丧，就连《诗》《书》这些著名的作品也都残缺不全了。孔子在政治上已经灰心丧气了，于是，他干脆把余生所

有的精力都用在了整理书籍和教育弟子上了。

他探究夏、商、西周三代的礼仪制度，编定了《书传》的篇次，书中上起尧、舜、禹，下至秦穆公，依次整理编排。他做完这些又订正了诗乐，使《雅》《颂》都恢复了原先的曲调。后来，孔子完成了称为"六艺"的《诗》《书》《礼》《易》《乐》《春秋》的编修。

孔子晚年尤其喜欢钻研《周易》，十分刻苦，以至于把编书简的牛皮绳子都弄断了多次。孔子在教育上也十分讲究，他用《诗》《书》《礼》《乐》做教材教育弟子。他弟子众多，就学的大约有三千人，此外还有很多没有入学籍的弟子。

孔子逝世

孔子逝世时已经七十三岁了，被埋葬在鲁城北面的泗水河岸边，弟子们非常尊敬他，都在心里为他服丧三年。人们很敬仰孔子，他的弟子和一些鲁国人，陆续前往孔子的墓旁居住，因此那个地方后来就被命名为"孔里"。鲁国人世世代代相传，每年都定时到孔子墓前祭拜，天下的儒生们也来这里讲习礼仪，举行仪式。

读史有智慧

自古以来，贤明的君王和贤德的人很多，但这些人大多是活着的时候很尊贵，死了就什么都不是了。孔子作为一介平民，他的名声和学说已经流传了千年，但凡读书的人都会尊称他为宗师。古代从天子到王侯将相，全国谈论"六艺"的人都把孔子的学说作为最高的判断标准，可以说，孔子千年不死，是至高无上的圣人。

历史寻踪

◆ 曲阜孔庙

曲阜孔庙，是祭祀春秋时期的著名思想家和教育家孔子的本庙，位于孔子故里——山东曲阜城内。始建于鲁哀公十七年（公元前478年），历代增修扩建，经两千四百余年而祭祀不绝，是中国渊源最古、历史最长的一组建筑物，也是海内外数千座孔庙的先河与范本，和相邻的孔府、城北的孔林合称"三孔"。

曲阜孔庙以其规模之宏大、气魄之雄伟、年代之久远、保存之完整，被建筑学家梁思成称为世界建筑史上的"孤例"。现为世界文化遗产、中华人民共和国全国重点文物保护单位，与北京故宫、承德避暑山庄并列为中国三大古建筑群。

孔子的得意门生——子贡

从春秋战国开始就有了老师和学生这样的关系，教育家孔子也是拥有众多弟子，他们有的机智活泼，有的沉稳踏实，有的能言善辩，有的沉着冷静，他们和孔子的关系非常融洽。古代的学生是什么样的呢？

子贡是谁

子贡叫端木赐，是孔子的得意门生，"受业身通"的弟子之一，孔子曾称其为"瑚琏之器"。他口齿伶俐，善于言辞，孔子常常驳斥他的言辞。孔子问子贡说："你觉得你和颜回比起来，谁更加优秀些？"子贡谦虚地回答说："我怎么能和颜回相提并论呢？颜回学习了解一个道理，他能推出十个道理，我听说一个道理，也不过推导出两个道理。"

子贡问孔子："我是什么样的人？"孔子说："你像一个有用的器物。"子贡感到不解，便问孔子自己是什么样的器物，孔子语重心长地告诉他是宗庙里的瑚琏。

尊师重道

有一个人曾经问子贡"孔子在哪里得来这么广博的学问"，子贡说："文王、武王的治国思想并没有完全丢掉，还在人间流传，贤人能记住它重要的部分，不贤的人只能记住它的细枝末节，无处不有文王、武王的思想存在着。先生在哪里不能学习，又何必要有固定的老师！"那个人又产生了疑问，孔子每到一个国家，一定了解到这个国家的政事。那孔子是请求人家告诉他的呢，还是人家主动告诉他的呢？子贡说："先生是凭借着温和、善良、恭谨、俭朴、谦让的美德得来的。先生这种求得的方式，或许与别人求得的方式不同吧。"

还有一次，鲁国大夫在别人面前贬低孔子，抬高子贡。子贡听说后非常气愤，他当即以房子打比方，说老师的围墙高几丈，屋内富丽堂皇，不是一般人能看得到的；而自己不过只有肩高的围墙，一眼就可望尽。他还把老师比作太阳和月亮，说老师光彩照人，不是常人所能超越的。

存鲁乱齐

田常是齐国的左相，他准备叛乱，因害怕有权势的高昭子等人，所以征调他们的军队去攻打鲁国。子路、子张、子石听说后，分别请求前去支援鲁国，孔子都没有答应。子贡请求前去救鲁，孔子答应了他。

　　子贡到了齐国，游说田常说鲁国城墙低矮，护城河水浅，国君愚昧，大臣虚伪，士兵不喜欢打仗，这样的国家不易攻打；吴国有宽厚的城墙，宽阔的护城河，坚固的铠甲，士兵都骁勇善战，可贵的人才、精锐的部队都在那里，又有大臣守  护，这样的国家容易攻打，所以应该  攻打吴国。田常听后非常生气："你认为难的，人家认为容易；你认为容易的，人家认为是困难的。你这样游说我，是何居心？"子贡说："您没有被授予封号，是因为朝中大臣反对您。如果您要攻占鲁国来扩充疆域，打赢了，齐国国君就更骄纵，占领了鲁国土地，齐国大臣就会更尊贵，而您的功劳又不在其中，您和国君的关系就会一天天疏远。不如让我为您去见吴王，让他出兵援助鲁国而攻打齐国，您就趁机出兵迎击它。"田常采纳了子贡的意见。

　　子贡到了吴  国，对吴王说："我听说，不让诸侯的属 国灭亡就要施行王道，施行霸道的不能

让另外的强敌出现。如今，拥有数以万计战车和部队的齐国独自占有仅仅千人的鲁国，和吴国来争高低，我真是替大王感到危险。况且去援救鲁国，是显露名声的事情；攻打齐国，是能收获利益的事情。安抚各国诸侯，讨伐强大的齐国，用来镇服强大的晋国，没有比这样做获利更大的了。"吴王听了子贡的话感到很欣慰，于是就答应了他，对他说："虽然如此，可是之前我国和越国曾经交战，越王有报复我的想法。等我攻打越国后再按您的话做吧。"子贡说："您不用担心这个问题，鲁国的力量比越国强，吴国的强大超不过齐国，你去攻打越国，而将齐国置之不理，那么鲁国就被齐国灭了，况且去攻打弱小的越国而害怕强大的齐国，这不是勇敢的表现。勇敢的人不回避艰难。现在，保存越国向各国显示您的仁德，援助鲁国攻打齐国，威服晋国，各国诸侯一定会竞相来吴国朝见，称霸天下的大业就成功了。大王果真畏忌越国，我请求东去会见越王，让他派出军队追随您讨伐齐国。"吴王特别高兴，于是派子贡到越国去。

子贡到了越

国，对越王说了自己劝说吴国援救鲁国攻打齐国的事，然后告诉越王吴国知道了越国要报复他。越王感到后悔，问子贡有什么办法，子贡说吴国政治很乱，只要越王能用谦卑的言辞尊重他，以表示对他的礼敬，他一定会攻打齐国。越王非常高兴，答应照计行动。子贡又去了晋国游说晋国国君，让他一同保护鲁国，晋国答应了。后来吴王果然和齐国打了一仗，把齐军打得大败，带兵逼近晋国，和晋国人在黄池相遇。吴晋两国争雄，晋国人攻击吴国，大败吴军。越王听到吴军惨败的消息，就渡过江去袭击吴国，直打到离吴国都城七里的地方才安营扎寨。吴王听到这个消息，离开晋国返回吴国，和越国军队在五湖一带作战。多次战斗都失败了，连城门都守不住了，于是越军包围了王宫，杀死了吴王夫差和他的国相。灭掉吴国三年后，越国称霸。

所以，子贡这一次出行，保全了鲁国，扰乱了齐国，灭掉了吴国，使晋国强大而使越国称霸。子贡一次出使，使得以后十年当中，齐、鲁、吴、晋、越五国的形势各自有了变化。

读史有智慧

子贡在孔门十哲中以言语闻名，利口巧辞，善于雄辩，且有干济之才，办事通达，曾任鲁国、卫国之相。他还善于经商之道，曾经于曹国、鲁国之间经商，富致千金，为孔子弟子中的首富。"端木遗风"指子贡遗留下来的诚信经商的风气，子贡也成为中国民间信奉的财神。

历史寻踪

◆ 端木书台

端木书台位于江苏省第二大水库、赣榆县境内的小塔山水库拦洪大坝西端的子贡山上，是一块圆滑平整的大石。相传春秋时期孔子的学生子贡途经万松山，见山谷中云雾缭绕，山上松涛翻滚，乃乘兴一游，景色宜人，于是豪情大发，取笔记思，却不知天意不美，忽降大雨，子贡败兴而归。此时，天空突然放晴，彩虹半挂。惊奇之中却发现刚才端坐之石已滴水不存。子贡更加惊奇，便将湿书放置其上，书顷刻干燥如初，于是世间多了一块奇石——端木书台。

品学兼优的"三好生"——颜回

有一次，孔子大发感慨说，颜回的学问道德都很好，可是常常穷得揭不开锅；子贡不安本分，但囤积投机，往往能够成功。如果说子贡是积极进取善于创新的人，那么，颜回则是一个不求有功但求无过的人。

颜回是谁

颜回，是鲁国人，字子渊。比孔子小三十岁。颜回问什么是仁，孔子说："约束自己，使你的言行符合于礼，天下的人就会称许你是有仁德的人了。"孔子说："颜回！多么仁德的人啊！吃的是一小碗饭，喝的是一瓢水，住在简陋的胡同里，一般人忍受不了这种清苦，颜回却也不改变自己的乐趣。听我授业时，颜回像个蠢笨的人，下课后考察他私下的言谈，也能够有所发挥，颜回实在不笨。"并把颜回和自己并列，说："得到任用的时候，就匡时救世，不被任用的时候，就藏道在身，只有我和颜回才有这样的处世态度吧！"

师从孔子

颜回刚入孔门时，在弟子中年龄最小，性格又内向，沉默寡言，才智较少外露，有人便觉得他愚笨。颜回的忠厚与内向，掩盖了他的聪颖善思，就连孔子一时也难以断定颜回的天资究竟属于哪个层次。经过一段时间的深入观察了解，孔子才指出颜回并不愚。颜回天资极聪慧，就连能言善辩的子贡也坦率地说不敢与颜回相比。

颜回聪敏过人，虚心好学，使他较早地体认到孔子学说的精深博大，他对孔子的尊敬已超出一般弟子的尊师之情。他以尊崇千古圣哲之情尊崇孔子，亲若父子。颜回曾感叹地说："老师的道，越抬头看，越觉得它高明，越用力钻研，越觉得它深奥。老师的道虽然高深和不易捉摸，但老师善于有步骤地诱导我们，用知识来丰富我们，提高我们，用礼仪来约束我们，使我们想停止学习都不可能。我已经用尽我的才力，似乎已能够独立工作。要想再向前迈一步，又不知怎样着手了。"

颜回输冠

颜回爱学习，德行又好，是孔子的得意门生。一天，颜回去街上办事，见一家布店前围满了人。

他上前一问，才知道是买布的跟卖布的发生了纠纷。只听买布的大嚷大叫："三八就是二十三，你为啥要我二十四个钱？"颜回走到买布的跟前，施一礼说："这位大哥，三八是二十四，怎么会是二十三呢？是你算错了，不要吵啦。"买布的仍不服气，指着颜回的鼻子说："谁请你出来评理的？你算老几？要评理只有找孔夫子，错与不错只有他说了算！走，咱找他评理去！"颜回说："好。孔夫子若评你错了怎么办？"买布的说："评我错了输上我的头。你错了呢？"颜回说："评我错了，输上我的帽子。"二人打着赌，找到了孔子。孔子问明了情况，对颜回笑笑说："三八就是二十三哪！颜回，你输啦，把冠取下来给人家吧！"

颜回从来不跟老师斗嘴。他听孔子评他错了，就老老实实摘下帽子，交给了买布的。那人接过帽子，得意地走了。对孔子的评判，颜回表面上绝对服从，心里却想不通。他认为孔子已老糊涂，便不想再跟孔子学习了。第二天，颜回就借故说家中有事，要请假回去。孔子明白颜回的心事，也不挑破，点头准了他的假。颜回临行前，去跟孔子告别。孔子要他办完事即返回，并嘱咐他："千年古树莫存身。"颜回应声"记住了"，便动身往家走。

路上，突然风起云涌，雷鸣电闪，眼看要下大雨。颜回钻进路边一棵大树的空树干里，想避避雨。他猛然记起孔子的话，就又"千年古树莫存身"从空树干中走了出来。他刚离开不远，一个炸雷，把那棵古树劈个粉碎。颜回大吃一惊：老师的话果然应验了！

　　颜回返回后，见了孔子便跪下说："老师，您料事如神，救了弟子一命！"孔子于是开导颜回说："我知道你请假回家是假的，实则以为我老糊涂了，不愿再跟我学习。你想想：我说三八二十三是对的，你输了，不过输个冠；我若说三八二十四是对的，他输了，那可是一条人命啊！你说冠重要还是人命重要呢？"

　　颜回恍然大悟，跪在孔子面前说："老师重大义而轻小是小非，学生还以为老师因年高而欠清醒呢。学生惭愧万分！"从这以后，孔子无论去到哪里，颜回再没

离开过他。

颜回偷吃

颜回是孔子的得意门生，孔子曾赞叹道："贤哉，回也！"但子贡看见颜回在做饭时"偷吃"，令孔子感到疑惑。孔子及门徒从陈蔡之围中解脱出来，得到一石米，颜回和子贡起火造饭。子贡见颜回一边做饭一边取出米来吃，便将情况告诉了孔子。孔子对颜回一直很欣赏，不相信他会如此下作，但又是子贡亲眼所见，便决定查个究竟。他叫过来颜回说："昨晚我梦见了先人，他们是不是要帮助我了？你做好饭后，我要祭祀先人。"颜回说："刚才有灰尘落在饭中，不取掉吧，不干净；扔掉吧，又太可惜，我就取出来吃了。这个饭不能用作祭祀。"孔子说："要是这样，我也会吃的。"

颜回平素为人很"君子"，子贡当然也不会说假话。孔子做调查，怕直问冤了颜回，故绕着问，孔子在颜回面前

很讲究方式方法，颜回也没有让老师失望。

读史有智慧

众所周知，颜回是孔子最得意的弟子。那么，颜回究竟有哪些优点，让孔子如此地赏识，赞不绝口呢？第一，喜欢并善于学习。孔子认为，弟子中，颜回是最喜欢学习的。他曾说，自己只看见颜回在不断进步，从未看见他停步不前；弟子中，听自己说话始终不懈怠的，只有颜回一个。第二，处事理性有原则。自己做错事，或者心情不好，他不会迁怒于人。第三，善于总结经验，吸取教训。同样的错误，他不会犯第二次。这些我们都要向颜回学习。

历史寻踪

◆ 颜氏之儒

颜回通过自己讲学授徒，传授儒学六经；通过协助孔子整理古代典籍，逐渐扩大了自己的影响，形成了儒家的一个宗派——颜氏之儒。《韩非子·显学》指出：自孔子死后，儒分八派，"颜氏之儒"是其中的一派。后世儒学专家大多认为韩非子所说的颜氏之儒，是指颜回弟子在继承颜子思想的基础上发展起来的儒学支派。

有勇有谋的君子——子路 ⌇

在战场上，面对着千军万马，子路孤军奋战，面对必然战败的局势，他没有落荒而逃，也没有举旗投降，而是在士兵们冲向他时，整理好自己的帽子，说："君子可以死，帽子不能掉下来。"说完系好帽子就死了。

子路是谁

子路就是仲由，字子路，是下地人。比孔子小九岁。仲由少年时，为了维持家庭生活而从事各种劳作，因家庭贫寒，常常吃不饱，就用野菜来充饥。在拜孔子为师之前，子路性格粗犷豪放，志气刚强，喜欢逞勇斗力，头上戴着雄鸡式的帽子耍威风，佩戴着用公猪的皮来装饰的宝剑显示自己的无敌，曾经瞧不起只会讲书的孔子，屡次冒犯孔子。因为这样，孔子就想出很多礼乐仪式慢慢诱导子路，后来，子路穿着儒服，带着拜师的礼物，通过他人的引荐，成为孔子的学生。

师从孔子

子路性格正直鲁莽，敢于对孔子提出的问题和想法加以辩驳和批评，虽然他经常犯错，但他勇于改正错误，孔子非常喜欢和器重他。正是因为子路为人刚直果敢、多才多艺、非常孝顺、勇猛善战、信守承诺、忠于职守，这使得子路的好勇与一般的逞勇好斗之徒有所区分，他的好勇包含着一些伸张正义、为民请命、不欺幼弱的内涵。但孔子还是认为他太过逞强，以后没有用武之地，他曾经评价子路说："仲由啊，你现在已经'升堂'了，但是你没有'入室'。"说明了子路尽管拜孔子为师学习礼乐，但身上的野气没有能够脱除干净，始终未能成为儒雅君子。

孔子虽然经常批评子路，但子路很尊敬孔子，对待同一事物的看法，如果他有不同的观点，他就会提出来，这一点和宰予、颜回不同，从不隐瞒。孔子认为子路聪明，他曾经说："只听了单方面的供词就可以判决案件的，大概只有仲由吧。"因为一般听到某一个案件的时候，都要听两面之词，原告、被告都讲完各自的理由后才能判断。但是子路不一样，他只要听到一面之词就知道谁对谁错，因为他很聪明，不需要按照一般人的方式来判断是非，是大智大勇之人，在他的刚毅、公正的谋断下，涉案众人都非常信服。

孔子经常会和弟子们谈志向，每次抢先发言的都是子路，而且多数是谈他如何勇敢，如何教别人勇敢，以及如何打仗，等等。孔子对子路说："你喜欢什么？"子路对孔子说："我喜欢武器，尤其是长剑。"孔子在周游列国时，颜回和子路等人始终跟随孔子，由于他极其勇猛，在孔子周游列国途中一直保护着孔子的安全，所以孔子评价子路的忠诚时说："自从我有了仲由后，我就没有再听到恶意的言辞了。"

君不死，冠不免

子路曾经向孔子请教如何处理政事，孔子说："自己要先给百姓做出榜样，然后才能使百姓辛勤地劳作。"子路不是很明白，让孔子进一步地告

诉他。孔子说:"持之以恒。"子路问:"君子都是崇尚勇敢的吗?"孔子说:"义是君子最崇尚的。君子只好勇而不崇尚义,就会起谋反之心,叛逆作乱。小人只好勇而不崇尚义,就会变成强盗。"

孔子说:"仲由崇尚勇敢超过我所需要的,就不合适了。像仲由这样的性格是不会得到善终的。穿着用破麻做的旧衣服和穿着皮大衣的人站在一起而不认为羞愧的,恐怕只有仲由吧!仲由的学问好像登上了正厅,可是还没能进入内室呢。"

季康子曾经问孔子:"仲由有仁德吗?"孔子笑了笑,回答说:"如果你有一千辆士兵和马车的国家,让他去管理军政事务是没有问题的,至于他有没有仁德,我就不知道了。"后来子路出任蒲邑的大夫,要向孔子道别了。孔子说:"蒲邑这个地方勇武的人很多,并且这个地方也不好治理。可是,我告诉你:恭谨谦敬,就可以驾驭勇

武的人；宽厚清正，就可以使大家亲近；恭谨清正而社会安静，就可以用来报效上司了。"

当初，卫灵公有位宠妃叫作南子。灵公的太子蒉聩曾经得罪过她，他害怕因为得罪了南子被谋杀就逃往其他国家了。等到灵公去世，南子想让公子郢继承王位。公子郢不肯接受，说："太子虽然逃亡了，太子的儿子辄还在。"于是南子就立了辄为国君，这就是卫出公。出公在位十二年，他的父亲一直流亡在其他国家，不能够回来。这时子路担任卫国大夫孔悝采邑的长官。蒉聩就和孔悝一同作乱，想要发动政变，袭击卫出公。出公惊慌失措地逃往鲁国，蒉聩进宫继位，这就是卫庄公。当孔悝作乱时，子路还有事在外，听到这个消息就立刻赶回来。子羔从卫国城门出来，正好相遇，对子路说："卫出公逃走了，现在已经是庄公继位了，您可以回去了，不要为他遭受祸殃。"子路说："吃着人家的粮食就不能回避人家的灾难。"正赶上有使者要进城，城门开了，子路就跟了进去。找到蒉聩，蒉聩和孔悝都在台上。子路说："大王为什么

要任用孔悝呢？请让我杀了他。"蒉聩不听从他的劝说。于是子路要放火烧台，蒉聩害怕了，于是叫一群士兵到台下去攻打子路，斩断了子路的帽带。子路说："君子可以死，帽子不能掉下来。"他在系好帽缨的过程中被人砍成肉酱。

读史有智慧

子路是孔子非常喜欢的学生之一。他勇敢无畏，在师生关系中，他非常尊敬孔子，但遇到不同的意见时，两个人也会因为意见不一而展开辩论，对于孔子的一些行为，子路也并没有因为孔子是他的老师而避而不谈，而是正直地提出来。这向我们诠释了"亦师亦友"的良好关系。

历史寻踪

◆ 子路墓

子路墓亦称仲由墓，位于河南省濮阳县城北五公里。墓周有青砖砌成的围墙。墓前有碑，上刻"仲夫子之墓"五个遒劲有力的大字，再往南有石象生、卫国公石坊、石阙和望柱，有四通明清两代重修仲由墓祠祀碑排列两旁。其路东侧有一巨碑，上书"仲夫子落缨处"。墓园原来翠柏葱郁，大者可二人合抱，惜全毁于1958年。再往前南为墓祠，其享堂面阔五间，进深三间，单檐歇山，绿琉璃瓦覆顶，宏伟壮观。还有东西两庑享堂，内有明、清两代碑刻题咏二十来方，多刻文人官绅赞颂仲夫子的诗词歌赋。

农民出身的哲学家——墨子

春秋战国时期，思想家们纷纷著书立说，形成自己的流派，在历史上这段时期被称为"百家争鸣"。这里不得不提的就是墨家的代表人物墨子。谁能想到墨子最初是学习儒家学说的？他通过学习儒学，洞察了儒学的不足，于是干脆自成一派，成立了墨家学派。从此墨子也走上了漫漫的游说君主的道路。墨子的学说从普通的劳苦大众出发，亲民而且"接地气儿"。

早年经历

墨子的先祖是殷商王室，他是宋国君主宋襄公的哥哥目夷的后代，目夷生前是宋襄公的大司马，后来他的后代因为某种原因从贵族降为平民。后来简略为墨姓。

大约在春秋末年周敬王四十年，墨氏喜添贵子，这就是墨子。虽然其先祖是贵族，但墨子却是中国历史上唯一一个农民出身的哲学家。作为一个平民，墨子在少年时代做过牧童，学过木工。据说他制作守城

器械的本领比公输班（即"鲁班"）还要高明。他自称是"鄙人"，被人称为"布衣之士"。作为没落的贵族后代，他自然也受到必不可少的文化教育，《史记》记载墨子曾做过宋国大夫。墨子是一个有相当文化知识，又比较接近农民等底层人民的士人。他嘲笑自己说"上无君上之事，下无耕农之难"，是一个同情农民和做工的人的士人。在他的家乡，滔滔的黄河奔流东去，墨子决心出去拜访天下名师，学习治国的方法，恢复自己先祖曾经有过的荣光。

师从儒者

墨子穿着草鞋，行走在各国之间，开始在各地游学。墨子曾拜儒者为师，学习孔子的儒学，他非常认可尧、舜、禹，学习《诗》《书》《春秋》等儒家典籍。但墨子批评儒者对待天帝、鬼神和命运的不正确态度，以及厚葬久丧和奢靡礼乐制度，认为儒家所讲的都是些华而不实的废话。墨子基本上认同儒家的价值理念，只是在具体走向上以不同的诠释构建起自己的理论体系。墨子最终舍掉了儒学，另立新说，在各地聚众讲学，以激烈的言辞抨击儒家和各诸侯国的暴政。大批的手工业者和下层士人开始追随墨子，逐步形成了自己的墨家学派，成为儒家的主要反对派。墨家是一个宣扬仁政的学派。墨家是一个有严密组织纪律的团体，他们穿短衣草鞋，参加劳动，以吃苦为高尚。如果谁违背了这些原则，轻则开除，重则处死。在法家崛起以前，墨家是先秦时期和儒家相对立的最大的一个学派，在当时的百家争鸣中，有"非儒即墨"一说。

游历各国

墨子一生的活动主要在两方面：一是广收弟子，积极宣传自己的学说；二是不遗余力地反对兼并战争。为宣传自己的主张，墨子广收门徒，亲信弟子达到数百人之多，形成了声势浩大的墨家学派。传说鲁国有个人，让儿子跟墨子学本事，不承想儿子却死在战场上。做父亲的自然要责怪墨子，墨子却说，你让自己的儿子来学本领，本领学会了，打仗打死了，却怒气冲冲，这就好比准备卖粮，粮食卖完了，你却生气了，这难道不荒唐吗？

和孔子一样，墨子也曾周游列国，介绍自己的学说。墨子在宋昭公时曾做过宋国大夫。但以后地位下降，差不多就相当于一个劳动者。

墨子的行迹很广，东

到齐，北到郑、卫，
并打算南到越国，但最
终没有去成。墨子曾阻止鲁
阳文君攻打郑国，没有让楚国攻
打宋国。墨子多次访问楚国，并多
次给楚惠王递上文书。楚惠王打算封给墨子一
个官做，但墨子最终没有接受。后来他又拒绝了楚王赐
给他的封地，离开了楚国。越王邀请墨子做官，并许给
他以五百里的封地。墨子以"听我的劝告，按我讲的道
理办事"作为前往条件，而不看重封地与爵位，目的是
为了实现自己的政治抱负和思想主张，但遭到越王的拒
绝。墨子晚年来到齐国，企图劝止项子牛讨伐鲁国，但
是也没有成功。

墨子救宋

　　战国时期，有一回，楚国要攻打宋国，鲁班为楚国

特地设计制造了一种云梯，准备攻城的时候使用。那时墨子正在齐国，得到这个消息，急忙赶到楚国去劝阻，一直走了十天十夜，到了楚国的郢（yǐng）都，立刻找到鲁班一同去见楚王。墨子解下衣带，围作城墙，用木片作为武器，让鲁班同他分别代表攻守两方进行表演。鲁班多次使用不同方法攻城，但多次都被墨子挡住了。鲁班攻城的器械所有的功能都使用完了，而墨子守城的计策还有很多没有使出来。

鲁班不肯认输，说自己有办法对付墨子，但是不说。墨子说知道鲁班要怎样对付自己，但是自己也不说。楚王听不懂，问是什么意思。墨子说鲁班是想杀害自己，鲁班以为杀了自己，就没有人帮宋国守城了。鲁班哪里知道墨子的门徒约有三百人早已守在那里等着楚国去进攻。楚王眼看没有把握取胜，便决定不攻打宋国了。这就是著名的墨子救宋。

读史有智慧

　　墨子是位思想巨子，因为他自立门户，创立了墨家学说；他也是位大爱无言的圣贤，因为他是整个中国两千年文明历史上，第一位站在最底层劳动者和社会弱者的立场上说话的人；他在中国历史上不可或缺，因为他与众多的圣贤共同创造出了百家争鸣的局面。在墨子救宋的故事中，我们也可以看出墨子的聪明和智慧。墨子的仁政与对底层普通人民的同情也使得墨子的形象变得非常"亲民"。

历史寻踪

◆ 墨子纪念馆

　　墨子纪念馆坐落于山东省滕州市荆水河滨、龙泉塔下的龙泉广场。

　　墨子纪念馆始建于1993年，2007年进行升级改造，占地面积20000平方米，建筑面积8000平方米，是世界唯一一座专门研究墨子文化、收集墨子资料、展示墨子研究成果的场馆。

终一生强一国——申不害

申不害在韩国进行了长达十五年的改革变法。到他去世时，韩国已经变成了一个非常富裕的国家，军队也十分强大，其他的国家都不敢侵犯韩国。可以说，申不害为韩国的发展壮大做出了巨大的贡献，没有他，韩国不可能在风雨激荡的战国时期站稳脚跟！

申不害是谁

申不害，就是我们所说的申子，郑国京邑人。他是我国历史上著名的思想家，法家思想的创始人之一，春秋战国时期百家争鸣的代表人物。

申不害以"术"著称，著有《申子》，他认同老子的"人法地、地法天、天法道、道法自然"的思想，认为一切事物都有正反两个方面，并且可以互相转化。在政治上，他主张依法治国，严刑峻法，以术驾驭群臣。

韩国灭郑后，韩昭侯重用申不害为丞相，在韩国主持改革，他在韩为相十五年，"内修政教，外应诸侯"，

帮助韩昭侯推行法治和"术"治，使韩国君主专制得到加强，国内政局得到稳定，贵族特权受到限制，百姓生活渐趋富裕，史称"终申子之身，国治兵强，无侵韩者"。

相韩之前

申不害原是郑国人，曾经在郑国担任一个小官。公元前375年，韩国灭掉了郑国，申不害也就成了韩国人，并且做了韩国的低级官员。

公元前354年，一向与韩国有矛盾的魏国出兵攻打韩国。魏国军队来势汹汹，一下子包围了宅阳。面对重兵压境，韩昭侯和众多大臣一时束手无策。在这危急关头，申不害站了出来，他审时度势，立刻建议韩昭侯执圭（古时臣下朝见天子时所执的一种玉器）去见魏惠王。

申不害对韩昭侯说："要解决国家现在的危机，最好的办法是向魏国示弱。现在魏国强大，鲁国、宋国、卫国每年去朝见，您执圭去朝见魏王，魏王一定会心满意足，自大骄狂！这样必引起其他诸侯不满而同情韩国。所以，要想躲过这次危机，削弱魏国的威胁，只需要委屈您去朝见魏王。同时，这样也可以加强韩国的权势。"

韩昭侯采纳了申不害的建议，亲自执圭去朝见魏惠王，以表示敬畏之意。魏惠王果然十分高兴，立即下令撤兵，并与韩国约为友邦。申不害亦由此令韩昭侯刮目相看，逐步成为韩昭侯的重要谋臣，得以在处理国家事务上施展自己的智慧和才干。

战国韩国

公元前 353 年，魏国又起兵攻打赵国，包围了赵国都城邯郸。赵成侯连忙派人向齐国和韩国请求支援。

韩昭侯受到赵国的请求后一时拿不定主意，就询问申不害，应如何应对。申不害担心自己的意见万一不合国君心意，不仅于事无补还可能惹火烧身，便回答说："这是国家大事，让我考虑成熟再答复您吧！"

随后，申不害不露声色地去游说了韩国能言善辩的名臣赵卓和韩晁，鼓动他们分别向韩昭侯进言，陈述是否出兵救赵的意见，自己则暗中观察韩昭侯的态度，等到他摸透了韩昭侯

的心思后，就进谏说："王上，我们应当联合齐国，伐魏救赵。"

韩昭侯听了申不害的意见，果然十分高兴。于是，韩国与齐国一起发兵讨魏，从而迫使魏军回师自救，就这样破解了赵国被魏国围攻的窘况。这就是历史上著名的"围魏救赵"的故事。

韩昭侯从申不害处理外交事务的卓越表现及其独到的见解，发现这位"郑之贱臣"，原来是难得的治国人才，于是便力排众议，于公元前351年，破格拜申不害为相，以求变革图强。

申不害行私

申不害在韩国变法时强调法治，反对立法行私。他认为国君既要掌握驾驭群臣的"术"，又要正直无私，这样臣下才能忠于职守。有一天，申不害在私下请求韩昭侯给自己的堂兄封一个官职，韩昭侯不同意，申不害神色不悦。韩昭侯哈哈大笑，说："我这可是从你那里学到的治国之策啊！你经常教寡人要按功

劳大小授以官职等级，如今又请求为没有建立功业的兄弟封官，我是答应你的请求而抛弃你的学说呢，还是推行你的主张而拒绝你的请求呢？"

申不害听了，慌忙向韩昭侯请罪，对韩昭侯说："君王真是贤明君主，请您惩罚我吧！"

申不害在韩国变法改革，第一步是整顿吏治，加强君主集权。在韩昭侯的支持下，首先向侠氏、公厘和段氏三大强族开刀，收回其特权，摧毁其城堡，清理其府库，稳固了政治局面，使韩国实力大增。

与此同时，他大力鼓吹"术"治，整顿官吏队伍，对官吏加强考核监督。

随后，他又向韩昭侯建议整肃军兵，并主动请命，亲自担任了韩国的上将军，将贵族私家亲兵收编为国家军队，与原有国兵混编，进行严酷的军事训练，使韩国的战斗力大为提高。

特别值得一提的是，申不害不仅强调富国强兵，还十分重视土地问题。他极力主张百姓多开荒地，多种粮

食。同时，他还重视和鼓励发展手工业，特别是兵器制造。所以战国时代，韩国冶铸业是比较发达的。当时就有"天下之宝剑韩为众""天下强弓劲弩，皆自韩出"的说法。

读史有智慧

法家中有三派：慎到主张"势"，商鞅主张"法"，申不害则主张"术"。"势"指权势，主要指君主的统治权力。"法"指公开颁布的法律以及实施封建法制的刑罚制度。申不害的"术"，则指的是君主驾驭臣民、使他们臣服于统治的政治权术。韩非子、李斯尊奉申不害为宗师、法家之祖，"权术"一词正是从此而来。"术"强调的是一种管理智慧，是领导者不可或缺的，当然，过分地夸大则成为阴险的伎俩，最后也会导致身败名裂。

历史寻踪

◆《申子》

战国时期韩国政治家申不害，是法家的代表人物之一。申不害在主持韩国改革的过程中，将他的法家思想借助《申子》这部著作阐述给世人。在他的带领下，短短十几年间，韩国便强盛起来，在战国争雄中扮演了重要的角色。

"青，取之于蓝，而青于蓝；冰，水为之，而寒于水。""故不积跬步，无以至千里；不积小流，无以成江海。"这些我们耳熟能详的千古名句告诉我们，在学习的过程中要有锲而不舍的精神。《劝学》也是荀子所写的一大名篇。

荀子是谁

荀子，名况，字卿，是战国末期赵国人，也是我国著名的思想家、文学家、政治家，因为他取得的成就很大，因此也被人尊称为"荀卿"。荀子从小就非常聪明，十岁的时候就被当地人誉为"神童"，荀子很有才华。长大后曾经游历燕国，但是很可惜，没能够得到燕王的赏识。直到五十岁时，因为齐襄王想要招纳贤士，许多学者都前往齐国讲学，加上齐国以藏书丰富出名，所以荀子也被吸引前往齐国。当时在齐国有很多有名的学者。邹衍的学说过分夸大而有许多空洞的论辩，邹奭的文章虽然详细周密但

实行起来有些困难，人们如果和淳于髡相处一段时间后总是能学到一些精辟的言论。所以齐国人当时就称赞他们说："高谈阔论的是邹衍，精雕细刻的是邹奭，智多善辩、议论不绝的是淳于髡。"

周游列国

荀子已经在齐国待了几年，齐王很尊敬他，就把他封为"列大夫"，荀子也就当上了齐国的顾问。因为他年纪比较大，又有才华，因此他在五十三岁到七八十岁间，曾先后三次以宗师的身份担任稷下学宫的祭酒。后来齐国有些气量狭小的人开始嫉妒荀子，到处说荀子的坏话。齐王听了这群小人的谗言之后，慢慢地和荀子疏远了。荀子决定离开齐国。这时，荀子的年龄已经很大了，不知往哪儿去，心情非常沉重。他听说楚国的春申君爱好贤士，于是决定到楚国去。春申君一直听说荀子的声名并且知道他的学问很高，所以很高兴，决定请他担任"兰陵令"。但是好景不长，没过多久，楚国有位门客开始在春申君面前诋毁荀子，春申君听了门客的话有些犹豫，再三考虑之下，决定辞退荀子。荀子非常难过，决定离开楚国。之后他又来到了秦国，拜见了秦昭王。那个时候秦昭王正和范雎设计"远交近攻"的阴谋攻伐天下，对荀子所讲的大道理没有一点儿兴趣，荀子从秦国离开后，只好来到赵国。

春申君赶走荀子之后，冷静下来又非常后悔，于是派人到赵国去请荀子回来，并且真诚地表示了自己的歉意，荀子也没有办法拒绝春申君的好意，只好又回到楚国，继续在楚国担任兰陵令一职。后来春申君死了，荀子又被新的国君罢黜了官职，荀子由于年岁也大了，就在兰陵安了家。李斯曾经是荀子的学生，后来在秦朝任丞相。荀子憎恶在乱世环境下的黑暗统治和那些昏庸腐朽的国君，于是写了三十二篇文章，这就是留传后世的儒家名著——《荀子》。

荀子思想

荀子是有名的儒家思想的代表人物。荀子十五岁的时候就离开家乡开始游历各国的生

涯。他担任多年祭酒，又四处奔波，一直在宣传自己的政治主张。有一天，他看到一位学子一直在念："人之初，性本善。"荀子听到了感到很诧异，大叫了一声，和那个小孩说："不对不对，应该是人之初，性本恶。"那个人也不接受他的观点，两个人开始争辩起来。那个学子说："人生下来什么都不知道，就像一张白纸一样，本来是很善良的，有的人是后来受到社会上一些不良风气的影响，才变坏了的。"荀子说："你说的不对，人生下来，本性就是恶的，是因为后来受到了各种各样的教育，才变得善良的。你看各地不都在兴办学校吗？学得好就变好，学不好了就变坏，礼义的道理不可以没有啊，不抓紧教育也是不行的。"

之后过了几天，荀子在路上看到一群人戴着用柳树枝叶编制的帽子，跪在地上，向老天爷求雨。荀子看到这个场景，很不以为然，说："过一阵子如果真能下雨，不在这里求雨的人不也得到了雨吗？下雨和求雨没有关系，如果真的不下雨，还不如想办法引河里的水到田里

更能让你们得到水。"荀子因此感叹："故错人而思天，则失万物之情。"意思就是说，放下人为的努力指望着上天的赐予，这就违反了万物的道理啊！

撰写《荀子》

"君者，舟也；庶人者，水也。水则载舟，水则覆舟。""不积跬步，无以至千里；不积小流，无以成江海。"这些脍炙人口的千古名句都出自于荀子。荀子说，在平时学习的时候，就应该要做到广泛地学习，不管是直的木材还是弯曲的车轮，其实都是有着一个过程的，并不是说无缘无故而存在的。因此没有刻苦钻研的心志，学习上就不会有显著成绩；没有埋头苦干的实践，事业上就不会有巨大成就。

在歧路上行走达不到目的地，同时侍奉两个君主的人，两方都不会容忍他。眼睛不能同时看两样东西而看明白，耳朵不能同时听两种声音而听清楚。腾蛇没有脚但能飞，鼫鼠有五种本领却还是没有办法，所以君子的意志要坚定专一。

荀子说，射出的百支箭中有一支不中靶，就不能算是善射；驾驭车马行千里的路程，只差半步而没走完，不算是善驾；对伦理规范不能融会贯通、对仁

义之道不能坚守如一，当然也不能算是善学。学习本是件很需要专心致志的事情，学一阵又停一阵那是市井中的普通人。能够全面彻底地把握所学的知识，才算得上是个学者。

读史有智慧

荀子是儒家思想的传承人，在人性问题上，提倡性恶论，主张人性有恶，否认天赋的道德观念，强调后天环境和教育对人的影响。荀子所著的《荀子·劝学篇》成为千古名篇。我们在学习的过程中要学习荀子的精神，别轻易地放弃自己，保持坚定不移的步伐才可以走出自己的一条大路，并且才能够让自己变成优秀的人。

历史寻踪

◆《劝学》

《劝学》是《荀子》一书的首篇。又名《劝学篇》。劝学，就是鼓励学习。这也是较系统地论述了学习的理论和方法的一篇文章。其中"故不积跬步，无以至千里；不积小流，无以成江海""锲而舍之，朽木不折；锲而不舍，金石可镂"等名句均出自《劝学》，鼓励我们在学习上要有锲而不舍的精神，被收入在语文课本中。

原则性极强的神医——扁鹊

秦武王请扁鹊为自己治病。武王的近臣说："您的病在耳朵和眼睛之间，即使治疗也未必能治好。但处理不当却可能损害耳朵和眼睛。"武王把近臣的话告诉扁鹊。扁鹊听了，把针石丢在地上，气愤地说："您既然和我这个医者商量治病，却又听不懂医术的近臣的胡言乱语，这样怎么能治好您的病呢？"这就是"扁鹊投石"的典故，扁鹊敢于向强秦的国君表达不满，是因为他不为权贵折腰，敢于坚持自己的做事原则。

扁鹊是谁

扁鹊，姬姓，秦氏，名越人，又号卢医，渤海莫人。扁鹊是春秋战国时期的医学家，中国传统医学的鼻祖，对中医药学的发展有着特殊的贡献。

他有丰富的医疗实践经验，反对巫术治病。而且，扁鹊看病行医有"六不治"：依仗权势，骄横跋扈的人不治；贪图钱财，不顾性命的人不治；暴饮暴食，饮食无常的人不治；病深不

早求医的不治；身体虚弱不能服药的不治；相信巫术不相信医道的不治。

扁鹊名声传扬天下。他到邯郸时，闻知当地人尊重妇女，就做治妇女病的医生；到洛时，闻知周人敬爱老人，就做专治耳聋眼花四肢痹痛的医生；到了咸阳，闻知秦人喜爱孩子，就做治小孩疾病的医生。他随着各地的习俗来变化自己的医治范围。

扁鹊总结前人经验，创立望、闻、问、切的四诊法。在这四诊法中，他尤擅长望诊和切诊，奠定了中医学的切脉诊断方法，开启了中医学的先河。由于他切脉技术高超，被认为是神医，所以当时的人们借用了上古神话的黄帝时神医"扁鹊"的名号来称呼他。相传有名的中医典籍《难经》也是扁鹊所著。

扁鹊拜师

扁鹊少年时期在故里做过舍长，也就是旅店的主人。当时在他的旅舍里有一位长住的旅客叫长桑君，其他人都对长桑君不以为然，只有扁鹊认为他是一个奇人，对他非常恭敬。长桑君也看出扁鹊不是普通人。

十余年后，长桑君叫扁鹊坐到自己身边，悄悄对他说："我这里有秘藏的医方，现在我年老了，想把它传给你，你不要泄露出去。"扁鹊说："好吧，我都听你的。"他这才从怀中拿出一种药给扁鹊，并说："用草木上的露水送服这种药，三十天后你就能知晓许多事情。"又接着拿出全部秘方都给了扁鹊。扁鹊刚接过药方，忽然间长桑君就不见了。扁鹊按照他说的服药三十天，就能看见墙另一边的人。因此诊视别人的疾病时，能看五脏内所有的病症，只是表面上还在为病人切脉。

虽然从现代医学的角度来看，这件事既不科学也不合逻辑，是莫须有的。不过关于扁鹊的这一传奇还是反映了扁鹊医生在人们心中的地位。

讳疾忌医

扁鹊路经齐国时，齐桓侯把他当作尊贵的客人接待，扁鹊很恭敬地入朝拜见齐桓侯。当他看见齐桓侯面色不好，便直率地说："您有病了，还好这病在皮肉之间，容易治疗。但是如果不治就会耽误治疗的时机。"齐桓侯却毫不在意地说："寡人的身体

一直很好，没有一点儿不舒服的感觉。"

过了五天以后，扁鹊上前又对主公说："您的病已在血脉了，如果您再不治疗的话，您的病将要恶化。"齐桓侯听后仍不重视，随便说道："寡人身体很好，不会有什么病的。"又过了五天，扁鹊再次进宫，看见齐桓侯面色灰暗，立即向桓侯说："您的病已到了肠胃之间，如果您不抓紧治疗将要有生命的危险。"齐桓侯听后很不高兴，也不理睬扁鹊了。

又过了五天，扁鹊再次拜见齐桓侯，这次却默默不语地站在角落，躲开齐桓侯的目光，乘机悄悄地离开了座位。当齐桓侯发觉时，扁鹊已经走掉了。齐桓侯感到很奇怪，马上派人向扁鹊问个中缘由。扁鹊很直率地说："齐桓侯的病很重啊！如果病在皮肉之间，我可以用汤药、热熨的力量来治疗；如果病在血脉，我可以用针石来刺激它，以祛除血脉的病邪；如果病在肠胃，还可以用酒剂治疗；如果病在骨髓里边，我就束手无策了，就是管生死的神仙下凡亲临治疗，也无济于事！现在桓侯的病已深入骨髓，病情十分危险，因此我只好回避，不敢再主动为他治疗了。"

事隔五天之后，齐桓侯果然得了重病而不能起床了，这时想起了扁鹊，就急速派人去请扁鹊，但扁鹊已经离开了齐国，齐桓侯的病越来越重，最后不能医治而病故了。

扁鹊遇害

秦武王与武士们进行举鼎比赛，不小心伤了腰，疼痛难忍，吃了太医李醯（xī）的药，不见好转反而加重了。这时，有人将神医扁鹊来到秦国的事情告诉了武王，武王赶忙传令扁鹊入宫。扁鹊进宫后，先是看了看武王的神态，按了按他的脉搏，接着用力在他的腰间推拿了几下，又让武王自己活动几下，武王立刻感觉好了许多。

扁鹊又给武王服了一剂汤药，武王的病症就完全消失了。武王大喜，想封扁鹊为太医令。李醯知道后，担心扁鹊日后超过他，便在武王面前极力阻挠，说扁鹊不过是"草芥游医"，武王半信半疑，但没有打消重用扁鹊的念头。

李醯决定除掉扁鹊，他派了两个刺客，想刺杀扁鹊，却被扁鹊的弟子发觉，使他暂时躲过一劫。扁鹊只得带着弟子离开秦国，他们沿着骊山北面的小路走，李醯派杀手扮成猎户的样子，在半路上劫杀了扁鹊。

读史有智慧

扁鹊治病救人不看身份高低，他既不轻视地位低下的贫民，也不因金钱地位高看那些皇亲贵胄。他有自己的一套行医原则。"六不治"原

则不仅提高了治病的效率，也为那些得病的人敲响警钟；为齐桓侯看病时，他多次不放弃治疗，但当他观察到桓侯的病已经无法医治，就离开了齐国，这也体现了他为人看病的原则。扁鹊在各国游历看病，他根据各国实际情况，制订了不同的治病计划，体现了他敏锐的观察力和全心全意为百姓考虑的高尚医德。

历史寻踪

◆ 鹊山祠

鹊山祠，即扁鹊庙，位于河北省邢台市内丘县，历史悠久、规模宏伟。史书记载，赵简子为答谢扁鹊治病之功，将中丘（今邢台内丘）蓬山一带四万亩土地赐封给扁鹊，扁鹊就在这里行医采药。据《内丘县志》记载，扁鹊庙汉唐有之，始建不详。现存鹊山祠为元代建筑，是全国最早、最大、最著名的纪念扁鹊的古建筑。内有泥塑扁鹊像，施彩贴金，龙袍玉带，坐在龙首椅上，面目慈祥庄重，面形方圆，广额方颐，有宋代塑像遗风。扁鹊以其精湛的医术、医德深受百姓爱戴，从而受到历代祭祀。

继承孔子学说的"亚圣"——孟子

　　孟子是儒家学派代表人物，被称为"亚圣"。战国时期战乱纷纷，已经是个老头子的孟子奔波于各个国家，齐国、魏国、鲁国、宋国，各个国家都留下了孟子的足迹。这个弱小的身躯代表的理想抵不过国家与国家之间的兵器，所有国家的君主都没有采纳他的主张，他只能独自回家，潜心写作自己的《孟子》。

孟子是谁

　　孟子是邹（zōu）国人，他跟着子思的弟子一起学习，认真地学习了孔子的儒家学说。孟子继承了孔子的仁政学说，是位非常有抱负的政治家，在诸侯国战争不断的时期，作为一个敏捷的思想家，孟子意识到了当时的时代特征和发展趋势，建构了自己的学说。与孔子一样，他努力地想将儒家的政治理论和治国理念转化为具体的国家治理主张，

并推行于天下。而当时"百家争鸣①"，各个思想家为了实现自己的政治主张，游说各国诸侯。在这样的社会背景下，孟子开始周游列国，游说于各国君主之间，推行他的政治主张。

游说齐国

孟子大约在四十五岁之前率领弟子出游各国。孟子第一次游说齐国，是在齐威王（公元前356年至公元前320年）年间。当时匡章因为一些事，背着"不孝"的坏名声，而孟子却每天和他一起游说别人，而且像接待贵宾那样礼貌地对待匡章，这使得人们不太喜欢他。孟子和他的学生到了齐国，孟子就向君主宣扬他的"仁政无敌"主张，但是齐威王不听从他的见解。孟子在齐国很不得志，连齐威王赠送给他的贵重的钱财都没有接受，便很失落地离开了齐国。

奔赴魏国

孟子来到魏国时，已五十三岁。惠王见到孟子就问："你这个老头子，不远千里来到魏国，能给我们带来什么好处呢？"孟子最反对君主常把好处挂在嘴边，回答说：

---

① 百家争鸣：春秋战国时代，社会急剧变化，许多问题亟待解决，产生了各种思想流派，如儒、法、道、墨等，他们著书讲学，互相论战，出现了学术上的繁荣景象，后世称为百家争鸣。

"大王说什么好处不好处的，只管实行仁政就可以了。"

公元前353年，桂陵之战，魏国被齐国打败

了。公元前341年，马陵之战，魏太子被齐军抓走。公元前340年，秦国的商鞅领兵攻打魏国，把魏国大将公子卬抓走。公元前330年，魏国把河西的土地割让给秦国。惠王对孟子说："我的国家东边败给了齐国，西边败给了秦国，南边被楚国羞辱，我身上背负着这么多的耻辱，我要怎样为牺牲的人报仇雪恨呢？"

孟子回答道："百里见方的小国也能够取得天下。大王如果对百姓施行仁政，少用刑罚，减轻赋税，提倡深耕细作、勤除杂草，让年轻人在耕种之余学习孝亲、敬兄、忠诚、守信的道理，这样，就可以让他们拿起木棍打赢盔甲坚硬、刀枪锐利的秦、楚两国的军队了。秦、

楚两国常年夺占百姓的农时，使百姓不能耕作来奉养父母。父母受冻挨饿，兄弟妻儿各自逃散。如果大王前去讨伐他们，谁能跟大王对抗呢？"

梁惠王说："我对于国家，可谓尽心了。河内发生灾荒，就把百姓迁移到河东去，把粮食运到河内去救济。河东发生灾荒，我也这么办。没有哪个国君能像我这样为百姓操心的了。但是邻国的人口并不减少，而魏国的人口并不增多，这是什么缘故呢？"

孟子回答道："大王喜欢打仗，请让我拿打仗做比喻。擂起战鼓，剑锋相碰，就有士兵丢盔弃甲逃跑。有的逃了一百步停下来，有的逃了五十步住了脚。只逃了五十步的人嘲笑那些逃了一百步的人，您认为怎么样？"惠王说："不可以，只不过后面的逃不到一百步罢了，同样是逃跑。"

孟子说："大王如果懂得这一点，就不要指望魏国的百姓会比邻国多了。不耽误百姓的农时，粮食就吃不完；不用细密的渔网捞鱼，鱼就吃不完；按一定的时令采伐山林，木材就用不完。粮食和鱼吃不完，木材用不完，这就能使百姓养家活口、打理日常生活了。百姓日常生活能打理得好，就离君主您治理好国家不远了。五亩田的宅地，房前屋后多种桑树，五十岁的人就能穿上丝棉袄了。鸡、猪和狗一类家畜不错过它们的繁殖时节，七十岁的人就能吃上肉了。一百亩的田地，不要占夺种田人的农时，几口人的家庭就可以不饿肚子了。搞好学校教育，不断向年轻人灌输孝顺父母、敬爱兄长的道理，头发花白的老人就不必干活了。要是能做到这样，就一定能统一天下了。大王请您不要怪罪于年成不好，只要推行仁政，天下的百姓就会投奔到您这儿来了。"

但是梁惠王问的是怎样报复齐、秦、楚三国的具体办法，孟子回答的却是空泛的道理，当然得不到梁惠王的重视。孟子到魏国的第二年，梁惠王就去世了，他的儿子梁襄王继位。孟子见到梁襄王，对他的印象很坏，说他不像个国君。这时，齐威王已死，宣王嗣位，孟子便离开魏国又回到了齐国。

撰写《孟子》

孟子来到齐国之后，齐国国君也没有采纳他的意见。孟子又辗转于宋国、鲁国等国家，这些国家都没有采纳他的意见。他无论到了哪一国，都无所畏惧地批评国君，但他的政治主张却不被接受。孟子的弟子虽没有孔子那么多，但是他是战国时期著名的教育家。他的学说不符合战国诸国的需要，于是就回到家乡与万章等人整理各家思想，阐发孔丘的思想学说，写成《孟子》一书，共七篇，为后人留下了宝贵的财富。

读史有智慧

孟子是中国古代著名的思想家、教育家、政治家。他是战国时期儒家的代表人物，他继承并发扬了孔子的思想。孔子是大成至圣，孟子被称为亚圣。孟子与孔子的思想合称"孔孟之道"。就是这么伟大的人，在战国时期拖着衰老的身躯劝说各个国家的君主实行仁政却无人采纳。但是孟子仁政的思想却影响至今，让我们领略到贤人的巨大力量！

历史寻踪

◆ 孟庙

孟庙又称亚圣庙，位于山东省济宁市邹城市亚圣府街44号，为历代祭祀战国思想家孟子之所。孟庙是山东省内现存历史最久远、保存最完整的古建筑群之一，是国内稀存的宋元至明清时期的古建筑代表作品。1988年，孟庙被国务院公布为全国重点文物保护单位。

◆ 七篇贻矩

山东邹城孟府大堂檐下正中悬挂着"七篇贻矩"金匾。"七篇"指的是《孟子》七篇，即《梁惠王》《公孙丑》《滕文公》《离娄》《万章》《告子》《尽心》；"贻"是赠给的意思，"贻矩"指《孟子》七篇给天下人为人处世所立的规矩。

庄周曾做过一个梦，梦里蝴蝶翩翩起舞，一会儿飞在花丛里，一会儿飞在果树下，蝴蝶飞得十分惬意，庄周自己也仿佛与蝴蝶融为了一体。醒来后，庄周一看自己不是蝴蝶，而是一个人，他感到十分疑惑，不知道是自己做梦变成了蝴蝶，还是蝴蝶做梦变成了自己。这就是"庄周梦蝶"的故事。庄子还真是一个神奇的人！

庄子是谁

庄子，姓庄，名周，字子休（也有说是子沐），宋国蒙人，今安徽蒙城人。

他是东周战国中期著名的思想家、哲学家和文学家，是道家学派的主要代表人物之一。庄周崇尚自由，非常不喜欢被政治束缚，他生平只做过宋国地方漆园吏。当同宗的楚威王聘请他去做官时，被他拒绝，史称"漆园傲吏"，被誉为地方官吏的楷模。

庄子最早提出"内圣外王"思想，对儒家也有深远影响；他还极为熟悉易理，深刻指出"《易》以道阴阳"；此外，庄子"三籁"思想与《易经》三才之道相

合，代表作品是《庄子》，其中的名篇有《逍遥游》《齐物论》等。

千年来，庄子的思想逐渐形成了我国重要的哲学学派——庄学，这是中国古代最重要的哲学思想之一。

庄子轻相位

庄子的好朋友惠施当了魏国的宰相，庄子去看他，有人挑拨惠施说："你要当心，庄子来了，他的学问名声比你高，没准魏王会让他当宰相，那你不就完蛋了！"

惠施听信了这人的挑拨，趁庄子还没来，下令捉拿庄子。士兵在城里挨门挨户地搜捕了三天都没有找到。不料第四天，庄子却自己走了出来，自觉地来求见惠施。

惠施见庄子来了，有些紧张。一来他怕庄子抢走自己的相位；二来，他与庄子一向关系很好，如今自己这样对待朋友，有些过意不去。

庄子进来不久，颇为悠然地说："你听说过南方的奇鸟鹓雏的故事吗？鹓雏属于凤凰一族的神鸟，它每年都要从南海飞到北海。路程很长，但不是梧桐它不栖身，不是竹实不充饥，不是甘泉不饮用。有一天，一只老鹰抓了只死老鼠，抓得特别紧，生怕鹓雏抢了。你说，鹓雏会抢老鹰的死老鼠吗？"

惠施听得面红耳赤，明白庄子这是在讽刺他就是那只老鹰，宰相的位置在庄子眼里就是那只死老鼠，庄子高洁的品行就像那只鹓雏一样。

庄子不仕

庄子学识渊博、涉猎广泛，他的基本思想大多来源于老子，并在此基础上撰写了十万余字的著作。尽管如此地有学问，但他却十分地超脱，根本不屑入朝为官，三番两次地拒绝高官厚禄。

楚王听说庄子是个贤能的人，于是便派使臣带着大堆礼物去聘请庄子，使臣见到庄子后说："庄子你好啊！我们国君想麻烦你，把国家大事交给你管理，邀请你担任楚国的宰相，你愿意吗？"

庄子当然不愿意了，他现在的生活自由自在，尽管粗茶淡饭，但这就是他一直向往的生活呀！他想："我为什么要为了区区一点生活费改变自己的志向呢？"

但直接拒绝王上又不行，他只是一介平民，于是他笑着跟使臣说："一头猪被养得再好也成不了牛，我才华再高，也当不了官。我就是那成不了牛的猪。因为我宁愿在小泥沟翻滚玩耍，也不愿意入朝为官，侍奉国君。我一辈子不当官，为的就是使自己心情愉快。你们快走吧，别拿这些世俗的东西恶心我！"使臣没办法，只能灰溜溜地回去向楚王复命，庄子的名声也更大了。

枯鱼之肆

庄子不愿意当官，但是家实在穷，所以就去向监河侯借粮食。

监河侯说:"好!等我收到地租,就借给你三百金,可以吗?"庄子见监河侯不愿马上借粮,有点儿生气,脸色都变了,说:"我昨天来这儿的时候,听到路上有个声音在叫我。我回头一看,只见车轮碾过的车辙中,有一条鲋鱼。我就问:'鲋鱼啊,你在这儿干什么呢?'鲋鱼说:'我是从东海来的,被困在这儿了。您有一斗或者一升水救活我吗?'我对鱼说:'好。我去游说吴越之王,请他开凿运河,把长江的水引过来救你,可以吗?'鲋鱼生气地说:'现在我被困在这儿,只需要一斗或者一升的水就能活命。如果像你这么说,不如早点到卖干鱼的店里去找我好了!'"

鲋鱼在车辙中只要借斗升之水即可活命,而如果去游说吴越之王,开凿运河,把长江的水引过来,鲋鱼早就渴死了。

庄子这是在讽刺监河侯,你不想借就直接说,为什么还要拐弯抹角地说呢!等你收到地租再借我,我一家老小早就

饿死了。

濠梁之辩

　　有一天，庄子和惠子在濠水桥上游玩。庄子看着河里自由自在嬉戏游玩的鱼，十分惬意地对惠子说："这些鱼在河水中游得多么悠闲自得，这大概就是鱼的快乐吧！"惠子反驳说："你又不是鱼，怎么知道鱼的快乐？"

　　庄子马上说道："你又不是我，怎么知道我不知道鱼的快乐？"惠子说："我不是你，所以就不知道你的想法；你本来就不是鱼，你不知道鱼的快乐，这是可以完全确定的！"庄子说："请从我们最初的话题说起。你说'你是从哪里知道鱼的快乐'，等等，说明你已经知道了我知道鱼的快乐而却又问我，所以我说我是在濠水的桥上知道的。"这场辩论就是历史上被大家津津乐道的"濠梁之辩"。从逻辑上来说，是惠子取得了辩论的胜利，但从审美上来说，庄子更胜一筹。因为，万物都有灵性，通过观察动物的神态、动作，在一定程度上是可以体察到它们的情感的。

魏王召见庄子

　　庄子生活贫困，靠编草鞋过日子，因此还向

监河侯借过米。

魏王召见庄子，见他一身补丁，故意问道："先生这么有学问，为什么仍然这么狼狈呢？"庄子一针见血地回答："活在这种世道，怎么能够不狼狈呢？"

言下之意就是君王昏庸，臣子不贤能，锦衣玉食的人统统都是生疮流脓的家伙，既为自己找回了脸面，同时也是在告诫魏王。

读史有智慧

庄子是一个真正有自由精神的人！他有超脱的思想，一生淡泊名利，主张修身养性、清静无为。所以在他的梦中，才会出现如此美丽轻盈的蝴蝶，才能与他的灵魂、思想翩翩起舞。同时他也是一个率真的人，面对魏王和惠子，他都能直抒己见。可以看出他对现实世界有着强烈的爱恨，十分坦荡！

历史寻踪

◆《庄子》

《庄子》是庄子的代表作，大约成书于先秦时期。《汉书·艺文志》上录有五十二篇，现在流传的版本有三十三篇。其中，有七篇内篇，十五篇外篇，十一篇杂篇。在哲学、文学上都有较高研究价值，与《周易》《老子》并称为"三玄"。

第一位浪漫主义诗人——屈原

汨罗江畔，一位散发披肩的老者蹒跚地顺着岸边行走，脸色憔悴，身体干瘦。他口中吟咏着《离骚》，眼神中充满了失望。他慢慢地坐在一块大石头上，呆呆望着东去的江水，又抬头看看耸立的高山，心想哪一个才是正直的呢？他毅然抱起一块大石，投身于汨罗江中……

早年经历

屈原名平，与楚国贵族同宗。他曾担任楚怀王的左徒，知识渊博，博闻强识，知道很多治理国家的道理，能够应对外交上的任何问题，和楚怀王一起谋划商议国事，发布政令；对外接待宾客，应酬诸侯。楚怀王很信任他。上官大夫嫉妒屈原的能力。屈原奉命制订法令，没有完成，上官大夫就要更改它，屈原不同意，他就开始离间楚怀王和屈原的关系，在怀王面前诋毁屈原说："大王叫屈原制订法令，宫中的官员和城里的百姓没有不知道的，每一项法令发出，屈原就夸耀自己的功劳说：'除了我，没有人

能做到。'"怀王听了非常气愤，就开始疏远屈原。

创作《楚辞》

屈原因楚怀王没有听信忠言而感到心痛，忧愁苦闷，写下了我国第一篇浪漫主义长篇叙事诗《离骚》。我们熟知的"长太息以掩涕兮，哀民生之多艰"和"路漫漫其修远兮，吾将上下而求索"等名句都是出自屈原的《离骚》。"离骚"，就是离忧的意思。屈原用正直的行动，用自己的忠诚和智慧来辅助君主，可是还有小人来诋毁他。诚信却被怀疑，忠实却被诽谤，能够没有怨恨吗？屈原之所以写《离骚》，就是由怨恨引起的。和《诗经》相比，《国风》主要是以写男女爱情为主，但不过分。《小雅》虽然主要写讥讽指责，但并不宣扬作乱。像《离骚》这样的作品，可以说是兼有二者的特点了。屈原借古讽今，用商汤和周武王等有名的帝王来讽刺当时的时事，阐明道德的至高无上，国家治乱兴旺的道理，几乎都在他的作品中表现了出来。他的文笔简练，词意使用恰当，他的志趣高洁，行为廉正。文章说到的虽然细小，但意义却非常重大，列举的事例虽然浅近，但含义却十分深远。文章中多用香花芳草做比喻，表现了屈原的志趣高洁，因为他行为廉正，所以到死也不为奸邪势力所容。他独自远离污泥浊水，像蝉脱壳一样摆脱浊秽，浮游在尘世之外，不受浊世的玷辱，保持皎洁的品质。屈原的志向，即使和日月争辉，也是可以的。

《离骚》的写作风格被后人称作"骚体"。"骚体诗"是由屈原创造的，句式可长可短，篇幅宏大，内涵丰富复杂；它打破了《诗经》以整齐的四言句为主，简短朴素的体例。《离骚》叙述了屈原的身世和志向，通过表现诗人一生不懈的斗争和决心以身殉志的悲剧，反映了楚国统治阶层中正直与邪恶两种势力的尖锐斗争，暴露了楚国的黑暗现实和政治危机。

楚国危机

屈原已经遭到罢免。后来秦国准备攻打齐国，齐国和楚国结盟并且相互友善。秦惠王对此担忧，就派张仪假装脱离秦国，用厚礼和信物呈献给楚王，用商、於六百里土地作为条件让楚怀王放弃和齐国结盟。楚怀王起了贪心，下令和齐国绝交，然后派使者到秦国接受土地。张仪却抵赖说当时允诺给楚王的土地只是六里，没有听说过六百里。楚怀王听到这个消息，大怒，于是就出兵攻打秦国。秦国发兵反击，在丹水和淅水一带大破楚军，杀了八万人，俘虏了楚国的大将，夺取了楚国的汉中一带。魏国听到这一情况，开始偷袭楚国。齐国因为怀恨楚国，不来援救，楚国陷于危机之中。后来，各国联合攻打楚国。这时秦昭王与楚国通婚，要求和怀王会面。屈原认为秦国

没安好

心，不让楚怀王去。怀

王认为不能和秦国断绝

了友好的关系，于是就

去了秦国。一进入武

关，秦国就准备了伏兵在此等待他，

之后扣留怀王，强求割让土地。怀王不听秦国的要挟，

他逃往赵国，赵国不肯接纳，只好又到秦国，最后死

在秦国，尸体被运回楚国安葬。

自投汨罗

　　怀王长子顷襄王即位，任用他的弟弟子兰为令
尹。屈原虽然被流放，仍然眷恋楚国，念念不忘返回朝
廷。他希望国君总有一天醒悟。屈原关怀君王，想振兴
国家，而且反复考虑这一问题，在他每一篇作品中，都
再三表现出来。然而终于无可奈何，不能够返回朝廷。

　　国君无论是聪明还是愚笨，是贤明还是昏庸，没有
不想要忠臣来为自己服务、选拔贤才来辅助自己的。怀
王因为不明白忠臣的重要性，所以在内让郑袖迷惑，在
外被张仪欺骗，疏远了屈原而信任上官大夫和令尹子兰，

军队被挫败，土地被削减，失去了六个郡，自己也被扣留死在秦国，为天下人所耻笑。这是不了解人的祸害。令尹子兰得知屈原怨恨他，非常愤怒，让上官大夫继续在顷襄王面前说屈原的坏话。顷襄王发怒，就放逐了屈原。

屈原走在汨罗江边，渔父看见他，便问他是不是楚国的三闾大夫，为什么来到这儿。屈原说了一句很有名的话："举世皆浊而我独清，众人皆醉而我独醒，是以见放。"就是说天下都是浑浊不堪的，只有我清澈透明，世人都迷醉了，唯独我清醒，因此被放逐。渔父说："圣人不死板地对待事物，而能随着世道一起变化。世上的人都肮脏，何不搅浑泥水扬起浊波？大家都迷醉了，何不既吃酒糟又大喝其酒？为什么想得过深又自命清高，以致让自己落了个放逐的下场？"屈原说："我听说，刚洗过头一定要掸去帽上的灰沙，刚洗过澡一定要抖掉衣上的尘土。谁能让自己清白的身躯，蒙受外物的污染呢？宁可投入长江而葬身于江鱼的腹中。又哪能使自己高洁的品质，

去蒙受世俗的尘垢呢？"于是他写了《怀沙》赋。最后抱着石头，自投汨罗江而死。

在这以后，楚国一天天削弱，几十年后，终于被秦国灭掉。

屈原是我国伟大的爱国主义诗人，他写了许多充满激情的诗篇，反映了对楚国安危的担忧。可以说，屈原因为自己的锋芒毕露而被流放。当楚国真的面临灭亡的时候，他选择了投江，以身殉国。

历史寻踪

◆ 端午节

端午节是流行于中国以及中华文化圈诸国的传统文化节日。端午节起源于中国，最初为崇拜龙图腾的部族举行图腾祭祀的节日，百越之地春秋之前有在农历五月初五以龙舟竞渡形式举行部落图腾祭祀的习俗。后因战国时期的楚国诗人屈原在该日抱石跳汨罗江自尽，统治者为树立忠君爱国典范将端午作为纪念屈原的节日；部分地区也有纪念伍子胥、曹娥等说法。端午节与春节、清明节、中秋节并称为中国汉族的四大传统节日。

　　自相矛盾、郑人买履、滥竽充数、老马识途等这些寓言故事相信大家都不陌生吧。然而这些故事出自哪里？它们的作者是谁？很多人都会以为作者是我国历史上辛勤的劳动人民，这可是大错特错。这些故事的作者恰恰是一位贵族，是法家学派的代表人物——韩非，这些故事都出自他的代表作《韩非子》一书。

韩非子是谁

　　韩非，约生于公元前280年，卒于公元前233年，战国末期韩国人，出身于韩国贵族世家，是我国著名的哲学家、思想家和散文家，人们尊称他为韩非子或韩子。

　　他和秦始皇的宰相李斯都是荀况的学生，是秦王朝统一全国前法家思想的集大成者。他曾建议韩王采用法家主张，实行变法以图自强，但未被采纳。后来韩非的著作如《孤愤》《五蠹》等传到秦国，秦始皇读后十分欣赏韩非的才识，为此秦始皇使用兵力威逼韩国，韩王命韩非出使秦国。韩非到秦后，不久遭到李斯的陷害，在狱中服毒而死。但韩非的政治主张却为秦始皇所实践。

韩非的思想主要保留在《韩非子》一书中。《韩非子》一书具有重要的历史参考价值，作品中许多民间传说和寓言故事也成为成语典故的出处。

韩非之死

韩非是韩国贵族，从小生活环境优渥，满腹才华，却因为有口吃的毛病，得不到重用。同时，韩非是一个讲求实际的人，他特别痛恨那些只会说空话，但却不做实事，不能使国家富强的书生，于是他就把满腹的才华放在了著书立说上来，写了《孤愤》《内外储》《说林》《说难》等著作。

这些作品流传到了秦国，秦始皇读了之后心生向往，为了使他来秦国做事，就立即攻打韩国。果然，韩非就被韩王派去出使秦国。韩非来到秦国后，秦王虽然很喜欢韩非，但不是很信任他。这时秦王的两个叫李斯和贾姚的大臣嫉妒韩非，他们怕韩非抢了自己的位子，于是就在秦王面前说韩非的坏话："韩非毕竟是韩国人，他的心里始终是偏向韩国的。如果大王你要吞并韩国，韩非帮助的肯定是韩国而不是秦国。既然这样，倒还不如现在就杀了他，以免后患。"秦王虽然认为他们俩说的有道理，但并不想杀韩非，于是就下令掌管司法的官员给韩非定罪。李斯一看，韩非死不了啊！嫉妒折磨着他，

于是他就偷偷派人给韩非送去了毒药，叫韩非自杀。等到秦王后悔治韩非的罪时，韩非已经冤死在监狱了。

《韩非子》故事一则

虞庆是春秋时期著名的辩士，能言善道。据说他能把黄河说得倒流，凋谢的花儿说得再盛开，如果他生活在现在的年代，估计会成为一名非常厉害的律师。

虞庆靠着能言善辩，很快受到当时的赵王的赏识，在赵国当了大官。虞庆想着把自己的旧房子推倒了建一所新房子。于是，他找来一群能工巧匠帮他建造房子。

有一天，虞庆到工地去看新房子建得怎么样了。此时，新房子的框架已经建起来了，但是虞庆嫌做得太高了，就跟工匠说："屋顶做得太高了。"

工匠跟虞庆说："因为木头还没有干透，容易弯曲，而潮湿的灰浆是湿重的。用没干透的木头来承担重的灰浆，木头就更容易弯曲了，房子会容易坏掉的。"

虞庆说："错！木头干了就会伸直，而泥巴干了就会变轻。建好后，泥土会一天天变轻，木头会一天天变干。即使时间久了，房子也不会倒塌的，你就按我说的做，错不了。"

木匠听了，虽然觉得好像不大妥当，但是也找不到可以反驳虞庆的话，只好拿没干透的木头做椽子，做好了房子。

房子是做好了，不久，没干透的木头由于承受过重的泥巴而变弯，虞庆的新房子就这样倒塌了。

读史有智慧

《韩非子》里有很多故事，如果能深刻地理解这些故事，生活中我们将会受益匪浅。比如虞庆建房子的故事告诉我们能言善辩的人都能靠自己的说辞说服别人，可是有时候说服了别人的道理，不一定能行得通，所以很多时候不能一味逞口舌之快。卫人嫁女的故事告诉我们，即使年龄还小也要有自己独立的判断，能够明辨是非。

历史寻踪

◆《韩非子》

《韩非子》全书十余万字，是先秦法家的代表作。《韩非子》善于运用寓言说理，能把道理讲得形象生动，通俗易懂，十分有益于宣传法治思想。

　　《韩非子》中的著名寓言有《自相矛盾》《郑人买履》《滥竽充数》等，有寓言约400则。这些生动的寓言故事，蕴含着深刻的哲理，凭着它们思想性和艺术性的完美结合，给人们以智慧的启迪，具有较高的文学价值。韩非巧妙地运用寓言故事来说理以及表达自己的思想，达到良好的效果。

少年乐读《史记》

士人绝唱传千古

卫晋 著

湖南文化音像出版社

为什么要写这样一本《史记》

历史是一面镜子，记录着兴衰、成败。

2000多年前，司马迁忍辱负重，靠个人意志完成了这样一部杰作。鲁迅先生的评价：史家之绝唱，无韵之《离骚》。

欲读历史，必绕不开《史记》。《史记》是二十四史之首，司马迁把一生全部奉献给了《史记》，给炎黄子孙留下了宝贵的文化遗产。

《史记》不仅是司马迁对历史所做的贡献，更凝结了自己的人生感悟。在2000多年前的汉代，司马迁因李陵事件备受摧残，可他没有忘记自己是一个史官，自己身上的使命以及父亲的临终嘱托。难堪、耻辱、愤怒，统统凝聚到笔上，他把从传说中的黄帝时代开始，一直到汉武帝太初四年（公元前101年）为止近3000年

的历史，经过 18 年，终于编写成 130 篇、52 万字的巨著《史记》。

相较之前的史书，司马迁采用的是"纪传体"，以生动的叙事呈现了历史人物在每个时代的事迹。在这背后，凝结了司马迁对历史和人物的心血：他到过长沙，在汨罗江边凭吊爱国诗人屈原；他到过曲阜，考察孔子讲学的遗址；他到过汉高祖的故乡，听取沛县父老讲述刘邦起兵的情况……

《史记》里的人物是有温度的，就像发生在我们身边，让人能置身其中，如《鸿门宴》中，每个人物都是栩栩如生的。

相比历史研究来说，《史记》这样的呈现无可厚非。然而，对于普通读者以及青少年来说，有没有更好的接触《史记》的方式？

这就是我们改编出本套专门为青少年阅读，取材史书和历史文献所讲述的正史故事，内容贴近历史事实，更彰显人物的本来面貌的图书的初衷。全书以《史记》为纲，以品读的形式编排，用适合儿童的语言，讲述了一个个有温度的故事，使人仿若身在其中。

让我们赶快来阅读这款专为青少年而编写的《史记》吧!

目　录

我对祖国的热爱都装在眼泪里——箕子、微子

　　周武王召唤远在朝鲜的箕（jī）子回家看看，于是箕子跨越千山万水来到了自己的家乡。本来是来看望周武王的，没想到经过殷朝曾经的国都，箕子不禁流下了眼泪："我就是生长在殷朝，服侍过殷朝国君的人啊！"箕子眼前的殷都再也不是以前的殷都了，宫殿前长满了野草，城墙也变成了一堆废墟，那些对祖国的热爱，都化作眼泪流了下来。

进谏纣王

　　微子是殷朝帝乙的长子，商纣的同父同母的兄弟。商纣当了君主后，统治黑暗，不料理国家的政务，过着奢侈浪费的生活。微子多次进谏，纣王都不听。等到周国实行德政，一点点强大并且灭亡齐国后，微子担忧灾祸降落在殷朝，便又来奉告纣王。纣王却说："我生死都有命，难道这一切不是上天安排的吗？这能把我怎么样呢？"微子眼见纣王至死也不能清醒，打算一死了之，或离开

纣王。但他自己又无法决断，便去询问太师说："殷朝已经没有清明的政治，自己的土地治理得乱七八糟。我们的祖先在之前用自己的勤劳、勇敢和智慧建造了国家，取得了成功，而纣王在当今竟一味沉溺于美酒之中，只听从他女人的话，败坏了汤王的德政。殷朝上下大大小小的人都热衷于偷窃，没有王法，而朝廷大臣也互相模仿，违法乱纪，使得人人都有罪。朝廷都乱了，百姓们也就都互为敌人，天下更乱作一团，我们常说的和谐也都不复存在。现在，殷朝没有了规矩，就像乘船过河找不到渡口。殷朝的灭亡，指日可待了。"微子继续说："太师，我将何去何从呢？我们的殷朝还能保住吗？"太师顺着说道："王子啊，这是上天降临灾祸灭亡殷朝，殷纣上不害怕天、下不害怕人民，又不采纳长者老者的意见。你即使自己死了，国家　　　　也得不到治理，那就不如远走他乡。"于　　　　　　是，微子离

开了殷朝。

箕子是纣的亲戚。纣王最初制作象牙筷子时，箕子就悲叹道："他现在制作象牙筷子，将来就一定还要制作玉杯；制作玉杯，就一定想把所有的奇珍异宝都占为已有。他从此就要变得奢侈浪费，过豪华的生活，国家肯定无法振兴了。"箕子向纣王说了自己的想法，可是纣王沉浸在奢侈豪华的生活中，不肯听取箕子的建议。有人说："既然他不听你的建议，那么你就走吧。"箕子说："我是纣王的臣子，作为臣子的我向纣王提意见，而纣王置之不理，我就要离他而去，这是在帮着君主一起张扬恶性啊！那样的话更是对百姓不负责，我不忍心这样做。"于是箕子披头散发、假装疯癫做了奴隶，并隐居起来，每天弹琴以打发时光，所以人们传颂他的曲子为《箕子操》。

武王访箕子

公元前1124年，周武王带领军队攻打商纣王。牧野之战中，周武王的军队士气很高，战无不胜，纣王兵败自杀了。武王攻入商都朝歌，商朝灭亡。在这商朝和周朝战乱与朝代更替的时候，箕子便趁乱逃往箕山（今山西东南部晋城市陵川县棋子山），在箕山过起一段短暂的隐居生活。

箕子利用那些天然的黑白两色石子摆起八卦阵占卜，用来观测天象，看星象运行、天地四时、阴阳五行、万物变化的规律。武王灭商建周后，渴望贤才的周武王访道太行山，在陵川找到了箕子，恳切地向箕子请教治国理政的方法，箕子向他一一讲述了自己隐居时所思考出来的道理。武王听完箕子的一番陈述，就把朝鲜封给箕子。箕子一行人从今天的胶州湾渡海，奔向与商朝有一定族缘关系的朝鲜，创立了箕氏侯国。同去的有殷商贵族景如松、琴应、南宫修、康侯、鲁启等人。

据说，箕子一行人到了黄海边，就乘了木筏向东漂去。

几天后登上了一座半岛，因为看见这座半岛山明水秀，芳草连天，一派明亮美丽的景象，便将那地方叫作朝鲜。从此，箕子带领的五千余人在这个半岛上定居下来。相传箕子到朝鲜后便建筑房屋、开垦农田、养蚕织布、烧制陶器、编制竹器，还使用八种简单的法律，来解决人们的争执。在朝鲜，箕子把之前商朝的文化传播开来，把围棋传向四面八方。

后来周武王邀请箕子回家探望。武王封他为朝鲜

侯，不把他当下贱的大臣看待。这时箕子已经 52 岁。后来，箕子去拜见周武王，经过曾经的都城朝歌，眼前的朝歌已经变成了一片废墟。他感伤于宫殿被毁坏，曾经的城墙也坍塌了，宫殿里杂草丛生，想大哭一场，但是不行，想小声哭泣，但又觉得那样像个姑娘家，于是触景生情吟出《麦秀》诗，诗中说："麦秀渐渐兮，禾黍油油。彼狡僮兮，不与我好兮！"意思就是："麦芒尖尖啊，禾苗绿油油。那个小子啊，不和我友好！"这里的小子，就是纣王。殷的百姓看到这首诗，都被感动哭了。

微子仁义

周武王去世后，周成王年纪还很小，还不能去打理政事，周公旦就代理周成王行政，掌握国家政权。这时，周朝的大臣管叔、蔡叔怀疑他想就此机会控制周朝的大权，就与武庚作乱，想攻打成王、周公。周公借用成王的命令诛杀武庚、管叔，放逐了蔡叔。周公见宋微子的品行能力都不错，就让微子管理曾经属于殷朝的地方，继续殷先祖的事业，并写了一篇《微子之命》告诫他，国名为宋。微子本来就仁义贤能，代替武庚后，殷的百姓十分拥戴他。

读史有智慧

箕子和微子在早年服侍商纣王的时候都不断地向纣王进谏，劝说纣王改变眼前荒淫无度的局面。但是无奈商纣王被富贵的生活迷了眼，殷朝灭亡。但是在殷朝灭亡之后，微子又继续管理殷朝曾经的子民。箕子在多年以后看到旧朝残破的宫殿也不禁流下了眼泪。箕子和微子都是有名的爱国人士啊！他们对祖国的热爱不禁让人潸然泪下。

历史寻踪

◆ 箕子陵

箕子陵是古代高丽国为纪念箕子而建的陵墓，原址位于朝鲜平壤牡丹峰脚下。1102年，高丽肃宗接受礼部的建议，访查箕子埋葬的地点。最终认定箕子埋葬于牡丹峰下，肃宗便为箕子修筑了陵墓，又在旁边建立箕子庙以进行祭祀。朝鲜半岛历代君主都对箕子陵进行定期祭祀，并进行过数次修缮。箕子陵与乙密台、七星门、浮碧楼毗邻，成为古代平壤著名的景观之一。现在这个景观已经被拆毁。

好客的宰相——孟尝君

最好客的人是什么样子的？如果有排行榜的话，孟尝君一定高居榜首。他曾招揽宾客三千，甚至包括一些鸡鸣狗盗之徒。但危急之中，是这些鸡鸣狗盗之徒助他一臂之力，拯救了他的性命。孟尝君到底是个什么样的人，他的一生又有哪些传奇经历呢？

相门之子

孟尝君姓田，名文，他的父亲田婴是齐国的靖郭君。田婴有四十多个儿子，孟尝君因为是小妾生的孩子，并且出生在五月初五，所以一出生就被自己的父亲下令处死。孟尝君的母亲偷偷把他养活了。孟尝君长大后，他的母亲通过他的兄弟把孟尝君引荐给田婴。田婴非常生气。孟尝君立即叩头大拜，然后反问他的父亲："您为什么不让养活在五月里出生的孩子？"父亲说："五月里出生的孩子，如果长大了他的个子跟门户一样高，是会克死父母的！"

孟尝君反驳说："人的命运是由上天授予的呢，还是

由门户授予的呢？"他接着说："如果是由天注定的，您又改不了，何必操心？如果是由门户决定的，那么只要加高门户就行了，谁能长到跟门户一样高呢？"

田婴说不过孟尝君，只好承认了孟尝君的身份。

孟尝君见父亲一直在敛财，就问父亲儿子的儿子、孙子的儿子、玄孙的儿子叫什么，田婴答不上来。于是，孟尝君说："您在齐国担任宰相很久了，国家的领土没有得到拓展，您个人却积累了万贯家财；您的妻妾穿绫罗绸缎，贤能的人却连粗布短衣都穿不上；您的仆人可以吃剩余的饭食肉羹，可贤能的人连不好的菜都吃不上。到现在了，您还在不断积攒财物，想留给那些连名字都叫不上的后人，却没看到国家越来越弱小。我不理解这是为什么。"

田婴听后恍然大悟，从此改变了对孟尝君的看法，让他主持家务，接待宾客。就这样宾客日益增多，孟尝君的名声也随之流传开来。

招揽宾客

田婴去世后，孟尝君继承了父亲的爵位。从此，他就在他的封地薛邑招揽一些宾客，甚至一些犯罪逃跑的人。孟尝君宁可舍弃家业也要给这些人以丰厚的待遇，因此天下的贤士都梦想着成为他的宾客。

有一次，孟尝君招待宾客吃饭，有个宾客认为孟尝君跟自己吃的饭菜不一样，摔掉筷子就要走。孟尝君马上站起来，亲自端着饭菜请那个宾客验证。宾客一看，饭菜是一样的，马上又羞愧得无地自容，以自杀向孟尝君谢罪。如此一来所有的宾客都更敬重孟尝君了，孟尝君的名声越来越大。

鸡鸣狗盗

　　孟尝君曾在秦国担任宰相，秦国有的大臣劝说秦王："孟尝君确实很有才能，可他是齐国的贵族呀！如果他担任了秦国宰相，遇到事情他一定会先替齐国谋划，然后才会考虑秦国！"于是秦昭王罢免了孟尝君的职务，把他囚禁起来，打算杀掉他。

　　孟尝君知道后，就派人去向秦昭王的宠妾求救。那个宠妾就向孟尝君索要白色狐皮裘，而这白色狐皮裘早已献给了秦昭王。正在孟尝君为此发愁时，一个能力很差，但会披狗皮，装成狗偷东西的宾客说："我有本事拿到那件白色狐皮裘。"于是他当夜就假扮成狗钻入秦宫中的仓库，偷出那件已经献给秦昭王的白色狐皮裘，献给了秦昭王的宠妾。宠妾替孟尝君向秦昭王说情，放了孟尝君一行人。

　　孟尝君获得释放后，连夜乘车逃跑。秦昭王答应释放孟尝君后就后悔了，立即派人去追捕他。孟

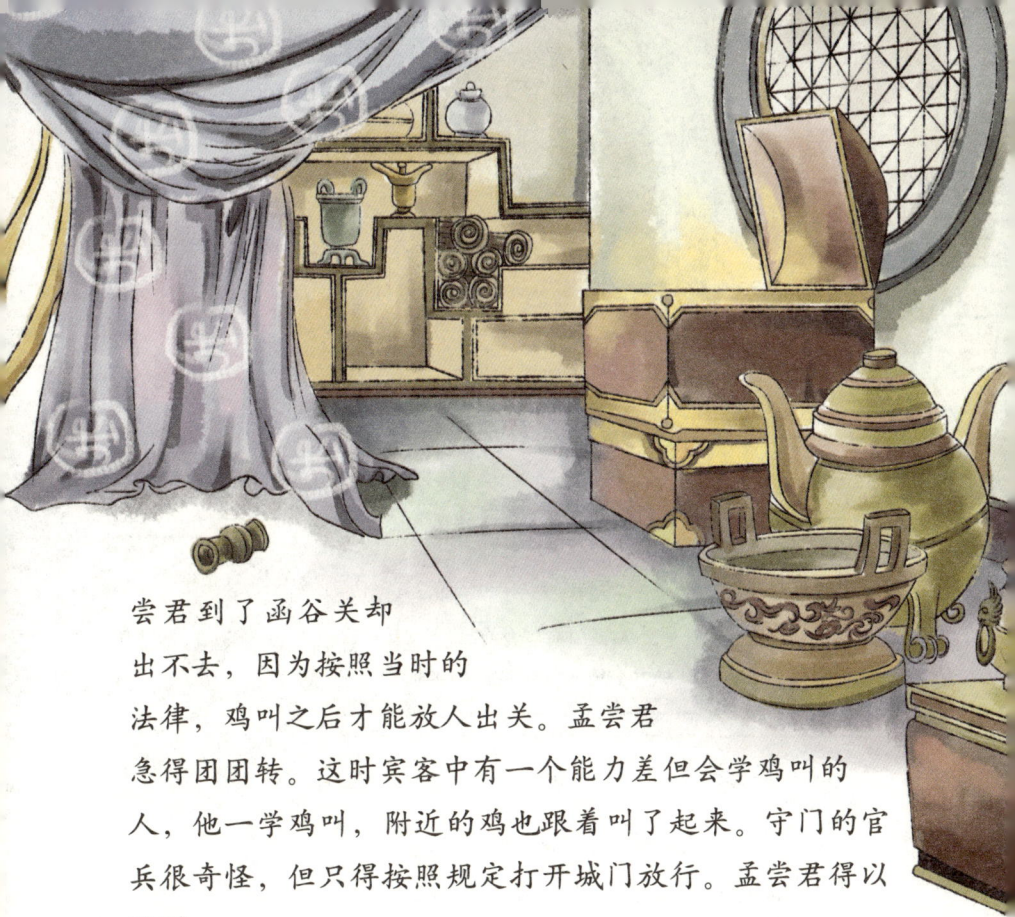

尝君到了函谷关却
出不去，因为按照当时的
法律，鸡叫之后才能放人出关。孟尝君
急得团团转。这时宾客中有一个能力差但会学鸡叫的
人，他一学鸡叫，附近的鸡也跟着叫了起来。守门的官
兵很奇怪，但只得按照规定打开城门放行。孟尝君得以
逃脱。

出任齐相

　　孟尝君担任齐国相国时，一次他的侍从魏子替他去
收取租税，去了三次，都没把租税收取回来。孟尝君询
问是什么原因，魏子如实回答说："我在路上遇见一位贤
德的人，我私自以您的名义把租税赠给了他。"孟尝君
听了非常生气，就辞退了魏子。

　　几年后，齐王怀疑孟尝君要造反，打算杀了孟尝
君。为了躲避灾祸，孟尝君只得又一次逃走。曾经得到

魏子赠粮的人听说了这件事，就冒死上书给齐王，说：孟尝君绝对不会犯上作乱，他愿意用生命作保证。上完书，这个耿直而又贤能的人就在宫门口刎颈自杀了，以此来证明孟尝君的清白。

这件事使齐王大为震惊，便派人追查实情，发现孟尝君并没有谋划叛乱，于是就召回了孟尝君。

经过这件事，孟尝君已经明白齐王不再信任他，因此他推托自己有病，要求辞官回封地养老。齐王也顺势答应了他，但还是有些忌惮他。

后来，孟尝君又逃到魏国，在魏国做了宰相。他主张魏国与秦、赵两国联合帮助燕国灭掉齐国。齐国寡不敌众，齐王不久就死在了荒郊野外。新齐王即位后由于畏惧孟尝君，就假装与孟尝君很亲近。这种情况一直延续到孟尝君去世。他死后，几个儿子开始争夺爵位，齐国和魏国趁机共同灭掉了孟尝君的封地薛邑。孟尝君的后代在那场争夺和战争中全部丧生，一生操劳的孟尝君绝嗣。

读史有智慧

孟尝君出生在五月，他的父亲认为这不吉利，要处死他。孟尝君没有记恨父亲，而是耐心地询问和劝解父亲，最终用自己的智慧获得父亲的认可。这告诉我们在生活中与父母长辈有冲突时，一定要先辨别正误，如果自己没错，要通过自己的努力来解决问题，而不是把情况变得更糟。"鸡鸣狗盗"的故事告诉我们尊重是发自一个人内心的东西，尊重善待所有人，或许有一天自己还能得到他们的帮助呢！

历史寻踪

◆ 孟尝君遗址

孟尝君遗址位于山东省花平县迟桥村西500米处。遗址南北长150米，东西宽100米。从遗址的断面可以看见2米厚的文化层，文化层土质松软，土层深灰，内含大量灰陶和黑陶片。大部分轮制，陶器纹饰有方格纹、绳纹、附加堆纹。有豆、尊、鬲、罐、盆等器型。另外，还有少许石器、骨器和青铜器。

一生奔波为连横[①]——张仪

战国时期秦国有一位纵横家，他往来于诸侯国之间，出入于各国都城，凭借自己的辩才，让楚、魏等原本秦国的敌人纷纷与秦国结盟。一个人凭借一张嘴就改写了整个政治格局，让我们不得不佩服！

受辱投秦

张仪是魏国人，曾和苏秦一起在鬼谷子门下学习游说之术。学成之后，二人就去游说诸侯。苏秦说服赵肃侯实行合纵联盟，但他担心秦国趁盟约还没缔结就攻打各诸侯国破坏合纵，于是考虑再三，想派张仪去秦国为他工作，于是派人前去召张仪来见他。

---

① 连横是战国时期的外交和军事策略。与"合纵"对应。合众弱国以攻强国，就是合纵；一强国攻众弱国，就是连横。战国时代，南北向为"纵"，东西向称为"横"。秦国位于西方，六国位于其东。六国结盟为南北向的联合，故称"合纵"；六国分别与秦国结盟为东西向的联合，故称"连横"。

等张仪来见苏秦时，苏秦故意对张仪不理不睬，不但用仆人的饭食招待他，还当众羞辱他，把他打发走了。张仪一气之下转投秦国。而苏秦则在暗中派人资助张仪，使他被秦惠文王重用。后来，有人告诉张仪是苏秦故意激怒他，为的是张仪今后有更好的发展。张仪方才如梦初醒。

秦魏称相

秦惠文君派公子华和张仪围攻魏国的蒲阳。张仪趁机劝说秦惠文君把蒲阳归还魏国，而且派公子繇（yóu）到魏国去做人质。张仪又去劝说魏王与秦和好。魏国把上郡十五县和少梁献给秦国，用以答谢秦惠文王。于是，秦惠文君任命张仪为相，居百官之首，参与军政要事。后来，张仪拥戴秦惠文君正式称王，更年号为秦惠王元年。

秦惠文王三年，为了秦国的利益，张仪去魏国担任国相，打算让魏国首先向秦屈服，从而在诸侯中起到表率作用。魏王不听，秦发兵攻魏国，魏国战败。韩、赵、魏、燕、齐五国率领匈奴人一起进攻秦国，秦国打退了联军的进攻，杀死了八万官兵，诸侯震惊。

秦惠文王八年，张仪再次游说魏王退出合纵盟约，臣服秦国。魏王同意，宣布退出合纵盟约，请张仪担任中间人与秦国和解。张仪回到秦国，重新出任国相。秦惠文王十一年，魏国又背弃秦国加入合纵盟约。秦国攻打魏国，使魏国再次臣服秦国。

张仪戏楚

秦惠文王十二年，秦国要攻打齐国，但担忧齐、楚两国已经缔结了合纵盟约，于是派张仪前往游说楚怀王。

楚怀王听说张仪来，非常盛情地接待他并询问他的来意。张仪游说楚怀王说："大王如果真要听从我的意见，就和齐国断绝往来，解除盟约，我请秦王献出商、於一带六百里的土地，秦楚结为兄弟之国。"楚怀王看中土地，非常高兴地答应了，并授予张仪楚相印信，派了一位将军跟着张仪到秦国去接收土地。

张仪回到秦国，故意以受伤为由一连三个月没上朝。楚怀王认为张仪是因为楚国与齐国断交不彻底才不肯上朝，于是派勇士到齐国辱骂齐宣王，齐宣王一怒之下与秦国结为邦交。于是张仪对楚国的使者说："我有秦王赐给的六里封地，愿把它献给楚王。"楚国使者说："我奉楚王的命令，来接收商、於之地六百里，不是六里。"

楚怀王知道自己被骗后，一怒之下派兵攻打秦国。结果秦、齐两国联合打败了楚国，夺取楚国的土地。楚国又派出更多的军队去袭击秦国，仍是大败，不得不割让城池和秦国缔结和约。

被囚楚国

秦惠文王十四年，秦国想得到黔中一带的土地，希望用武关以外的土地交换它。楚怀王说："我不愿意交换土地，只要把张仪给我，我就献出黔中地区。"

张仪主动请求前往。秦王担心楚王报复张仪，张仪说："秦国强大，楚国弱小，我和楚国大夫靳尚关系很好，靳尚奉迎楚国夫人郑袖，而楚王最听郑袖的话。况且我奉大王的命令出使楚国，楚王怎敢杀我。假如杀死我能替秦国取得黔中土地，那也值了。"

于是，张仪出使楚国。楚怀王等张仪一到就把他囚禁起来，要杀掉他。

靳尚对郑袖说："秦王特别钟爱张仪，打算用土地和美女把他解救出来。而楚王看重土地，一定会同意。到时候秦国的美女蜂拥而至，这样夫人也将被嫌弃了。不如替张仪讲情，把他从囚禁中释放出来。"

于是郑袖日夜向楚怀王讲情说："作为臣子，各自

为他们的国家效力。现在土地还没有交给秦国，秦王就派张仪来了，对大王的尊重达到了极点。大王还没有回礼却杀张仪，秦王必定大怒出兵攻打楚国。"

楚怀王于是赦免了张仪，像过去一样款待他。

回到秦国

秦惠文王十四年，张仪返回秦国。秦惠文王去世后，秦武王即位。秦武王从做太子时就不喜欢张仪，等到继承王位，很多大臣说张仪不讲信用，反复无常，出卖国家，秦国如果再任用他，恐怕被天下人耻笑。

张仪害怕被杀死，就趁机对秦武王献计说："听说齐王特别憎恨我，只要我在哪个国家，他一定会出动军队讨伐哪个国家。所以，请让我到魏国去，使齐国攻打魏国。魏国和齐国的军队交战不能脱身的时候，大王利用这个间隙攻打韩国，军队开出函谷关后不要攻打别的国家，直接挺进兵临周都，周天子一定会投降。大王就可以挟持天子，成就帝王的功业。"

秦武王认为张仪说得对，就准备了三十辆兵车，送他到魏国。

重返魏国

齐湣（mǐn）王听说张仪在魏国，果然出兵攻打魏国，魏哀王很害怕。

张仪说："大王不要担忧，我让齐国罢兵。"张仪就派遣冯喜到楚国，再借用楚国的使臣到齐国，使臣对齐湣王说："张仪离开秦国时就打算将祸水引向魏国，秦王认为他说得对，所以送张仪去了魏国。如今，大王果然攻打魏国，这是大王在广泛树立敌人，祸患殃及自身，却让张仪得到秦国的信任啊！"

齐湣王方才醒悟，于是下令撤军。

读史有智慧

张仪是个有胆有识的人，他出身贵族家道中落，却没有轻言放弃。他能言善辩，凭借三寸不烂之舌戏弄楚国，使楚国丧失了大量土地，破坏了合纵联盟，为秦国的连横政策争取了时间。他胆大心细，给人的印象是阴险狡猾，但不得不承认，他凭借自己的辩论天赋巧妙地改变了当时的战争格局，让人不得不佩服！

年轻有为、年老昏聩的宰相——春申君

夜幕降临，在秦国的边隘处，沦为人质的楚国公子换上一身车夫打扮，披散着头发，驾着车成功地逃回楚国。而这一幕的导演，正是春申君黄歇，他帮助楚国接班人重返祖国，却将自己的性命置之度外。如此机智勇敢的春申君，年老时却未得善终，他身上究竟发生了哪些事呢？

一书退秦兵

春申君是鲁国人，姓黄名歇。他周游各地拜师学习，知识渊博，为楚顷襄王出谋划策。顷襄王也很看重黄歇的口才，于是就让他出使秦国。当时秦昭王派将军白起攻打韩、魏两国，韩、魏两国军队准备向秦国投降。秦昭王正好想借此机会联合韩国、魏国一起进攻楚国。在还没有出发的时候，黄歇恰好来到秦国，于是他上书对秦王说了几点：

首先，鹬蚌相争，渔翁得利。秦国和楚国是当时最强大的两个国家，一旦打起仗来，其他小国肯定会借机一哄而上，对两个国家同时造成威胁。不仅如此，韩国、魏国的投降归顺也有很大的嫌疑。表面上看是屈服于秦国，而事实上是欺骗秦国。因为秦国不但对韩国、魏国没有很大的恩德，相反却有几代的仇恨。韩、魏两国国君的父子兄弟都接连死在秦国的屠刀之下，亲族逃离，骨肉分散。所以说要时刻防备着韩、魏两国。如果秦、楚两国联合起来一同进攻韩国，再结合有利的地势，肯定可以把韩国彻底收拾掉。秦王再出兵镇守住郑地，肯定也可以震慑魏国，到时候秦国就可以纵横天下了！

秦王读了春申君的上书后连连叫好，于是不再让白起联合韩魏出兵楚国了，而且秦、楚两国结成了友好的联盟。春申君一书退秦兵，大大维护了楚国的安全。

以命相抵送主归

黄歇接受了盟约返回了楚国，楚王看他如此多谋，就派黄歇与太子到秦国做人质。后来楚顷襄王病了，太子却回不去。太子与秦国相国应侯私下关系很好，于是黄歇就劝应侯说："如今楚王身体一天不如一天，不如放太子回去。如果太子能被立为王，他一定感激秦国的恩德。如果不让他回去，那他对秦王没有什么用处。如果楚国改立太子，那肯定不会侍奉秦国，秦、楚之间的关系就会变差，一个大国盟友也就失去了，这不是上策。"应侯把黄歇的意思报告给秦王。秦王派黄歇回去探望。黄歇替楚国太子谋划说："秦国扣留太子是要借此索取好处。而现在太子没有办法给秦国带来好处。而阳文君的两个儿子在国内，大王如果不幸辞世，太子又不在楚国，阳文君的儿子必定被立为新的国君。不如逃离秦国，跟使臣一起出去，让我留下来，出了问题我来担保。"

于是楚太子换了衣服，扮成楚国使臣的车夫离开了秦国。估计太子走远秦国无法追上，黄歇就向秦昭王报告说："楚国太子已经回国，我是死罪，愿您赐我一死。"昭王非常生气，要赐黄歇自杀。应侯进言道："作为臣子，黄歇为了他的主人而献出自己的生命，如果太子立为楚王，肯定重用黄歇，所以不如免他死罪让他回国，以表示对楚国的亲善。"秦王就按照应侯的意见把黄歇也遣送回国了。

奸谋盗楚

黄歇回到了楚国三个月后，楚顷襄王去世，太子完继位，这就是考烈王，黄歇被任命为宰相，封为春申君。在春申君黄歇的辅佐下，楚国又慢慢强大起来。

考烈王没有儿子，春申君为此发愁，他进献给考烈王的女子都没有给楚王生下儿子。

赵国李园打算把自己的妹
妹献给楚王，又听说楚王不能生育
孩子，恐怕时间长了妹妹不能得到宠幸，便设计
把她献给春申君，并立即得到春申君的宠幸。不
久李园的妹妹怀孕。李园便同他妹妹谋划一件更大
的事情。李园的妹妹劝说春申君："楚王尊重宠信您，
就跟亲兄弟一样，如今您出任楚国宰相已经二十
多年，可是大王没有儿子，如果楚王去世，楚国改立国
君后，您又怎么能长久地得到宠信呢？不仅如此，您身
处尊位执掌政事多年，对楚王的兄弟难免有失礼的地方，
如果他们被立为国君，将之前的怨恨都发泄到你的身上，
你还怎么能保住职位和封地呢？现在我已怀有身孕，别
人还不知道。我得到您的宠幸时间不长，如果凭您的力
量把我进献给楚王，楚王必定宠幸我；如果上天保佑我
生个儿子，这就相当于您的儿子做了楚王，这不是更好
吗？"春申君于是把李园的妹妹进献给楚王。

　　李园的妹妹很是受宠，并生了个儿子，这个儿子
被立为太子，考烈王又把李园的妹妹封为王后。楚王

器重李园，于是让李园参与朝政，李园的势力逐渐强大后，担心春申君把这个秘密泄露出去，就暗中打算杀死春申君。

身死棘门

春申君任宰相的第二十五年，楚考烈王病重。朱英对春申君说："世上有不期而至的灾祸，也有不期而至的人。李园不管兵事却豢养刺客为时已久。楚王去世，李园必定抢先入宫夺权并杀您灭口。您安排我做宫廷郎中，对我有恩。我替您杀掉李园。"春申君不信，朱英一看春申君不听自己的话，又怕灾祸降临到自己头上，就逃走了。十七天后，楚考烈王去世，李园果然抢先入宫，并在棘门埋伏下刺客。春申君进入棘门，李园的刺客从两侧刺杀春申君，砍下了他的脑袋。李园又派官吏把春申君满门抄斩。李园妹妹所生的儿子便被立为楚王，这就是楚幽王。跟随楚国多年的大臣黄歇就这样凄惨地死了。

读史有智慧

春申君的故事让人五味杂陈！曾经，春申君为了楚国劝说秦昭王，后来又冒着生命危险叫人把楚国太子送回国，这是多么智慧、多么勇敢的举动！可是后来堂堂大臣黄歇却受制于李园，真是糊涂啊！俗话说："该断不断，必受其乱。"这说的就是春申君没有听朱英的建议而惨死的事吧！春申君后半生的命运也真让人惋惜，由明智转到昏聩，对比鲜明，引发人的思考。

历史寻踪

◆ 春申君与上海

公元前262年，楚考烈王即位时，任命黄歇为令尹，封春申君，赐封地淮北十二县，后改封于吴（今天无锡、苏州、上海一带）。黄歇到了江南治湖理水，筑城引渠，深得民心。他还治理了黄歇浦（明代称黄浦江）、拓宽河道，使黄歇浦成为太湖入海的主要通道，故而黄浦江又名"申江""春申江"，上海简称"申"。

不识大体的君子——平原君

风度翩翩、气宇轩昂，他是战国四公子之一，他因礼贤下士、从谏如流而得到时人的仰慕和崇敬，他家的门前时常熙来攘往，门庭若市。这样一个大家眼里的翩翩君子，在国家大难来临之际，在个人利益和国家大局需要取舍的时候，他的个人抉择又是如何呢？

"招纳门客"

平原君赵胜是赵国的一位公子，因为贤德有才，善于招纳门客，在众公子中声望极好。平原君担任过赵惠文王和孝成王的宰相，曾经三次离开宰相职位又三次官复原职。当时齐国有孟尝君、魏国有信陵君、楚国有春申君，他们都好客养士，并争相超过对方，以便使自己招徕更多的人才。

平原君家对面是一处民宅，民宅中常有一个一瘸一拐去打水的跛子。平原君宠爱的妾在楼上看风景，看到这一幕后哈哈大笑起来。第二天，跛子找到平原君，对他说："我听说您招纳贤士，看重有德有才之人，正因为这样，我才千里迢迢想来依附您，但是您的妾却如此嘲笑我，我希望得到她的头。"平原君非常为难，但看到宾客们因此事纷纷离开了他，于是将耻笑跛子的妾杀了，又亲自到跛子家道歉。其他的门客看到平原君的行动都纷纷回来了。

毛遂自荐

　　秦国围攻邯郸，赵王派平原君去求楚国联兵抗秦。平原君就想和门下有勇有谋、能言善战的二十人一同去楚国。结果选得十九人，剩下的一个怎么也选不出来。这时门下食客中有个叫毛遂的人自告奋勇，想要一起去。平原君说："有才能的贤士生活在世上就如同锥子放在口袋里，它的锋尖立即就会显露出来。如今先生在我门下已经三年了，我的左右近臣从没有推荐过你，我也从来没听说过你，先生还是不要去了吧。"毛遂一定要去，其他十九个人都嘲笑毛遂。

　　到楚国后，平原君在楚国宫廷上与楚王商谈合纵抗秦的事，从早上谈到中午，也没有结果。毛遂按剑上前，楚王大声呵斥。毛遂手按剑把，逼近楚王说："大王敢这样呵斥我，是仗着楚国的军队多。现在，我跟大王的距离不到十步，大王的性命握在我手里，楚国的军队虽多，也帮不了您的忙。当着我的主人，您为什么这样无礼地呵斥？况且我是为赵国谋事！"毛遂的义正词严和威逼，

使楚王连声回答："是啊，是啊！先生的话有道理，我愿意把整个国家奉献给合纵抗秦的盟约。"毛遂于是手捧铜盘，跪在楚王面前，请楚王歃血为盟。

回到赵国后，平原君感慨地说："毛先生一至楚，而使赵重于九鼎大吕，毛先生以三寸之舌，强于百万之师。"从此待毛遂为上客。

解围邯郸

平原君回到赵国后，楚国派春申君带兵赶赴救援赵国，魏国的信陵君也假托君命夺了晋鄙军权带兵前去救援赵国，可是都还没有赶到。这时秦国正在猛攻邯郸，马上就要攻下邯郸了，平原君感到很焦虑。邯郸一个官员李同就劝他说："您不担心赵国灭亡吗？"平原君说："如果赵国灭亡了，那么我就要做俘虏了，我怎么能不

担心？"李同说："邯郸的百姓生活处在水深火热之中，而您宫中的妃嫔们却穿着丝绸的衣服，吃着精美的饭菜。百姓缺乏兵器，削尖木头当长矛箭矢用，而您的珍宝却照旧无损。如果秦军攻破赵国您还有这些东西吗？假若赵国得以保全，您又何愁没有这些东西呢？现在您如果能将家人编到士兵队伍中分别承担守城劳役，把家里所有的东西全都分发下去供士兵享用，士兵正当危急困苦的时候，一定会感恩戴德的。"平原君听从了李同的意见，征集三千余名敢死队员，由李同率领，侵袭秦军军营，秦军为之大震，只得败退三十里。不久，魏国、楚国救兵到达，三国大军大败秦军，赵国转危为安。

拔擢赵奢

　　赵奢本是赵国征收田租的官吏。在收租税的时候，平原君的家人不肯交。赵奢用法律处置，杀死平原君家中管事人九名。平原君十分恼怒，想杀死赵奢，赵奢便说："您在赵国是贵公子，如果纵容家人而不奉公守法，

法纪就会削弱，法纪削弱国家也就衰弱，国家衰弱则各国来犯，赵国便不存在了，您还到哪里找现在的富贵呢！以您的尊贵地位，带头奉公守法则上下一心、国家强大，国家强大则赵家江山稳固，而您作为王族贵戚，难道会被各国轻视吗？"平原君认为赵奢很公正，便将赵奢介绍给赵王。赵王让他管理国家赋税，于是国家赋税征收顺利，人民富庶并且国库充实。

庇护魏齐

　　赵孝成王元年（公元前265年），当时秦昭襄王任用范雎为相，范雎在魏国时曾受当时宰相魏齐之辱，于是威胁魏国要杀了魏齐。魏齐于是逃到赵国，躲在平原君之处。秦昭襄王得知后，修书邀平原君宴饮，平原君不敢不从。到了秦国之后，秦昭王要平原君交出魏齐，平原君却回答："在富贵时结交的朋友，都是为了贫贱时所预备的。魏齐既然是我的朋友，就算他在，我也不会交出来，何况他现在不在我那里。"拒绝了秦王的请求。

秦王于是扣留了平原君，威胁赵孝成王交出魏齐，赵王于是紧急发兵包围平原君的宅第。魏齐趁夜逃出，去找虞卿，虞卿认为赵王无法说服，带着魏齐逃奔魏国向信陵君求助。信陵君不愿意见他们，魏齐得知此事后，自刎身亡。赵王于是取魏齐头送到秦国，平原君才得以回国。

读史有智慧

平原君是乱世之中风度翩翩、富有才气的公子，但是他不能识大局。俗话说"贪图私利便丧失理智"，平原君仅是窃得一时名声之人，不懂为国计虑。在拒燕之事上不懂用赵将廉颇、赵奢，反而割地与齐借来不会被赵所用的田单。冯亭献上党之事，平原君也不知避开祸患，贪取土地而引起长平之祸。因此平原君难以辅佐危殆的国家，也无法抗拒强秦。

历史寻踪

◆ 平原君墓

平原君的墓在今河北省肥乡县城东南4公里元固乡西屯庄村西北，1982年7月被列为河北省重点文物保护单位。1984年，肥乡县人民政府重修碑楼，建立了保护标志并划定了保护区。

从不端架子的公子——信陵君

相传一次信陵君在家中大宴宾客时，他本人却突然消失了。后来人们才知道他是亲自去接看守城门的侯嬴了，尽管侯嬴推辞拖延，他都耐心等候。我们知道在之后著名的"窃符救赵"的过程中，是侯嬴给了信陵君决定性的建议，并死力助威，才使魏国大获全胜。信陵君慧眼识人招贤纳士，不愧为一位令人尊敬的公子。

广招门客

魏无忌的父亲魏昭王去世，魏无忌的哥哥继承王位。第二年，他的哥哥把信陵分封给魏无忌，他因而被称为信陵君。

当时范雎从魏国逃到了秦国当宰相，因为怨恨魏国的国相魏齐，多次在秦昭王面前说风凉话，怂恿秦王去攻打魏国。秦军包围了大梁，击败魏国的军队。魏王和信陵君听到这个消息非常着急。

信陵君为人仁爱宽厚，最多的时候门下曾有三千食客。因为有信陵君的威名在，各诸侯国连续十多年都不

敢动兵侵犯魏国。有一次，信陵君跟魏王下棋时传来警报："赵国带着军队就要打进来了。"魏王立即放下棋子，就要召集大臣们商议对策。

信陵君对魏王说："这只不过是赵王打猎罢了，不是进犯边境。"接着跟魏王下棋，魏王心里非常害怕，没有心思下棋。过了一会儿，又从北边传来消息说："是赵王打猎，不是进犯边境。"魏王听后很惊讶，问道："你是怎样知道的呢？"信陵君答道："我的食客中有个人能深入赵王的随从之中，探到赵王的秘密，我因此知道这件事。"

从此以后，魏王因害怕信陵君太有能力，不敢任用他处理国事。

礼贤下士

魏国有个隐士，叫侯嬴，已经七十岁了，在大梁做一个守门小吏，家里十分贫穷。信陵君听说此人后，就前往拜访，并想顺便馈赠一份厚礼，但侯嬴不肯收下这份礼，他说："我几十年来修养品德，不能因我看守大门非常贫穷的缘故就接受您的财礼啊！"于是信陵君就大摆酒席，等到大家都来齐坐下了，他就亲自到东城门去迎接侯嬴。

侯嬴整理了一下破旧的衣帽，直接坐在信陵君空出的座位上，丝毫没有谦让的意思，想借此观察一下信陵君的态度。可是信陵君手握马缰绳更加恭敬。侯嬴又对

信陵君说："我有个朋友
在街市的屠宰场，望能委屈一下
公子的车马载我去见他一面。"信陵君
立即驾车前往街市，侯嬴下车去见他的朋友朱
亥，他斜着眼观看信陵君，故意站在那里，同他的朋友
聊天，同时暗暗地观察公子脸色。信陵君的面色更加和
气愉悦。

此时，酒席上魏国的将军、丞相、大臣正等着信陵
君开宴，信陵君的随从都暗地责骂侯嬴。侯嬴看到信陵
君面色始终不变，才告别了朋友上了车。到家后，信陵
君领着侯嬴坐到上席，并向全体宾客恭敬地介绍侯嬴，
满堂宾客都十分惊异。信陵君站起来，走到侯嬴面前举
杯向他祝寿。侯嬴趁机对他说："我只是个看门的人，可
是公子亲自在大庭广众之下迎接我，我本不该再去拜访
朋友，今天公子竟屈尊陪我拜访他。可我也想成就公子

的名声，故意让公子车马久久地停在街市中，借拜访朋友来试探公子，结果公子愈加谦恭。街市上的人都认为我是小人，而认为公子是高尚的人，能礼贤下士啊！"

在这次宴会散了后，侯嬴便成了信陵君的上客。

窃符救赵

秦国攻打赵国都城邯郸三年，双方都付出了巨大的代价。赵国眼看就要撑不下去了，赵国平原君多次派人向信陵君求救，希望派兵解救赵国。但秦国威胁说，谁要是支援赵国，秦攻下赵后就去攻打它。

魏王害怕秦兵报复，于是命令晋鄙将军率军在边境按兵不动。信陵君见此状况，决心自己组织一批人到赵国与秦军拼死一战。可他去向侯嬴辞行时，侯嬴却冷淡地说："公子自个儿去吧！我老了，不能跟随您！"

信陵君带人走了几里路后，觉得不对劲儿："平时侯嬴总是热情地为我出主意，今日为何这样冷淡？"于是，他又带人回来，去见侯嬴。侯嬴说："我知道公子要回来！公子是天下有名的贤人，竟然带几个宾客就想去和秦军拼命，这岂不是拿鸡蛋碰石头吗？"

信陵君一听，就跪拜在侯嬴面前请教。侯嬴说："如姬是魏王的宠妃，而公子又曾替她报过杀父之仇。不如

让她把魏王卧室内的调兵虎符偷出来。您拿上它，扮成接替晋鄙的将军，到邺城夺过军队，再去救赵呢？"信陵君依计而行，得到了虎符。

信陵君到了邺城，一举攻破秦军，救了赵国，这就是有名的"窃符救赵"。

威震天下

后来，信陵君在赵国居住了十几年不回魏国。恢复了元气的秦国乘着信陵君在赵国，日夜不停地进攻魏国。魏王为此焦虑不安，就派使者去请信陵君回国。

信陵君告诫门下宾客说："谁敢替魏王使臣通风报信的，立即处死！"

这时，有人说："您之所以在赵国受敬重，是因为有魏国的存在。假如秦国攻破大梁，公子还有什么脸面活在世上呢？"话还没说完，信陵君脸色就变了，嘱咐车夫赶快套车回去救魏国。

信陵君和魏王兄弟两人十年未见，重逢时抱头痛哭。魏王让他做魏国军队的最高统帅。

信陵君派使者向各诸侯国求援，各国得知信陵君担任了上将军，都纷纷派兵救魏。信陵君率领五个诸侯国的联军在黄河以南大败秦军，使秦国将领蒙骜战败而逃。

抑郁而终

秦王派人带着大量财宝到魏国离间魏王和信陵君的关系，同时派人到魏国境内假装祝贺信陵君登上王位。因此，魏王更加怀疑信陵君，于是派其他人代替他执掌魏国兵权，五国攻秦计划失败。

信陵君从此心灰意冷，回到魏国之后，不再上朝，每日沉迷酒色。四年之后，信陵君去世。从此魏国失去最后支撑的顶梁柱。

读史有智慧

信陵君这么有威望有地位的公子竟然亲自驾车去接一位看守城门的小官，还在将军大臣云集的宴会上举杯为他祝寿，在信陵君眼中有才华的人就值得尊重。不仅如此，信陵君在面对赵国的求救时毅然决然地拿出所有勇气"窃符救赵"，胆识过人，不愧为"战国四公子"之一。

慷慨悲歌的刺客——荆轲

燕赵大地自古多慷慨悲壮之士，这句话可以说是从荆轲这里来的。荆轲不过是一位喜欢研究剑术的普通人而已，但是他却选择了代表燕国闯进秦宫刺杀秦王！面对威严残暴的秦王，面对自己国家的命运，他勇敢地献出了自己的生命，这就是勇敢悲壮的英雄！

荆轲是谁

传说荆轲本是齐国庆氏的后代，后来迁徙到卫国，改姓荆。荆轲喜爱读书、击剑，凭借着剑术游说卫元君，卫元君没有任用他。荆轲离开卫元君以后，在外漂泊，到燕国以后，和当地的屠夫以及擅长击筑的高渐离结交，成为知己。荆轲特别喜欢喝酒，喝得似醉非醉以后，高渐离击筑，荆轲就和着节拍在街市上唱歌，相互娱乐，一会儿又相拥哭泣，陶醉其中，旁若无人。荆轲虽说混在酒徒中，可是他的为人却深沉稳重。他喜欢读书，游历过诸侯各国，都是与当地贤士豪杰以及德高望重的人相结交。他到燕国后，燕国隐士田

光也友好地对待他，在交往中，田光确认他不是一个平庸的人。

燕丹礼遇

　　太子丹收留了从秦国逃跑出来的樊於（wū）期，又听说秦国要吞并六国，心里非常害怕，辗转找来荆轲想询问一下秦国与燕国的事情。太子丹对荆轲说："如今秦王有贪婪的野心，不占尽天下的土地，使各国的君王向他臣服，他的野心是不会满足的。燕国弱小，多次被战争所困扰，我又不忍心将穷途末路的樊将军押回秦国，燕国就算调动全国的力量也不能够抵挡秦军。诸侯都很怕秦国，没有谁敢提倡合纵政策，我私下有个不成熟的计策，如果能得到天下的勇士，派往秦国，用利益诱惑秦王，秦王贪婪，其结果一定能达到我们的愿望。如果真能够劫持秦王，让他全部归还侵占各国的土地，像曹沫劫持齐桓公，那就太好了；如不行，就趁势杀死他。他们秦国的大将在国外独揽兵权，而国内出了乱子，那么君臣彼此猜疑，趁此机会，东方各国得以联合起来，就一定能够打败秦国。这是我最高的愿望，却不知道把这使命委托给谁，希望你考虑考虑这件事。"

　　过了好一会儿，荆轲说："这是国家的大事，我的才能低劣，恐怕不能胜任。"太子丹上前以头叩地，坚决请求他不要推托，最后荆轲总算答应了。当时太子丹就尊奉荆轲为上卿，让他住进上等的馆舍。太子丹每天前去问候，供给他丰盛的宴席。

易水送别

过了很长一段时间，荆轲仍没有行动的表示。

公元前228年，秦国军队攻破赵国的都城，俘虏了赵王。大军挺进，向北夺取土地，直到燕国边界。太子丹害怕，于是请求荆轲说："秦国军队早晚要横渡易水，那时燕国要面对的可是灭顶之灾啊！"荆轲说："太子就是不说，我也要请求行动了。现在我到秦国去，只有拿着可以让秦王信服的东西才能靠近秦王，如果我能得到樊将军的脑袋和燕国督亢的地图，献给秦王，秦王一定高兴，这样我才能够有机会报效您。"太子丹说："樊将军到了穷途末路才来投奔我，我不忍心为自己的私利而伤害这个忠厚老实的人，希望您考虑别的办法吧！"

荆轲明白太子丹不忍心，于是就私下会见樊於期说："秦国对待将军可以说是太狠毒了，父母、家族都被杀

尽。如今听说秦国要用黄金千斤、封邑万户来购买将军的脑袋，您打算怎么办呢？"於期流着泪说："我每每想到这些，就痛入骨髓，却想不出办法来！"荆轲说："现在有一个方法可以解除燕国的祸患，洗雪将军的仇恨，怎么样？"樊於期凑向前说："怎么办？"荆轲说："我如果能得到将军的脑袋献给秦王，秦王一定会高兴地召见我，我左手抓住他的衣袖，右手用匕首直刺他的胸膛，那么将军的仇恨可以洗雪，而燕国也会保全，将军是否有这个心意呢？"樊於期含着眼泪自刎了。太子丹听到这个消息，驾车奔驰前往，趴在尸体上痛哭。但是事情没法挽回，于是就把樊於期的脑袋装到盒子里密封起来。

当时太子丹已预先找到天下最锋利的匕首并在尖刃上涂上剧毒。荆轲要出发，太子丹及宾客知道这件事的，都穿着白衣、戴着白帽为荆轲送行。到易水岸边，高渐离击筑，荆轲和着节拍唱歌，发出苍凉凄婉的声调，送行的人都流泪哭泣，一边向前走一边唱道："风萧萧兮易水寒，壮士一去兮不复还！"又发出慷慨激昂的声调，送行的人们怒目圆睁，头发直竖，把帽子都顶起来。于是荆轲就上车走了，他的头一次都没回。

图穷匕见

一到秦国，荆轲带着价值千金的礼物，赠送给秦王宠幸的臣子蒙嘉。蒙嘉替荆轲在秦王面前说了许多好话。秦王听说燕国献来地图和叛将人头，非常高兴，就穿上

了礼服，安排在咸阳宫召见燕国的使者。

荆轲捧着樊於期的人头和地图匣子走上殿前。秦王对荆轲说："递上地图来。"荆轲取过地图献上，秦王展开地图，图卷展到尽头，匕首露出来。荆轲趁机右手抓住秦王的衣袖，左手拿匕首直直地刺过去。匕首还没有接近秦王的身体，秦王大惊，自己抽身跳起，衣袖挣断。秦王又慌忙抽剑，剑长不方便拔，于是秦王抓住剑鞘。一时惊慌急迫，剑又套得很紧，所以不能立刻拔出。荆轲追赶秦王，秦王绕柱奔跑。大臣们吓得发呆。因为突然发生意外事变，大家都失去常态。而秦国的法律规定，殿上侍从大臣不允许携带任何兵器；各位侍卫武官也只能拿着武器都依序守卫在殿外，没有君王的命令不准进殿。仓促之间，大臣们惊慌急迫，没有用来攻击荆轲的武器，只能赤手空拳打荆轲。这时有人喊道："大王，把剑推到背后！"秦王把剑推到背后，才拔出宝剑攻击荆轲，砍断他的左腿。荆轲倒下，就举起他的匕首直接投刺秦王，没有击中，却击中了铜柱。秦王砍杀荆轲，荆轲被砍伤八处。荆轲自知大事不能成功了，就倚在柱子上大笑，坐在地上骂道："大事之所以没能成功，是因为我想活捉你，迫使你立刻归还诸侯们的土地回报太子。"这时侍卫们冲上前来杀死了荆轲。

读史有智慧

作为一名刺客，荆轲有着巨大的勇气与决心，他不惧怕秦王的残暴，不惧怕秦兵的勇猛，抱着必死的决心，用自己的生命为燕国的命运、为诸侯的命运下了一盘险棋。虽然结局失败了，但是荆轲的悲壮勇敢感动着每一个人。正是有了荆轲的勇敢无畏，我们才看到了以残暴著称的秦王懦弱惶恐的一面，这样更加反衬了荆轲的悲壮。

历史寻踪

◆ 历史上怀念荆轲的诗文

骆宾王：此地别燕丹，壮士发冲冠。昔时人已没，今日水犹寒。

荆轲墓联：身入狼邦，壮志匹夫生死外；心存燕国，萧寒易水古今流。

唐朝的李白写诗说:"齐有倜傥生,鲁连特高妙。明月出海底,一朝开光耀。却秦振英声,后世仰末照。意轻千金赠,顾向平原笑。吾亦澹荡人,拂衣可同调。"

鲁仲连高洁的品质和渊博的学识令"诗仙"李白都赞叹不已,那在他的身上到底发生了哪些事情呢?

鲁仲连是谁

鲁仲连,简称鲁连,战国时期齐国人。鲁仲连自幼就思维敏捷,长于思辨,而且以时事为务,不尚虚玄,表现出良好的天资和素养。后来他成为游说名士,曾就学于稷下学宫,他一生不愿出任官职。由于他的游说技巧卓越,有著名的"义不帝秦"之辩,也是现代"和事佬"的代名词。

鲁仲连游说赵国

赵孝成王时,秦王派白起在长平击溃赵国四十万军队,而后继续东进,围困邯郸。赵王非常害怕,四处求救。然而，各国也都不敢攻击秦军。

魏王派出将军晋鄙去营救赵国，但晋鄙因为畏惧秦军，驻扎在汤阴不敢前进。魏王派将军辛垣衍，从隐蔽的小路进入邯郸，觐见赵王说："秦军之所以围攻赵国，是因为以前和齐湣王争强称帝，而后又取消了帝号；如今齐国更加削弱，只有秦国可以称雄天下，这次围城并不是贪图邯郸，而是要重新称帝。赵国如果能派遣使臣尊奉秦昭王为帝，秦王一定很高兴，就会撤兵离去。"

此时，鲁仲连正在赵国游说，他听说魏国想让赵国尊奉秦昭王称帝，就去觐见平原君，平原君以不能使秦退兵为由拒绝表态。鲁仲连说："以前我认为您是天下贤明的公子，今天我才知道您并不是。魏国的客人辛垣衍在哪儿？我替您去责问他，并且让他回去。"

于是平原君见辛垣衍说："齐国有位鲁仲连先生，如今他就在这儿，我愿替您介绍，跟将军认识认识。"

辛垣衍说："我听说鲁仲连先生，是齐国德行高尚的人。我是魏王的臣子，奉命出使身负职责，不愿见他。"

平原君说："我已经把您在这儿的消息透露了。"辛垣衍只好应允了。

鲁仲连义不帝秦

鲁仲连见到辛垣衍后一言不发。辛垣衍说："我看留在这座围城中的，都是有求于平原君的人；而今，我看先生的尊容，不像是有求于平原君的人，为什么还长久地留在这围城之中而不离去呢？"

鲁仲连说："世人都认为鲍焦①是因为没有博大的胸怀而死去的，我却不赞同。人们不了解他的心意，认为他是为个人打算。秦国只崇尚战功，秦王用权诈之术对待士卒，像对待奴隶一样役使百姓。如果让秦统治天下，我只有跳进东海去死，我不忍心做它的顺民。我所以来见将军，是打算帮助赵国啊！"

辛垣衍说："先生怎么帮助赵国呢？"

鲁仲连说："我要请魏国和燕国帮助它，齐、楚两国本来就帮助赵国了。"

辛垣衍说："燕国嘛，我相信会听从您的；至于魏国，我就是魏国人，先生怎么能让魏国帮助赵国呢？"

鲁仲连说："魏国是因为没看清秦国称帝的祸患，才没帮助赵国。假如魏国看清秦国称帝的祸患后，就一定会帮助赵国。从前，齐威王率领天下诸侯朝拜周天子时，周天子贫困又弱小，诸侯们没有谁去朝拜，唯有

①鲍焦：周朝时期的隐士，因不满朝廷政策，且不愿同流合污，便遁入山林，后抱树而死。

齐国去朝拜。周烈王逝世，齐王奔丧去迟了，新继位的周显王很生气，派人到齐国报丧大骂齐威王。齐威王很生气就回骂了几句，结果被天下耻笑。齐威王之所以破口大骂，实在是忍受不了新天子的苛求啊。天子本就是这样，也没什么值得奇怪的啊！"

辛垣衍说："十个奴仆侍奉一个主人，难道是力气赶不上、才智比不上他吗？是害怕他啊。"

鲁仲连说："唉！魏王和秦王相比，魏王像仆人吗？"

辛垣衍说："是。"

鲁仲连说："那么，我就让秦王烹煮魏王剁成肉酱？"

辛垣衍很不高兴，不服气地说："哼哼，先生的话，也太过分了！先生又怎么能让秦王烹煮了魏王并剁成肉酱呢？"

鲁仲连说："当然能够，我说给您听。从前，九侯、鄂侯、西伯侯是殷纣的三个诸侯。九侯有个女儿长得娇美，把她献给殷纣，殷纣却认为她长得丑陋，把九侯剁成了肉酱。鄂侯刚直诤谏，激烈辩白，又把鄂侯杀死做成肉干。西伯侯听到这件事，只是长长地叹息，殷纣又

把他囚禁在监牢内一百天，想要他死。为
什么和人家同样称王，最终落到被剁成肉酱、
做成肉干的地步呢？齐湣王前往鲁国，夷
维子替他赶着车子做随员。
他要求鲁国用接待天子的
礼仪来接待齐王。鲁
国官员听了，就关城
门上锁，不让齐湣王
入境。齐湣王不能进入
鲁国，打算借道邹国前
往薛地。正当这时，邹
国国君逝世，齐湣王想
入境吊丧，夷维子又对
邹国提出不合理的要求。
邹国大臣们以死相逼，
齐湣王不敢进入邹国。
邹、鲁两国虽然贫弱，
但也可以拒绝齐湣
王入境。如今，秦、
魏两国国力相当，只因为秦国打了一次胜仗，就要顺从
地拥护它称帝。看来三晋的大臣比不上邹、鲁的奴仆、
卑妾了。如果秦国称帝了，就一定会更换诸侯的大臣。
还要让他的儿女和搬弄是非的姬妾嫁给诸侯做妃姬，住
在魏国的宫廷里，魏王怎么能够安定地生活呢？而将军

又怎么能够得到原先的宠信呢？"

于是，辛垣衍站起来，向鲁仲连拜了两次谢罪说："我当初认为先生是个普通的人，今天才知道先生是天下杰出的高士。我将离开赵国，再不敢谈秦王称帝的事了。"

秦军主将听到这个消息，把军队后撤了五十里。恰好魏公子无忌夺得了晋鄙的军权，率领军队来援救赵国，攻击秦军，秦军只得从邯郸撤军。

于是，平原君要封赏鲁仲连，鲁仲连再三辞让，最终也不肯接受。平原君就设宴招待他，喝到酒酣耳热时，平原君起身向前，献上千金酬谢鲁仲连。鲁仲连笑着说："杰出之士之所以被天下人崇尚，是因为他们能替人排除祸患，消释灾难，解决纠纷而不取报酬。如果收取酬劳，那就成了生意人的行为，我鲁仲连是不忍心那样做的。"

说完这些话，鲁仲连辞别平原君走了，终生不再相见。

读史有智慧

鲁仲连为了天下人民的幸福安危，不尊强大的秦国为帝。魏国臣子辛垣衍惧怕秦国，主张"帝秦"，鲁仲连就与他展开了一场论战。谈话中，鲁仲连循循善诱，层层剖析，终于说服了辛垣衍，充分体现出了鲁仲连的智慧。鲁仲连在功成后不受赏的行动，生动地刻画出鲁仲连不尊强秦为帝的决心与"为人排患释难、解纷乱而无所取"的精神。

韩信的军队已经离齐国不远，韩信信心满满准备进攻，这时突然有人说刘邦已经派人去说服齐王主动投降了。大军是进还是退？韩信也决定不了。这时蒯（kuǎi）通出现了，他委婉地告诉韩信不能轻易相信一个有嫌疑的人的话，另一方面为了韩信的前途和名声也要继续攻打。最终韩信带兵将齐国拿下。蒯通就这样成为韩信身边不可缺少的谋士。

乱齐之策

蒯通第一次出现在历史的舞台上是秦二世元年八月，当时陈胜命武臣北上扫荡赵地。蒯通以一个平民的身份向范阳县令徐公提出自己的建议。范阳县令徐公听取了他的意见，果然得以自保。

公元前203年，汉朝将军韩信带兵攻打魏国并俘虏了魏王豹，之后攻破赵国、代国。燕国看见这样的局势，也向汉朝投降了。韩信带兵接连平定三国，然后率兵向东将要攻打齐国。军队还没有过平原县，就听说汉王刘邦已派郦食其（yì jī）劝降了齐国，韩信想听从刘邦的命令停止进军齐国。

　　蒯通知道了这件事就去游说韩信，他说："将军您受命攻打齐国，而汉王又另外派一个兼有暗探身份的使者一个人前去劝降齐国，既然没有诏书命令您停止进攻，你为什么不进军呢？况且郦先生以一个士人的身份，一个人坐着马车去齐国，凭三寸不烂之舌，而劝降齐国七十余城，将军您率领几万兵众，才攻下赵国五十多座城。当了好几年将军，反而不如区区一个儒生的功劳大，你觉得这事儿说得过去吗？"于是韩信认为他说的有道理，采纳了他的建议，终于渡过黄河。而这时齐王已听从了郦食其的劝说，一起饮酒作乐，并撤除了对汉军的防御。韩信因而进军很顺利。齐王看到了成千上万的汉军已经攻打来了，认为郦食其欺骗了自己，就把他用热水煮死。齐国的军人看到了这样的场景纷纷吓得不敢作战。韩信的军队最终平定了齐国，韩信自立为齐国的代理国王。后来刘邦立韩信为正式的齐王，以便安抚他，使他坚定地站在自己一边。项羽也派武涉去劝说韩信，想要和他联合反对刘邦。

疯而为巫

　　蒯通知道天下局势的变化取决于韩信，想劝韩信背叛汉朝。但是，韩信认为汉王刘邦对自己的帮助很大，是自己的恩人，如果背叛刘邦就相当于见利忘义、背恩忘德。于是，韩信说："先生你先去休息，我要考虑一下。"过了几天，蒯通又劝说道："能否听从忠告，是做事成败的征兆；谋划是否得当，是存亡得失的关键。一直给别人当奴仆，就会失去统领四方的权力；只看眼前低微的俸禄，就会丧失成为公卿、宰相的机会。功业很难做成却容易失败，机会很难遇到却容易丧失。要是您想等待第二次机会，那就不知道要等到什么时候了。希望您不要怀疑我的计策。"韩信犹豫不决，不忍心背叛汉王，又自以为功多，汉王不会夺回他统治的齐国，于是婉言谢绝了蒯通的建议。蒯通因游说韩信反对汉王刘邦而没有被采纳，非常害怕刘邦知道了这件事处置他，就假装疯狂而做了巫师。

刘邦平定了天下之后，韩信因罪被贬为淮阴侯，又因谋反而被处死，临死的时候叹息着说："我真后悔不听蒯通的话，以至于死在女人的手中！"

刘邦

说："你说的是齐国的辩士蒯通吗？"于是刘邦下诏书命令齐国把蒯通招来。蒯通来到朝廷，刘邦要将他处以重刑，说："你为什么鼓动韩信反叛？"蒯通说："狗总是要对自己主人以外的人狂吠。那时候，我只知道有齐王韩信，并不知道有您。况且秦朝丧失帝位，天下之人共同去抢，有才能的人首先得到。天下纷乱，人们都争先恐后地要去做您所做的事，只是能力不够，您能把他们都杀尽吗？"于是刘邦放了他。

曹参礼遇

刘肥作齐悼惠王时，曹参是齐国的相，他礼贤下士，请蒯通做宾客。

当初，齐王田荣怨恨项羽，谋划在适当的时候起兵背叛他。于是田荣胁迫齐国的士人，不服从就杀死。齐国不愿做官的士人东郭先生和梁石君也在被胁迫之列，勉强服从了田荣的命令。等到田荣失败，两个人都感到很耻辱，就相随进入深山隐居起来。有人对蒯通说："对曹相国指出他的疏漏过失，荐举贤能之士，齐国没有人能比得上您。您知道梁石君和东郭先生是世俗平庸之人无法与之相比的贤人，为什么不把他们推荐给曹相国？"蒯通说："好的。我的邻居中有一个妇人，与四周的老太婆关系很好。妇人家里晚上丢了肉，她婆婆认为是妇人偷走了，就生气地把她赶走。妇人早晨走的时候，拜访了与她很要好的老太婆，把这件事告诉她，并向她告辞。老太婆说：'请你慢慢地走，我现在就去让你家里的人把你追回来。'老太婆立即捆起一捆柴火到丢肉的那家去借火，说：'昨晚上一群狗得到一块肉，互相争夺残杀，我来借火烧水给死狗煺毛。'丢肉的那家急忙去追赶招呼儿媳妇。所以，尽管老太婆不是能言善辩的人，捆乱麻借火也不是把妇人喊回来的方法，然而物类有时会相互感通，事情有时会正好巧合。请让我去向曹相国'借火'。"

于是蒯通去见曹参说："有的妇人丈夫刚死三天就改嫁，有的妇人却宁愿深居简出，闭门守寡，您如果想娶媳妇，会选择哪个？"曹参

说："我将娶那个不愿出嫁的。"蒯通说："那么，寻求臣下也应该这样。那东郭先生和梁石君，是齐国的贤俊之士，隐居于山林之中，不愿'出嫁'，不想卑躬屈膝地出来求官。希望您派人去以礼相待。"曹参说："那好吧，我就恭敬地接受您的建议。"于是曹参把这两人都作为上等宾客对待。

读史有智慧

蒯通可以说是最普普通通的一名老百姓，但是他过人的胆识和智慧都成就了他的不平凡。他从范阳县令徐公那里崭露头角，然后尽心尽力地在韩信身边辅佐。他劝诫韩信不要轻易相信别人的话继续攻打齐国，而后成功将齐国拿下。他看出韩信的处境危险，于是他劝说韩信举兵反对刘邦，但是韩信没有听蒯通的建议，以致身死国灭。可以说蒯通有着非同一般的洞察力和智商。

历史寻踪

◆《隽（juàn）永》

蒯通论述战国时游说之士的权变之术，并加上自己的评论，著书立说，号称《隽永》。

◆ 蒯通墓

山东省淄博市临淄区皇城镇五路口村东约500米处，有一古墓，南北32米，东西40米，高9米。据史、志书记载，此墓系汉初"说士"蒯通之墓。

一诺千金的将领——季布

季布为人仗义，好打抱不平，以信守诺言、讲信用而著称。所以楚国人中广泛流传着"得黄金百斤，不如得季布一诺"的谚语。"一诺千金"这个成语也是从这儿来的。

季布是谁

季布是楚地人。他特别好逞强，经常意气用事，爱打抱不平，在楚地很有名气。项羽派他率领军队攻打刘邦，每次都使汉王刘邦处于困境之中。等到项羽死了以后，汉高祖刘邦就出千金在街上贴告示悬赏捉拿季布，并下令说有胆敢窝藏季布的要灭三族。季布躲藏在濮阳一个姓周的人家。周家说："现在皇帝悬赏捉拿你非常紧急，追踪搜查的人马上就要到我家来了，将军你如果能听从我的话，我才敢给你献个计策，如果不能我情愿先自杀。"于是季布就答应了他。周家便把季布的头发剃掉，用铁箍束住他的脖子，给他穿上粗布衣服，把他放在运货的大车里，将他和周家的几十个奴仆一同出卖给鲁地的朱家。朱家心里知道是季布便买了下来，把他安置在田地里耕

作并且告诫他的儿子说："田间耕作的事都要听从这个人的，一定要和他吃同样的饭。"之后朱家便乘坐马车到洛阳去拜见了汝阴侯滕公。滕公留朱家喝了几天酒。朱家乘机问滕公："这个季布犯了什么大罪，皇上追捕他这么急迫？"滕公说："季布多次替项羽窘迫皇上，皇上怨恨他。所以一定要抓到他才罢休。"朱家说："您看季布是怎样的一个人呢？"滕公说："他是一个很有才能的人啊！"朱家说："做臣下的受自己的主上差遣，季布受项羽差遣这完全是职分内的事。项羽的臣下难道可以全都杀死吗？现在皇上刚刚夺得天下，仅仅凭着个人的怨恨去追捕一个人，为什么要向天下人显示自己器量狭小呢？再说凭着季布的贤能，汉王朝追捕又如此急迫，这样他不是向北逃到匈奴去就是要向南逃到越地去了。这种忌恨勇士而去资助敌国的举动就是伍子胥鞭打楚平王尸体的原因了。您为什么不寻找机会向皇上说明呢？"汝阴侯滕公知道朱家是位大侠客，他猜到季布一定隐藏在他那里，就答应说："好吧。"滕公等待机会果然按照朱家的意思向皇上奏明。皇上于是就赦免了季布。在这个时候，许多有名望的人物都称赞季布能变刚强为柔顺，朱家也因此而在当时出了名。后来季布被皇上召见表示服罪，皇上任命他做了郎中。

阻后出兵，治理河东

汉惠帝时，季布担任中郎将。匈奴王单于曾写信侮辱吕后，吕后非常生气就召集将领来商议。上将军樊哙说："我愿意带领十万人马去攻打匈奴。"各位将领都齐声迎合吕后说："好。"季布说："樊哙这个人真该斩首啊，当年汉高祖刘邦率领四十万大军都被匈奴围困在了平城，如今樊哙怎么能用十万人马就横扫匈奴呢？这是当面撒谎，犯了欺君之罪啊。再说秦王朝也正是因为大动干戈地打匈奴才引起陈胜、吴广等农民的起义。直到现在这个矛盾都没有缓和过来，而樊哙却当面阿谀奉承吕后，这就是想要使天下动荡不安啊。"大家听季布说完都哑口无言，在这个时候殿上的将领都感到惊恐，吕后因此退朝，终于不再议论攻打匈奴的事了。

后来，季布做了河东郡守。文帝在位时，有人赞赏季布很有才能，文帝便召见他，打算任命他为御史大夫。但是又有人说他很勇敢但好酒难以接近。季布来到京城长安在酒店里住了一个月，被皇帝召见之后就让他回原郡。季布因此对皇上说："我本来没有什么功劳，却受到了您的恩宠在河东郡任职。现在陛下无缘无故地召见我，这一定是有人妄誉我来欺骗陛下啊，现在我来到了京城没有接受任何事情就被遣回原郡，这一定是有人在您面前诋毁我。陛下因为一个人赞誉我就召见，又因为一个人诋毁我而要我回去，我担心天下有见识的人听了这件事就看出您为人处世的深浅了。"皇上听完之后默不作

声，觉得很难为情，过了很久才说道："河东对我来说是一个最重要的郡，好比是我的大腿和臂膀，所以我特地召见你啊。"于是季布就辞别了皇上回到了河东郡守的原任。

一诺千金

楚地有个叫曹丘的人擅长辞令，能言善辩，多次依靠权势获得钱财。他曾经侍奉过赵同等贵人，并且与窦长君也有交情。季布听到了这件事，便写了一封信劝窦长君说："我听说曹丘这个人就是一个奸诈无耻的小人，不是什么德高望重的人，所以你还是不要和他来往了。"等到曹丘回乡的时候，他想要窦长君写封信介绍他去见季布，窦长君说："季将军很不喜欢你，我劝你还是不要去了。"曹丘坚决要求窦长君写介绍信，窦长君迫不得

已给他写了信，把他打发走了，曹丘终于得到了信便起
程去了。曹丘先派人把窦长君的介绍信送给季布，季布
接了信果然大怒，等待着曹丘的到来。曹丘到了就对季
布作了个揖说道："楚人有句谚语说'得到黄金百斤比不
上得到季布的一句诺言'。您怎么能在梁、楚一带获得这
样的声誉呢？再说我和您都是楚地人。由于我到处宣扬
您的名字，天下人都知道，难道我对您的作用还不重要
吗？您为什么这样坚决地拒绝我呢？"季布于是转怒为
喜，请曹丘进来并且留他住了几个月，把他当作最尊贵
的客人看待，送他丰厚的礼物。季布的名声之所以远近
闻名，这都是曹丘替他宣扬的结果啊。

季布家族

　　季布的弟弟名叫季心，他的勇气胜过了关中所有的

人。他待人恭敬谨慎，因为好打抱不平，周围几千里的士人都争着替他效命。季心曾经杀过人，逃到吴地隐藏在袁丝家中。季心用对待兄长的礼节侍奉袁丝，又像对待弟弟一样对待灌夫、籍福这些人。他曾经担任中尉下属，司马中尉郑都也不敢不以礼相待。许多青年人常常暗中假冒他的名义到外边去行事。在那个时候，季心因勇敢而出名，季布因重诺言而出名，都在关中名声显著。

季布的舅舅丁公担任楚军将领。丁公曾经在彭城西面替项羽追逐汉高祖，使高祖陷于窘迫的处境。在短兵相接的时候，高祖回头对丁公说："我们两个好汉难道要互相为难吗？"于是丁公领兵返回，汉王便脱身解围。等到项羽灭亡以后丁公拜见高祖。高祖把丁公捉拿放到军营中示众说道："丁公做项王的臣下不能尽忠，使项王失去天下的就是丁公啊！后代做臣下的人不要仿效丁公。"于是就斩了丁公。

读史有智慧

季布靠勇敢在楚地扬名，亲身消灭敌军，拔取敌人军旗多次，可算得上是好汉了。然而他虽遭受刑罚，为奴却不肯死去，以期发挥自己未曾施展的才干，终于成了汉朝的名将。贤能的人真正能够看重自己的死，至于低贱的人因为感愤而自杀的，算不得勇敢，因为他们没有别的办法了。即使古代重义轻生的人，又怎么能超过他呢！

一代文豪——贾谊

"斩木为兵，揭竿为旗，天下云集响应，赢粮而景（yǐng）从。山东豪俊遂并起而亡秦族矣。"他面对汉朝表面和平统一但内藏严重危机的环境，向汉文帝上书，通过总结秦朝灭亡的历史教训来巩固汉朝的统治，写下了千古名篇《过秦论》，从中我们可以看出贾谊的文学才华和政治远见。

年少有为

贾谊是洛阳人，在十八岁的时候就因通读诗书，文章写得特别好而远近闻名。吴廷尉在担任河南郡守时，偶然听说贾谊很有才气，就将他召到衙门任职，并且十分器重他。汉文帝刚刚即位时，知道河南郡守吴公的政绩非常好，位列全国第一，并且他是李斯的同乡，曾经向李斯请教过为官之道，于是就想要召他来朝廷担任廷尉。吴公觉得贾谊年轻有才，对诸子百家的观点和思想都十分了解，于是向汉文帝推荐了他。这样，汉文帝就将贾谊

召到朝廷，让他担任博士之职。贾谊当时只有二十多岁，在博士中也是最年轻的。每次文帝下令让博士们讨论一些问题，那些提不出意见的都是年长的老先生们，而贾谊却能对答如流，其他人也都觉得贾谊把自己想说的话都说了出来。博士们都认为贾谊才学出众，无人能和他相比。汉文帝也非常喜欢他，破格提拔了他，在一年之内当上了太中大夫一职。

之后贾谊觉得从西汉建立以来到汉文帝即位时已经过去了二十多年，现在天下太平，正是修订历法、改变衣服的颜色、改正政治制度、重新决定官名的大好时机。于是他就拟出了各种法律，崇尚黄色，相信和推崇五行之说，创设了新的官名，将秦朝的旧法做了一次大的修改。贾谊提出了一个著名的《论积贮疏》，说明了当时社会上存在的放弃农业经营商业的现象会对统治者的统治造成威胁，因此他主张实行重农抑商的政策，大力发展农业，增加粮食的贮备，使百姓安居乐业，从而达到巩固汉王朝统治的目的。汉文帝采纳了他的建议，下令大力发展农业生产，这对经济的恢复和建立封建统治的经济基础起了积极作用，在当时符合社会的发展要求。汉文帝即位之后的各项法律的颁布和修改，以及诸侯必须要去封地上担任官职等其他的建议也都是贾谊的主张。

被贬长沙

　　贾谊刚被提拔到中央工作，在短短的时间里就展示出了自己的才华，之后又得到汉文帝的赏识再次被破格提拔，可以说贾谊在这段时间里是一帆风顺，少年得志。汉文帝非常喜欢贾谊，就和大臣们商量，想提拔贾谊担任公卿，但是就是在这个时候却遇到了重重的阻力。一些位高权重的大臣们都十分嫉妒和厌恶他，就在汉文帝面前诽谤贾谊说："这小子，年纪轻轻的且学识浅薄，只是想要权力，就把国家的大事弄得一团糟。"在外有大臣攻击，内有太监进谗的不利局势下，贾谊不但不能施展他的才能和抱负，连在西汉朝廷中立足之地也没有了。后来，汉文帝就疏远了贾谊，不再采纳他的意见，将他贬为长沙王太傅。长沙在汉朝的南部，离汉朝的首都长安有几千里远。由于当时交通不发达，贾谊历尽千辛万苦，长途跋涉才到了这里。但这并不是让贾谊感到难过的原因。使贾谊感到难过的是他心中的悲愤。自己有着远大的理想和一身的学问，怀着一腔热血想要辅佐文帝治理汉朝。但如今因为汉文帝听信小人的谗言而被贬，使他感到失望和难过。在贾谊

十分郁闷的时候，他想到了之前楚国的诗人屈原，也是因为遭到小人和大臣们的诋毁和诬陷，而使帝王疏远了他，并被贬出楚国都城，最后因为看到楚国的破败，心怀感叹，投汨罗江而死。他想到了与屈原相似的遭遇，就更加怀念屈原。当他在路上途经湘江时，望着滔滔的江水，思绪联翩，就写了一首《吊屈原赋》，这是贾谊表达对屈原的崇敬并抒发自己怨愤之情的作品。从这部作品中也能看出贾谊的文学才华。"讯曰：已矣！国其莫我知兮，独壹郁其谁语？凤漂漂其高逝兮，固自引而远去。"意思是说，总之：算了吧！整个国家没有一个人了解我啊，一个人独自忧愁抑郁能够和谁说呢？凤凰飘飘然向高处飞去啊，自己本来就打算远走高飞。

居安思危

在汉文帝七年的时候，文帝很想念贾谊，于是就又把他从长沙召回都城。贾谊到了都城后，文帝就接见了他。当时文帝刚刚祭祀完毕，对鬼神的事还有很多的疑问，就问贾谊。贾谊和文帝讲自己对鬼神的看法，文帝听着很是新奇，很入迷，于是文帝就挪动自己的座位，凑到贾谊跟前，听贾谊侃侃而谈，一直谈到半夜。转天，

文帝感叹不已："我很长时间没有看见贾谊了，本来以为自己的学问已经赶上了他，但是听了他的谈话，感觉还是不如他！"对于这件事，唐朝诗人李商隐写了一首绝句来抨击汉文帝："宣室求贤访逐臣，贾生才调更无伦。可怜夜半虚前席，不问苍生问鬼神。"

　　贾谊这次回到都城，文帝还是没有重用贾谊，只是把他分派到梁怀王那里去当太傅。主要原因还是因为之前的那些小人还在文帝的身边，贾谊也得罪过他们，他们继续向文帝诋毁他。这就成了贾谊施展其政治抱负的一个不可逾越的障碍。不过，对贾谊来说，他所关心的不是自己职务上的升降，而是国家的政治形势。在当时，西汉的政治局势基本是稳定的，但还是存在很严重的隐患。贾谊透过当时政治局势的表面稳定，看到了其中潜伏着严重的危机，对此深为关切和忧虑。他接连多次向文帝上书，向文帝敲警钟。其中最著名的，是在文帝七年他从长沙回长安后所上的《治安策》（也叫《陈政事疏》）。但是在当时危机四伏的环境下，

文帝还是没有采纳他的建议。

在文帝十二年的时候，贾谊在忧郁中死去，当年他才只有三十三岁。我们回头看看贾谊的一生，虽然因为受到谗言遭贬，未登公卿之位，但他具有远见卓识的政论和建议，文帝还是比较重视，大略是实行了的；这是那些身居高位而庸庸碌碌的公卿们所不能比拟的。

读史有智慧

贾谊的一生是短暂的，但也是光彩的。在这短暂的一生中，他为中华文化宝库留下了一份珍贵的文化遗产。他是骚体赋的代表作家，奠定了汉代骚体赋的基础。在西汉政论散文的园地中，贾谊的散文也堪称文采斐然。其最为人称道的政论作品是《过秦论》《治安策》和《论积贮疏》，说理透辟，逻辑严密，气势汹涌，词句铿锵有力，对后代散文影响很大。

历史寻踪

◆ 贾谊故居

贾谊故居又叫作贾太傅故宅、贾太傅祠，位于长沙市解放西路与太平街口交汇处。汉武帝时期，由皇帝敕命修缮贾谊故居，从明朝成化元年始，形成祠宅合一之格局。湖南人民极重视对故居的保护，历代毁建相继，均以贾谊井为中心，原址不变。现贾谊故居为1998年重修，为湖南省省级文物保护单位。

经历了秦朝的"焚书坑儒"，汉初思想重建尤为重要。这时，出现了一位对后世影响深远的大思想家——董仲舒。他的出现复兴了被扼杀达百余年的儒家文化。他融会贯通了各家思想，整合出一个崭新的思想体系。学习有"知、悟、用"三重境界，能做到第二重已经不易，董仲舒却可以融会贯通并加以创新，可以说十分难得。

董仲舒是谁

董仲舒，广川郡（今河北衡水景县）人，汉代思想家、政治家、教育家。

董仲舒经历了"文景之治""汉武盛世"，当时可谓是西汉王朝的极盛时期。在思想文化方面，汉初社会也是宽松自如的。很多因秦始皇"焚书坑儒"而秘藏起来的儒家典籍纷纷再现于人间，归隐的儒士也渐渐走出山林。

董仲舒的老家，东南两面邻近齐鲁，北靠燕代，西

界三晋。自古齐鲁多儒生，燕代出方士，三晋产法家，董仲舒自幼便在多种文化的熏陶中成长。他在汉武帝时期两次担任属地的国相，后辞职回家写作儒家典籍。每次朝廷有大事商议，武帝都会派使者和掌管刑狱的官吏到他家里去求取他的建议。

董仲舒以《春秋公羊传》为依据，将周代以来的宗教天道观和阴阳、五行学说结合起来，吸收法家、道家、阴阳家思想，建立了一个新的思想体系，对当时社会所提出的一系列哲学、政治、社会、历史问题给予了较为系统的回答。他的儒家思想维护了汉武帝的集权统治，为当时社会政治和经济的稳定做出了一定的贡献。

三年不窥园

相传董仲舒自幼便酷爱读书，他出生在官僚家庭，家中藏书颇丰，这些藏书对于董仲舒来说简直是一座巨大的宝库。他夜以继日地熟读家中的藏书，有时读到入迷处甚至废寝忘食。为了让他在读书之余可以放松一下，董太公决定在家后面的空地上修建一个花园。

修建花园并不是一件容易的事情。第一年，董太公派人到南方去学习如何修建花园，同时准备各种材料。开始动工的时候，董仲舒的姐姐邀请他来到院中观赏，但是他只是捧着书简，谢绝了姐姐的好意。第二年，小花园已经初具规模了，旁边的邻居和亲戚家的孩子都来到园中游玩，但是董仲舒却不以为意。第三年，花园正式建成了，很多人都来到花园观赏休憩，父母也叫董仲舒出来玩儿，他虽然点了点头，却依旧埋头学习。中秋佳节，家人都在园中赏月吃月饼，唯有他仍旧捧着书简不放手。因为有这样的精神和毅力，三年不窥园，董仲舒才成为一代大家。

下帷讲诵

　　功夫不负有心人，经过多年刻苦钻研，董仲舒将儒家五经①融会贯通，集百家之长。当时的学士大多只能学透一本经书，对其他经典知道得很少。此外，董仲舒还具有高尚的道德修养，他的仪容举止无一不合乎礼仪，学生们都敬重他，向他学习。

　　桃李不言，下自成蹊（xī）。董仲舒因研读《春秋公羊传》而出名，不少有志青年，都慕名前来向董仲舒求学。因为上门求学的人太多了，他不能对每一个人亲自进行教授。于是董仲舒"下帷讲诵"，每次讲学就在讲堂里挂上一幅帷帘，他在里面讲，弟子在帘外听。只有资性优异、学问不错的弟子才能够进到帷帘内，得其亲传。于是他的弟子便按照入学的时间先后排列好辈分，弟子再教弟子，将知识辗转相传。一些再传弟子甚至只是听说过董仲舒的大名，连他长什么样子都不知道。

---

①五经：儒家典籍《周易》《尚书》《诗经》《礼记》《春秋》的合称。

才高遭妒

汉武帝即位后，董仲舒出任江都国相，他依据《春秋》记载的自然灾害和特异现象的变化发现阴阳交替运行的规律。他将自己的发现应用于江都国，达到了预期的效果。在被贬为中大夫后，他根据之前的经验写了《灾异之记》。这时辽东高帝庙发生火灾，主父偃嫉妒他，就窃取了他的书上奏天子。天子召集众儒生来看这本书，儒生认为其中含有指责讥讽朝政之意。按照法令，董仲舒应该被判处死刑，但是皇上降诏赦免了他。

董仲舒为人廉洁正直。公孙弘研究《春秋》成就不及董仲舒，但是他行事善于迎合世俗，因此能身居高位，做了公卿大臣。董仲舒公开表示对公孙弘的看法，认为他阿谀逢迎，品行不良。公孙弘知道以后很憎恨他。当时的胶西王残暴狠毒，公孙弘就向皇上推荐董仲舒去担当胶西王的国相。

胶西王一向听说董仲舒有美德，因此对他礼貌友善。董仲舒害怕当官太久会惹祸上身，就称病辞官回家。直至逝世，他始终以研究学问、写作论著为本职。自汉朝开国以后历经五朝，其间只有董仲舒对《春秋》最为精通，名望甚高。

读史有智慧

董仲舒为什么能成为汉代重要的思想家、哲学家，读过他的故事就一目了然。同龄人在园林里游览得心旷神怡之时，他却能"三年不窥园"，丝毫不把这种享乐放在心上。他在各家经史子集中畅快地遨游，在著书立说时实现自己的人生价值，数十年如一日而不感到厌烦，这种专心治学的毅力值得我们去学习。

历史寻踪

◆ 董仲舒像

董仲舒说服汉武帝罢黜百家，独尊儒术，开创了儒家学说在两千年的封建社会中的一统局面。为了纪念他，明代统治者在他的家乡立祠雕像。石像位于旧县村西几十米处，整身端坐，头戴峨冠，身着阔袍，双手握笏，两袖宽大直垂膝下，面容端庄，两耳垂肩，仪态轩昂，气宇儒雅。石像背后刻有"明万历三十六年十月旧县村施财弟子管正尊韩安辅妻姚氏"。

景帝前元三年，晁错为了实现自己的政治理想，巩固大汉王朝的千秋大业，向汉景帝上书《削藩策》。汉景帝为了汉朝的长治久安，听从了晁错的建议，开始"削藩"。但是就在晁错的政治理想快要实现的时候，他却被汉景帝下令腰斩于长安东市。晁错为了改革奋不顾身、一往无前，对景帝、对国家也是忠心耿耿，为什么最终却发生了这样的悲剧呢？

晁错是谁

晁错，西汉政治家、文学家。汉高祖七年（公元前200年），晁错出生于颍（yǐng）川（今河南禹州市），年少时曾经在轵（zhǐ）县张恢先生那里学习刑名之学①。

晁错发展了"重农抑商"政策，主张纳粟受爵，增加农业生产，振兴经济；在抵御匈奴侵边问题上，提出"移民实边"的战略思

---

① 刑名之学：指战国时以管仲、李悝、商鞅、申不害为代表的法家学派。主张循名责实，慎赏明罚，后人称为"刑名之学"，亦省作"刑名"。

想，建议招募民众充实边塞，积极防御匈奴攻掠；政治上，进言削藩，剥夺诸侯王的政治特权以巩固中央集权，损害了诸侯利益。以吴王刘濞（bì）为首的七国诸侯以"请诛晁错，以清君侧"为名，举兵反叛。景帝听从袁盎之计，腰斩晁错于东市。

晁错的政论文"疏直激切，尽所欲言"，代表作有《言兵事疏》《守边劝农疏》《论贵粟疏》《贤良对策》等。

赏识与质疑

汉文帝时，晁错凭着通晓典籍，担任了太常掌故。当时，天下没有研究《尚书》的人，只听说济南伏先生是原来秦朝的博士，研究过《尚书》。但是伏先生已经九十多岁，无法征召到朝廷，于是文帝令太常派人前往学习。太常派晁错到伏先生那里学习《尚书》，接受儒家思想。晁错学成回来后，趁着解说《尚书》向皇上报告利国利民的事。汉文帝爱才，就下诏令任命晁错担任太子舍人、门大夫，后来升为博士。晁错又上《言太子宜知术数疏》，陈说太子应通晓治国的方法，得到文帝赞赏，被任命为太子家令。

晁错任太子家令时，文帝令大臣们推举贤良、方正、文学之士，晁错被推举为贤良。由文帝亲自出题，就"明于国家大体"等问题，提出征询。当时贾谊已死，参加对策的一百多人中，晁错的回答最好，深得文帝嘉许，由太子家令升为中大夫。

此后，晁错曾多次上书文帝，提出削诸侯和改革法令的建议。文帝虽未采纳，但十分赏识他的才能。由于晁错能言善辩，善于分析问题，深得太子刘启的喜爱和信任，被太子誉为"智囊"。但是又因为晁错严峻刚正，苛刻严酷，袁盎和诸位大臣大多不喜欢他。

文帝去世，太子刘启即位，提拔晁错为内史。晁错多次单独晋见景帝，议论国家大事，景帝对他言听计从，宠信程度超过了九卿，许多法令是经他的手修改订立的。

丞相申屠嘉心里不满意，但又没有足够的力量毁伤他。内史府建在太上庙围墙里的空地上，门朝东，出入很不方便，晁错便向南边开了两个门，因而凿开了太上庙的围墙。丞相申屠嘉听到这件事，非常生气，打算把晁错的过失写成奏章，请求诛杀晁错。晁错听到这个消息，连夜进谏皇上，具体详细地向皇上说明了这件事情。第二天，丞相申屠嘉上朝禀告晁错擅自凿开太上庙的围墙做门，请求皇上把他交给廷尉处死。皇上说："晁错所凿的墙不是太上庙的墙，而是庙外空地上的围墙，不至于触犯法令。"丞相只得谢罪。退朝之后，他生气地对长史说："我本当先杀了他再报告皇上，却先奏请，反而被这小子给出卖，实在是大错。"后来，丞相发病死了，晁错更加显贵。

进言削藩

　　景帝二年（公元前155），晁错向景帝再次陈述诸侯的罪过，请求就诸侯的罪过相应地削减他们的封地，收回各诸侯国边境的郡城，上疏《削藩策》，提议削藩。奏章呈送上去，皇上命令公卿、列侯和皇族一起讨论，因景帝宠信晁错，没有一个人敢非难晁错的建议，只有窦婴与他争辩，因此和晁错有了隔阂。

　　景帝诏令：削夺赵王的常山郡、胶西王的六个县、楚王的东海郡和薛郡、吴王的豫章郡和会稽郡。晁错更改了法令三十条，诸侯们都叫喊着反对，恨死了晁错。

　　晁错的父亲听到了这个消息，就从颍川赶来，对晁错说："皇上刚刚继位，你执掌政权，侵害削弱诸侯的力量，疏远人家的骨肉，人们纷纷议论怨恨你，为什么要这样做呢？"晁错说："事情本来就应该这样，不这样的话，天子不会受到尊崇，国家不会得到安宁。"晁错的父亲又说："照这样下去，刘家的天下安宁了，而我们晁家却危险了，我要离开你回去了。"说罢服毒药而死，死前说道："我不忍心看到祸患连累自己。"晁错的父亲死后十几天，吴楚七国果然反叛，以诛杀晁错为名义。

七国叛乱，惨遭腰斩

景帝下令削藩后，吴楚等七国以诛晁错为名联兵反叛，这就是有名的"七国之乱"。景帝闻知消息，和晁错商量出兵事宜。晁错建议汉景帝御驾亲征，自己留守京城。

这时，窦婴请求景帝召见袁盎。袁盎曾当过吴国丞相，于是景帝向袁盎询问计策。袁盎请求景帝屏退旁人，献策说："七国造反不足为患，其乱目的在于杀晁错，恢复原来封地；只要斩了晁错，派使者宣布赦免七国，恢复被削夺的封地，就可以消除叛乱。"景帝默然良久，决定牺牲晁错以换取诸侯退兵。

袁盎献策十多天后，丞相、中尉、廷尉联名上书弹劾晁错，提议将晁错满门抄斩。景帝批准了这道奏章，此时的晁错毫不知情。于是景帝派中尉到晁错家，下诏骗晁错上朝议

事。车马经过长安东市，中尉停车，向晁错宣读诏书，就这样将晁错腰斩了。

读史有智慧

晁错的削藩主张是对贾谊思想的继承，然而他的态度比贾谊更坚定。晁错始终抓住藩国中最强大也最危险的吴国，不断进行揭露，态度坚决，即使父亲拼死劝阻，他也丝毫不动摇。同时，晁错不只是一个政论家，更是一位政治实践家。他不仅有削藩的言论，而且参与了削藩的行动。虽然最终晁错牺牲了自己的生命，但是他的所作所为却极大地巩固了西汉王朝的中央政权，并为汉武帝以"推恩令"进一步解决诸侯王问题，创造了必要的条件。

历史寻踪

◆ 晁错墓

晁错墓位于许昌市烈士陵园西北角，现呈圆形土丘状，高约10米，占地336.4平方米。墓冢南面有一石碑，高约2米，宽约1米，上书"汉御史大夫晁公之墓"，赵体行楷，双钩刻石，圆润秀美，为许昌市重点文物保护单位。

因"撒娇"闻名的文学家——东方朔

一天，皇帝给侍从们分肉吃，有个官吏却等不及，独自拔剑割肉，扬长而去。最神奇的是，经过他的一番辩解，皇帝不仅没有生气，反而笑了起来。忠臣多是成熟稳重的，但是这位官吏却常用他幽默的举动讽刺一些势利小人。他就是东方朔，一位"爱撒娇"的忠臣。

东方朔是谁

东方朔，字曼倩，据说本姓张，但他的父母在他出生前后相继去世，又因为他出生之时东方刚亮，所以兄嫂给他起名叫东方朔，他也就成了第一个以"东方"为姓氏的人。他是西汉时期著名的文学家，性格诙谐，言辞敏捷，滑稽多智，常在武帝前谈笑取乐，也曾向武帝言政治得失，陈农战强国之计。

公车署上书

东方朔酷爱读书，为了寻求发展，他兴冲冲地来到了京城长安。他知道，长安人才济济，想出人头地不仅需要才能，还要与众不同。于是，他决定直接到公车府给皇帝上书。当时汉武帝提倡读书人通过上书的方式来表现自我，所以给皇帝上书算不上多有创意的举动。东方朔的高明之处就在于只写了一封信就让皇帝彻底记住了他。这封信写得洋洋洒洒，他一口气用了三千个木简才把它写完。武帝在宫内开始阅读东方朔的信，一连读了两个月才读完。武帝读后认为东方朔气概不凡，便命他在公车署中等待召见。

待诏金马门

东方朔进了朝廷，但在之后很长时间里，他都只有微薄的俸禄，也得不到重用。为了尽快得到汉武帝的召见，东方朔故意吓唬给汉武帝养马的几个侏儒说："皇上觉得你们这些人对朝廷毫无益处，位居官位却不能治理民事。这种空耗国库却一无是处的人，皇上准备全都杀掉。"侏儒们听后，哭得一把鼻涕一把眼泪。东方朔却在一旁捂嘴偷乐，说："这样吧！我教你们一个办法。等皇上从这里经过时，你们就使劲儿磕头请罪便好。"

侏儒们知道东方朔是皇帝征召的贤士，便依从了东方朔的建议。汉武帝经过御马圈时，他们便跪成一排使劲儿磕头。汉武帝吓了一跳，便问："你们这是做什么？"侏儒们一脸委屈地说："东方朔说皇上要把我们都杀掉啊！"汉武帝听完也愣了，便把东方朔招来准备问个明白。

等东方朔前来，汉武帝便略带愤怒地责问道："你为

什么恐吓那些侏儒？"东方朔不紧不
慢地说："皇上明见，他们高三尺多，
俸禄是一袋粟二百四十钱。臣东方朔　　　九尺多，俸
禄也是一袋粟二百四十钱。侏儒们拿这些俸禄能吃饱喝
足，臣却是饿得要死。如果我的意见被采纳，那么希望
皇上能改变礼节对待我，若是不能采纳我的意见，便让
我回家去，不要白吃这长安城的大米。"

　　汉武帝听了东方朔的话不禁哈哈大笑，心想你不就
是嫌弃待遇不好吗，非要来这么一套。不过，经过此事
汉武帝也觉得东方朔十分有趣，便让其待诏金马门。

升官受用

　　一次，汉武帝玩儿射覆时把壁虎藏在盂中，没
有人猜中。东方朔对武帝说："臣曾学《易》，请允
许我猜猜里面是什么。"于是他将蓍（shī）草排成
各种卦象，说："我认为说它是龙却没有角，说它
是蛇又有足，善于爬墙，这东西不是壁虎就是蜥
蜴。"汉武帝听了，赐给东方朔十匹帛。后来武帝
又让东方朔猜其他的东西，而东方朔每猜必中。

　　东方朔喜欢在汉武帝面前"撒娇"。一天，东方朔
又在为自己的满腹才华自吹自擂，公开扬言在大汉王朝
学问最好的一定是自己。同僚一起发难："你如果说苏秦、
张仪水平高我们承认，因为他们偶然遇到大国的君主便
能混个卿相。至于您，我们却不敢恭维，因为您在朝廷

里奋斗了数十年，

不过做了个侍郎，

这难道没有您自己的原因吗？"东方朔回

答道："别说什么张仪、苏秦的往事，时代不同，

高低一样。周朝十分衰败，诸侯王得到士人的帮助就能

强大，所以士人可以身居高位。在如今的盛世，贤与不

贤如何辨别呢？古书上常说：'天下无害灾，虽有圣人，

无所施其才；上下和同，虽有贤者，无所立功。'我现

在做小官很正常，你们有什么不理解的呢？"

这段话说得滴水不漏，既打击了贬损他的人，又抬

高了自己，同时又夸赞了当下的和平盛世。这"娇"撒

得空前绝后。依仗自己的智力，东方朔成功受到了汉武

帝的青睐。

人之将死，其言也善

东方朔病逝之前规劝武帝说："《诗经》上说：'飞

来飞去的苍蝇，落在篱笆上面。慈祥善良的君子，不要

听信谗言。谗言没有止境，四方邻国不得安宁。'希望

陛下远离巧言谄媚的人。"武帝听后对此感到惊奇，说：

"如今回过头来看东方朔，仅仅是善于言谈吗？"古书上说"鸟到临死时，它的叫声特别悲哀；人到临终时，他的言语非常善良"，说的就是这个意思吧。

读史有智慧

纵观历史，东方朔最会和皇帝"撒娇"，但这里的"撒娇"不同于谄媚。东方朔之所以名传后世，是因为他有着对国家的忠心和治国的抱负；他之所以得到皇帝的重用，是因为他总能看透事情的本质，表现出与众不同的豁达。这个"娇"撒得大气，撒得真诚，撒得有性情！虽然汉武帝在国家大事上不太重视他的意见，但是从他去世前给武帝的谏言中，我们可以看出他对国家的赤诚之心。

历史寻踪

◆ 东方朔庙会

史书载东方朔为射覆高手，故民间多有关于东方朔相术占卜方面的传说，人们尊称他为"占卜鼻祖"。每到农历三月初三，来自世界各地的崇拜者纷纷赶到东方朔祠和东方朔墓供奉跪拜，年复一年，延续不断。后来，纪念活动增加了秧歌、高跷、舞狮子等内容，时间也延长为三天。这就是有名的以纪念东方朔为主题的文化活动——神头三月三庙会。

你知道"女娲补天""后羿射日""共工怒触不周山""嫦娥奔月"这些我们后世耳熟能详的神话故事是如何流传至今的吗？其实，这些故事都是通过一本名叫《淮南子》的书而为今人所知的。那么，这又是什么样的一本书呢？

淮南王刘安

西汉时期，淮南王刘长因事死后，孝文帝念及血肉亲情将其厚葬后，分封刘长的几个儿子为侯爵，共享他们父亲的封地。其中刘安为阜陵侯，刘勃为安阳侯，刘赐为阳周侯，刘良为东城侯。后来，其他几个兄弟一一衰败，刘安就继承了父亲的王位，被封为新一任的淮南王。

刘安，沛郡丰县（今徐州丰县）人，出生在淮南（今属安徽省）。他是汉高祖刘邦之孙，淮南王刘长的小儿子。刘安自幼机智聪慧，酷爱读书弹琴，不喜欢郊游打猎，擅长辩论写文章，深得父亲喜爱。在做阜陵侯时，刘安就非常关注百姓民生，在封地做了很多好事，受到群众的热爱和推崇，美誉传扬到朝廷。皇帝也非常欣赏刘安，就封他做了淮南王。

做了淮南王之后，刘安更加喜欢结交朋友招揽宾客。他时常保持一颗谦卑和好学的心，邀请当时的名士来自己府上做客。刘安与这些文人墨客，整日谈古论今写文著作，相处得极为融洽，取得了很多学术成就。这些门客来自五湖四海，思想主张纷乱驳杂。但是当时正值黄老之风盛行，所以占主流的意识形态是道家学说，对其他学说兼收并蓄。

当时，正值汉武帝推行政治和文化改革。刘安对朝廷政治革新、推行"罢黜百家，独尊儒术"的文化政策十分不满，他向往春秋时代思想上的百家争鸣。而他本人，则受道家学说的影响极深，他小时候最喜欢读的书就是《道德经》《庄子》这类书籍，对其中的心灵自由、无为而治等思想观念极为推崇。但是受门客的影响，他对其他诸子百家学说的态度也很包容。

除了平时和门客研究文章学术，刘安有很强的好奇心和求知欲，他常常喜欢动手发明生活中一些常用的东西。据史书记载，当时淮南一带盛产一种优质大豆，这里的山民用山上的泉水磨出豆浆，将其作为饮料来喝。刘安入乡随俗，每天早上起床也总爱喝上一碗。有一天，刘安端着一碗豆浆，在炉旁看炼丹出神，竟忘了手中端着的豆浆碗，手一松豆浆碗掉了，豆浆泼到了大炉旁供炼丹的小炉子上。没过多久，液体的豆浆变成了一摊白生生、嫩嘟嘟的东西。刘安大胆地拿起一点儿尝了尝，觉得很是美味可口。可惜太少了，能不能再造出一些让大家来尝尝呢？刘安就让人把他没喝完的豆浆连锅一起端来，把石膏碾碎搅拌到豆浆里，过了一会儿，又出来了一大锅这种东西。刘安把它分给下人尝，大家都觉得很好吃。这件事传出去后，大家就都纷纷学习，这就是豆腐的由来。

刘安晚年，因为一次淮南国贵族违法事件被牵连出来。被朝廷以谋反之罪彻查时，刘安被迫起兵发动叛乱。举兵失败后，他被汉武帝判定"大逆不道，谋反"的罪名。最后刘安自知死罪难逃，就在家中自刎死掉了。这次震惊朝廷的叛

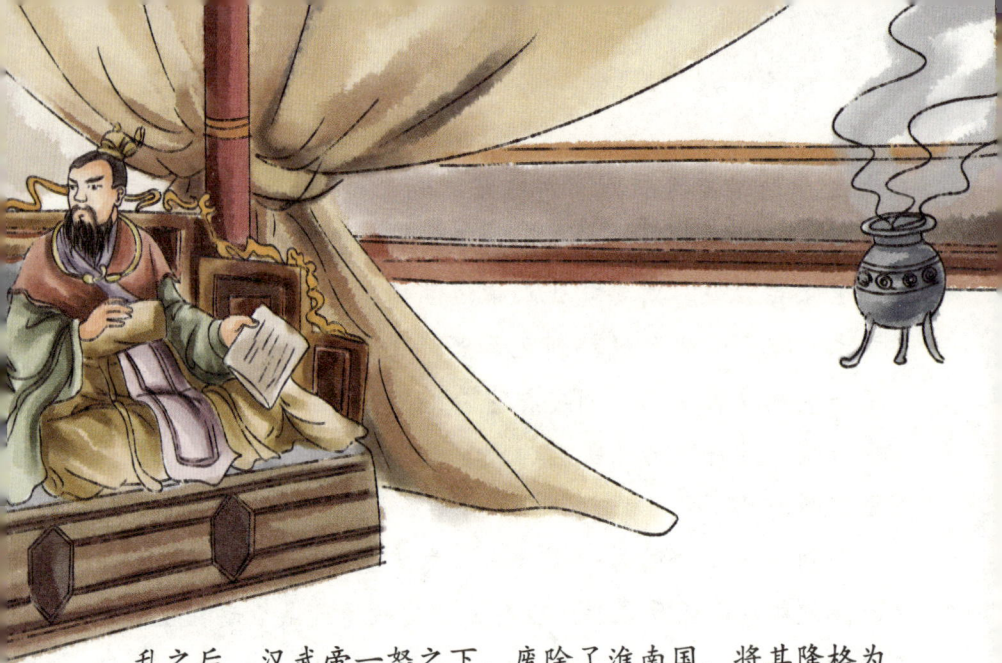

乱之后，汉武帝一怒之下，废除了淮南国，将其降格为九江郡。

《淮南子》的成书和内容

淮南王刘安，听闻了秦朝丞相吕不韦和他的门人编写《吕氏春秋》的故事，一直都有效仿之心。后来刘安也和他的那些门客中的名士苏非、李尚、左吴、陈由、雷被、毛周、伍被、晋昌及大山、小山等人，花费了数年之久，几经删改和重写，编著成了《鸿烈》一书，又名《淮南鸿烈》，这就是《淮南子》一书的由来。刘安原本组织撰作这本书的目的，是针对初登帝位的汉武帝刘彻，反对他所推行的政治和文化改革。但是由于这本书的思想内容过于深刻庞杂，对后世的影响主要在文化层面。

《淮南子》原书有内篇二十一卷，中篇八卷，外篇三十三卷，至今存世的只有内篇，其余皆已亡佚，这也就是我们现在所能看到的这本书的样貌。原书名《鸿烈》，其中"鸿"是广大的意思，"烈"是光明的意思。比喻此书就像道家思想一样包括了广大而光明的通理。这本书内容涉及政治学、哲学、伦理学、史学、文学、经济学、物理、化学、天文、地理、农业水利、医学养生等领域，可谓包罗万象。在哲学思想上也是异常丰富，因为每篇的作者不一，每个人思想主张和政治倾向不同，导致《淮南子》中既有"虚静无为"的道家思想、"仁者爱人"的儒家思想，还有主张"法制"的法家思想，甚至还有阴阳家、墨家、农家等诸子百家思想。虽其主旨属于道家，但是《汉书·艺文志》曾将其列入杂家类。

另外，《淮南子》这本书中，有着大量的神话故事，旁涉奇物异类、鬼神灵怪，像"女娲补天""后羿射日""共工怒触不周山""嫦娥奔月""大禹治水""塞翁失马"等古代神话，全都是收录在这本书中，其中多是关于中华文明起源和造物等的想象。这些故事，是中华民族神话传说的精粹，对后世的文学也有极大的启迪作用。

读史有智慧

作为淮南王，刘安生来就集万千宠爱于一身，享受无尽的荣华富贵。但是他却有着政治上的野心，最终导致其身败名裂而惨死的结局，值得后世之人吸取教训。但刘安也有值得我们学习的地方，他热爱读书，善于发明创造，思想包容性强，乐于结交各种各样的朋友，这些都是很好的品质。

历史寻踪

◆ **淮南王刘安墓**

　　淮南王刘安墓位于安徽省寿县城北2公里处，墓南立有清同治八年安徽巡抚吴坤修所书的"汉淮南王墓"碑。墓地周围有大量的残砖、瓦砾，其中有云纹瓦当、绳纹筒瓦、板瓦等标本。2013年，被公布为全国重点文物保护单位。

少年乐读 《史记》

布衣群雄风云会

卫晋 著

湖南文化音像出版社

为什么要写这样一本《史记》

历史是一面镜子，记录着兴衰、成败。

2000 多年前，司马迁忍辱负重，靠个人意志完成了这样一部杰作。鲁迅先生的评价：史家之绝唱，无韵之《离骚》。

欲读历史，必绕不开《史记》。《史记》是二十四史之首，司马迁把一生全部奉献给了《史记》，给炎黄子孙留下了宝贵的文化遗产。

《史记》不仅是司马迁对历史所做的贡献，更凝结了自己的人生感悟。在 2000 多年前的汉代，司马迁因李陵事件备受摧残，可他没有忘记自己是一个史官，自己身上的使命以及父亲的临终嘱托。难堪、耻辱、愤怒，统统凝聚到笔上，他把从传说中的黄帝时代开始，一直到汉武帝太初四年（公元前 101 年）为止近 3000 年的历史，经过 18 年，终于编写成 130 篇、52 万字的巨著《史记》。

相较之前的史书，司马迁采用的是"纪传体"，以生动的叙事呈现了历史人物在每个时代的事迹。在这背后，凝结了司马迁对历史和人物的心血：他到过长沙，在汨罗江边凭吊爱国诗人屈原；他到过曲阜，考察孔子讲学的遗址；他到过汉高祖的故乡，听取沛县父老讲述刘邦起兵的情况……

《史记》里的人物是有温度的，就像发生在我们身边，让人能置身其中，如《鸿门宴》中，每个人物都是栩栩如生的。

相比历史研究来说，《史记》这样的呈现无可厚非。然而，对于普通读者以及青少年来说，有没有更好的接触《史记》的方式？

这就是我们改编出本套专门为青少年阅读，取材史书和历史文献所讲述的正史故事，内容贴近历史事实，更彰显人物的本来面貌的图书的初衷。全书以《史记》为纲，以品读的形式编排，用适合儿童的语言，讲述了一个个有温度的故事，使人仿若身在其中。

让我们赶快来阅读这款专为青少年而编写的《史记》吧!

目 录

太子进城门时没有下车，他就状告太子；皇帝不依法律，想灭人宗族，他就依法力争阻拦。他以法律作为标尺，一直维护着公平公正。他就是张释之。

崭露头角

张释之，字季，汉族，堵阳（今河南南阳方城）人，西汉法学家、法官。早年家中有钱，他就去官府做了骑郎，为官十余年却默默无名。中郎将袁盎知道他德才兼备，便请求汉文帝调补他做谒者。汉文帝见了张释之，觉得他是个人才，就任命他为谒者仆射[1]。

上林观虎

张释之任谒者仆射时，跟随汉文帝登临上林苑观虎。

---

[1] 谒者仆射：官名。谒者的长官。秦朝设置，为谒者台主官。掌朝廷礼仪与传达使命。

汉文帝提了十几个问题，上林尉有几个答不上来。看管虎圈的人就从旁边代替上林尉回答，想借此彰显自己熟知业务。汉文帝说："做官就应该像这个人一样有问必答，面面俱到。上林尉不合格，那么张释之，你就让那个人来做上林尉吧！"

张释之对汉文帝说："陛下，绛侯和东阳侯都被称为岁数大且有智慧的人，可是他二人议论事情时都不善言谈，现在你要罢免上林尉的职务，不就是让人们向喋喋不休、伶牙俐齿的人看齐吗？秦朝重用了舞文弄法的官吏，他们争着办事，但只重表面不重实质，所以秦朝慢慢衰微。陛下因为这个人伶牙俐齿就提拔他，我怕天下人都追随这种风气，只耍嘴皮子而不

干实事啊！"文帝深以为然，于是作罢。

出了上林苑，汉文帝问张释之秦朝执政的失败之处，张释之据实而言。汉文帝非常满意，任命张释之为公车令。

弹劾太子

张释之任公车令，处理宫门附近的事务。太子刘启（即汉景帝）与梁王刘揖同乘一辆车入朝，到了宫外的司马门没有下车。张释之追上太子和梁王，阻止他们进宫，并以"过司马门不下车为不敬"的罪名向汉文帝弹劾太子和梁王。太后知道了这件事，亲自下达特赦令，太子和梁王才得以进入宫中。文帝觉察到张释之的与众不同，就任命他为中大夫。在张释之眼里，帝王将相、平民布衣在法律面前一律平等。

霸陵谈棺

不久，张释之升任中郎将，跟随文帝和慎夫人到了霸陵。汉文帝登临霸陵，指着通往新丰的道路对慎夫人说："这就是通往邯郸的路啊。"接着，汉文帝让慎夫人弹瑟，自己和着曲调而唱，而后回过头来对群臣说："用北山的石头做椁，缝隙用切碎的苎（zhù）麻丝絮堵住，再用漆涂在上面，难道还能打开吗？"群臣都随声附和。

张释之上前进言："如果里面有能引起人们贪欲的东西，即使封铸南山做棺椁，也会有缝隙；如果里面没有引发人们贪欲的东西，即使没有石椁，又哪里用得着忧虑呢！"文帝称赞张释之，后任命他为廷尉。

县人犯跸①

汉文帝出巡经过长安城北的中渭桥，有个人突然从桥下跑了出来，使皇帝的马受了惊。张释之审讯那个人。那人说："我是乡下人，听到了禁止通行的命令就躲在桥下。过了好久，以为皇帝的队伍已经过去，就从桥下出来，不料惊了圣驾。"张释之向皇帝报告说那人触犯了

① 犯跸（bì）：指冲撞了皇帝出行车队的犯罪名称。

清道的禁令，应处以罚金。文帝大怒说："这个人惊了我的马，才判处他罚金！"张释之说："法律是天子和天下人应该共同遵守的。现在法律就这样规定，贸然再加重处罚，法律就不能取信于民。廷尉是天下公正执法的带头人，稍一偏失，天下的执法者都会任意妄为，希望陛下三思。"皇帝只得按张释之的意见办理。

玉环窃案

有人偷了高祖庙神座前的玉环，被抓到了，文帝发怒，将其交给廷尉治罪。张释之依法判处他死刑。皇帝勃然大怒说："这人无法无天，竟敢偷盗先帝庙中的宝贝，应被灭族。而你却一味按照法律条文办事，这不是我的本意。"张释之摘掉帽子叩头谢罪道："依照法律这样处罚已经足够了。况且在罪名相同时，也要区别犯罪程度的轻重。现在他偷盗祖庙的器物就要被灭族，万一有愚蠢的人挖长陵一杯土，陛下用什么刑罚惩处他呢？"文帝和太后讨论了这件事，最终同意廷尉的判决。天下人都称赞张释之秉公执法。

读史有智慧

张释之在职期间秉公执法，在我国古代乃是公平公正的代表。不论是弹劾太子还是县人犯跸、玉环窃案都是历史上有名的公平断案的典型。张释之的公平公正和为之付出的勇气，值得所有人赞扬和学习。

历史寻踪

◆ 张公祠

　　张公祠位于河南省南阳市方城县城西关释之路北侧，占地3697平方米，是纪念西汉廷尉张释之的祠堂。元、明、清三代先后复建重修，历代贤士皆来拜谒，留下了许多诗文。1979年，公布为县级文物保护单位，是历代法治建设教育基地。

吴起是战国初期著名的军事家。有一次，士兵得了毒疮，吴起就亲自为他吸脓。士兵的母亲听说后大哭，别人问她为什么哭，士兵的母亲说："儿子的父亲得了毒疮也是吴将军帮他吸的，结果他被吴将军感动，以后就奋勇杀敌，很快就战死了。现在我的儿子也这样，恐怕他也快要死了，我能不哭吗？"这个故事从侧面反映出吴起爱兵如命和士兵们对他死心塌地的情形。

吴起是谁

吴起，战国初期军事家、政治家、改革家，兵家代表人物，卫国左氏人。吴起一生历仕鲁、魏、楚三国，通晓兵家、法家、儒家三家思想，在内政、军事上都有极高的成就。仕鲁时曾击退齐国的入侵；仕魏时屡次破秦，尽得秦国河西之地，成就魏文侯的霸业；仕楚时主持改革，史称"吴起变法"。公元前381年，楚悼王去世，楚国贵族趁机发动兵变杀死吴起。后世把他和孙武并称为"孙吴"，《吴子兵法》与《孙子兵法》又合

称《孙吴兵法》，在中国古代军事典籍中占有重要地位。

吴起出身于家有千金的富足家庭，早年在外求官不成，耗尽全部家产。同乡邻里有人笑话他，他就杀掉讥笑自己的人，然后逃出卫国。吴起和母亲诀别时，咬着自己的胳膊狠狠地说："我吴起如果做不了卿相，就绝不再回卫国。"

杰出军事才能

吴起听说魏文侯很贤明，想要前去投奔。魏文侯向大臣李悝询问吴起为人如何，李悝说："吴起贪慕功名而且好色，但是用兵连司马穰苴（ráng jū）也比不上他。"魏文侯于是任命吴起为将军，辅佐乐羊攻打中山国。吴起担任将领期间，跟普通士兵穿一样的衣服，吃一样的伙食，睡觉不铺褥垫，行军不乘车骑马，亲自背负捆扎好的粮食，和士兵们同甘共苦。有个士兵生了恶性毒疮，吴起替他吸吮脓液。

公元前409年，魏文侯任命吴起为主将，攻克秦国河西地区的多个城池，而秦国只能退守至洛水，沿河修建防御工事，筑城加以防守。在与秦军作战期间，吴起从不自视比普通士卒高人一等，夜晚就睡在不加平整的田埂上，用树叶遮盖身体。后来，魏国全部占有原本属于秦国的河西地区，并在此设立西河郡，由吴起担任首任郡守。

魏国论政

　　魏文侯死后，武侯继位。有一次，魏武侯和大臣们乘船在西河郡视察，魏武侯感叹道："河山这样险峻，边防难道不是很坚固吗？"大臣王错在旁边附和道："这就是魏国强大的原因。如果您再修明政治，那么我们魏国称霸天下的条件就具备了。"

　　吴起对王错说："我们君侯的话，是亡国的论调，你又来附和，这就更加危险了。"

　　魏武侯气愤地说："你这话是什么意思？"

　　吴起回答说："河山的险固不足以依靠，霸业也从来不因为山河的险固而一定能成就。过去三苗居住的地方，虽然有这些天险倚仗，可是政事治理不好，结果大禹流放了他们。夏桀的国家，有这样的天险，但是没有治理好国政，结果被商汤击败了。殷纣王的国家，也有这样的天险，然而国家治理不好，遭到周武王的讨伐。再说，您曾经亲自率领我们占领、攻陷了多少城邑，那些城的城墙不是不高，敌兵不是不多，然而能够攻破它们，还不是因为他们政治腐败的缘故吗？由此看来，依靠山河险固，怎么能够成就霸业呢？"魏武侯十分赞同吴起的观点，说："我今天才听到圣人的言论啊，河西政事都委托给你了。"

吴起变法

魏相公叔非常畏惧吴起的才能，用计策使魏武侯疏远吴起。王错又不断在魏武侯面前进谗言，吴起只得离开魏国投奔楚国。楚悼王一向仰慕吴起的才能，任命吴起为宛城太守，一年后又任命他为令尹。

担任令尹后，吴起不顾他人反对，决定在楚国进行大刀阔斧的改革，他首先制定法律并将之公布于众，使官民都明白知晓。然后规定：凡是传承三代以上的贵族，取消爵禄并停止对他们的按例供给，并将国内贵族充实到地广人稀的偏远之处；淘汰并裁减无关紧要的官员，削减官吏俸禄，将节约的财富用于强兵；纠正楚国官场损公肥私、谗害忠良的不良风气，使楚国群臣不顾私利而一心为国家效力。

经过吴起变法，楚国国力大增，向南攻打百越，将楚国疆域扩展到洞庭湖一带。公元前381年，楚国出兵援助赵国，与魏军大战于州西（今河南省武陟县西南）。楚、赵两国大败魏军。诸侯都畏惧楚国的强大，但吴起的变法招致了楚国贵族的怨恨，也为自己埋下了杀身之祸。

惨遭杀害

公元前381年，楚悼王去世，楚国贵族趁机发动兵变攻打吴起。贵族们用箭射伤吴起，吴起拔出箭逃到楚悼王停尸的地方，将箭插在楚悼王的尸体上，大喊："群臣叛乱，谋害我王。"贵族们在射杀吴起的同时也射中了楚悼王的尸体。楚国的法律规定，伤害国王的尸体属于重罪，将被诛灭三族。楚肃王继位后，命令尹把射杀吴起同时射中楚悼王尸体的人全部处死，受牵连被灭族的有七十多家。阳城君因参与此事逃奔别国，其封地被没收。吴起的尸身也被处以车裂肢解之刑。吴起死后，他在楚国的变法宣告失败。

吴起在魏、楚两国军事和内政方面的成就在战国时期起到了深远的影响，后任魏国国相的公叔痤在浍北之战获胜后主动将战功让给吴起的后人，并称获胜的原因是受"吴起的余教"。与吴起同为卫国人的商鞅，受吴起的影响也很大，如在商鞅变法中的徙木立信和什伍连坐法都是仿效吴起的措施。

读史有智慧

吴起是一名文武全才的将领。军事上他拥有卓越的统帅能力、先进的军事思想，料敌如神、爱兵如子，仕魏时屡次破秦，尽得秦国河西之地，成就魏国霸业；仕楚时主持改革，史称"吴起变法"，为后人变法提供了思路和范本，赢得广泛赞誉。后世把他和孙武并称为"孙吴"，把他的军事著作《吴子兵法》与《孙子兵法》合称为《孙吴兵法》，可见他在人们心中的地位。

历史寻踪

◆ 吴起县

吴起县位于陕西省延安市西北部，西北邻定边县，东南接志丹县，东北邻靖边县，西南邻甘肃省华池县。1819年，清朝在靖边县首次设立吴起镇。相传战国名将吴起曾在此驻兵戍边，为纪念吴起而命名。1935年10月19日，毛泽东率领中央红军与陕北红军在此会师，结束长征。吴起县境内建有吴起广场，广场中心竖立有吴起雕像。

羁旅之臣——甘茂

传说世上有一种鸟，没有脚，生下来就不停地飞，累了就睡在风里。一辈子只能着陆一次，那就是死亡的时候。回望历史，先秦悠悠岁月，让人扼腕叹息者不在少数，他们如同没有脚的鸟儿，一生都在旅途，尸骨也只能埋葬在异国他乡，甘茂就是其中的一位。

甘茂是谁

甘茂是战国中期秦国的名将，他学识渊博，经张仪、樗里子引荐于秦惠王。公元前312年，甘茂助魏章攻克汉中，后遭向寿、公孙奭谗毁，投向齐国，在齐国任上卿。公元前305年，甘茂为齐国出使楚国。秦王想让楚国送还甘茂，被楚国拒绝，后来他死于魏国。

息壤誓言

秦武王三年，秦武王对甘茂说："寡人想去看一看周朝都城，即使死去也心满意足了。"

甘茂心领神会，便说："请允许我和向寿一起到魏国，与魏国约好去攻打韩国。"秦武王应许了甘茂的请求。甘茂到魏国后，就对向寿说："你回去，对王上说魏国听从我的主张了，但我希望大王先不要攻打韩国。"

后来秦王问甘茂为什么不先去攻打韩国，甘茂回答说："大王远行千里去攻打这些地方，胜算不大。我为大王出谋划策，请大王不要猜疑我！当初，张仪为秦国立下汗马功劳，然而天下人并不因此赞扬张仪，而是认为大王贤能。魏文侯让乐羊带兵去攻打中山国，打了三年才攻下中山。如今我是个寄居此地的臣僚。樗里子等人定会同我争议攻韩的得失，大王一定会听从他们的意见，这样就会造成大王欺骗魏王和我将遭到韩国怨恨的结果。"

秦武王说："我不听他们的，我会跟您盟誓。"

甘茂打了五个月却拿不下宜阳，樗里子等人果然提出反对意见。武王打算退兵不攻了。但武王想到了之前与甘茂的盟誓，于是重新调集了全部兵力，让甘茂进攻宜阳。

后来，秦武王的弟弟即位，即秦昭王。

从前秦国在丹阳打败楚国的时候，韩国坐视不救，这件事让楚怀王耿耿于怀。于是楚王带兵围攻韩国，韩王派人到秦国告急求援。秦昭王刚刚即位，宣太后又是楚国人，所以不肯出兵救援。

甘茂听到消息后，便替韩国向秦昭王进言说："韩国正是因为知道秦国会伸出援手，所以才敢于抵抗楚国。

眼下如果秦军不肯救援，韩国必定会轻视秦国，以后不来朝觐了。韩国还会倒向楚国，楚国和韩国一旦联合成为一股力量，魏国就不敢不听它的摆布，这样一来，秦国的形势就危险了！"

秦昭王感觉有道理，于是就出兵援助韩国。楚国军队随即撤离。

客死魏国

甘茂后来在齐国做了官，齐国派他出使楚国。当时，楚怀王刚刚与秦国通婚结亲，因此对秦国非常热情。秦王听说甘茂正在楚国，就派使者对楚王说："我希望您能把甘茂送到秦国来。"楚王向他的大臣范蜎（yuān）询问道："我打算把甘茂送回秦国，合适吗？"

范蜎回答说："不合适。甘茂是个贤能的人，下蔡看守城门的史举人格低下，但甘茂对他却很恭敬。秦惠王和秦武王是明智的君王，张仪也非常善辩，甘茂能够一一侍奉他们，接连取得官位而没有犯错，足见是一个

不凡之人。"

范蜎接着说:"甘茂确实是个贤才,正因如此才不能让他回到秦国,万一他担任丞相,秦国有了贤能的丞相,对我们楚国来说不是什么好事。先王曾把召滑推荐到越国任职,他暗地里怂恿章义发难,把越国搞得一片混乱,因此楚国才能趁那个机会开疆扩土。我认为大王的功绩之所以能达到如此强大的地步,正是因为越国大乱,而楚国治理得很好。现在大王怎么只记得把这种谋略用于越国却忘记用于秦国了呢?我认为你派甘茂回到秦国是个很大的过失。再说,您若在秦国安置人,向寿这样的人是最合适不过的了。他与秦王是亲戚,从小关系就很好,能够直接参与国家政事。如果把向寿安排到秦国,对楚国一定有利!"

于是,楚王派使臣去请求秦王让向寿在秦国担任丞相,秦国也同意了。

甘茂余生也没能再到秦国,后来死在了魏国。

甘罗请缨

甘茂的家人都留在秦国,处境大不如前。由于甘茂的孙子甘罗自幼聪颖好学,秦相吕不韦很快就相中了他,在他十二岁时就让他当了自己的门客。

吕不韦想让张唐到燕国去做丞相,以便跟燕国联合攻打赵国。谁知，张唐却拒绝了，吕不韦虽然很不高兴，但也无可奈何。

甘罗见吕不韦不高兴，便说："我能说服他。"吕不韦呵斥说："我亲自去请他，他都不肯，你怎么能说服他？"甘罗说："项橐 (tuó) 七岁时就做了孔子的老师，我现在已经十二岁了，您让我去试试。"

甘罗见到张唐后就说："您的功劳跟咱们国家已故的名将白起比怎么样？"

张唐老实回答："白起当年为秦国获得的城邑不计其数，我怎么敢和他相比呢？"

甘罗又说："咱们国家从前的丞相范雎跟现任丞相吕不韦比，哪个更专权？"

张唐回答说："范雎不如吕不韦。"

甘罗说："当年范雎和白起两人发生了矛盾。白起辞官离开咸阳城，才走了七里，就被范雎逼着自杀了。如今丞相让您去燕国做丞相，您却不肯去，我不知道您会死在什么地方啦？"

听了这一番话，张唐如梦方醒，赶快去赴任了。

张唐出发后，甘罗又想先去赵国为张唐做些铺垫。秦王让他以秦国使者的身份前往赵国。赵襄王对甘罗的来访给予

相当高的接待规格。甘罗劝说赵王献出五座城池，答应帮他攻打燕国。赵王被甘罗说服，决定把五座城池送给秦国，以扩大秦国河间那个地方的土地。赵国随后向燕国发动了战事并大获全胜，得到了上谷一带的三十座城池。为了向秦国表示感谢，又将其中的十分之一即三座城池白白地送给秦国。

秦王对甘罗的聪明和成就非常赏识，立即将甘罗拜为上卿，并且将当年已经收缴的甘茂的宅院田地全部赏还给甘罗。甘罗成了历史上最年轻的上卿。

读史有智慧

很多人说，甘茂是中途逃往他国的小人，但甘茂多次帮助秦国化解危机，他帮助秦国战胜韩国，被诬陷后被逼无奈才只身逃往齐国。秦王后来后悔了，极力想请回他，但是齐王不放手。甘茂出使到楚国，楚王也觉得甘茂是人才，不舍得放他走，这种种例子都表明，甘茂并非是个小人，而是有勇有谋、受各国重视的一代能臣。

历史寻踪

◆ 鄢陵甘罗祠

甘罗，甘茂的孙子，秦国上卿。甘罗墓位于安徽省颍上县东26公里，原占地540亩，楼阁宏伟壮观，今已废。有柏树数棵，其中有一汉柏，主干四周隆起的九条树身，被称为"九龙盘根"。

　　每个男孩在孩童时期都有一个带兵打仗的梦想，幻想着自己能够仗剑走天涯，行侠仗义，为民除害，成为举世无双的英雄。在遥远的秦朝，也有这么两个人，他们虽然只是雇农，但是他们敢于拿起武器，带领同样受压迫的人们一同反抗秦朝的暴政，掀起了轰轰烈烈的农民起义。他们就是陈胜、吴广。

陈胜和吴广是谁

　　在秦国，有这么两个人，一个名叫陈胜，一个名叫吴广。他们生活在凶暴苛刻的秦朝。秦统一以后，始皇帝维持了一支庞大的军队。当时全国只有一千多万人口，而服役的人就超过了二百万，占到男子的三分之一以上。到了秦二世的时期，农民的生活更加悲惨，他们穿着破破烂烂的衣服，吃的是如同猪狗一样的饭食，很多人都在残暴官员的逼迫下逃往山林，有的人实在受不了了，就起来反抗。陈胜、吴广本来是在田野里默默为雇主耕作的雇农，但是面对秦朝的暴政，面对繁重的苛捐杂税，面对无穷的劳役之苦，他们产生了反抗的情绪。推翻秦朝的想法在他们心里慢慢萌芽。

燕雀安知鸿鹄（hú）之志

陈胜年轻的时候，曾和别人一起被雇用去种田。劳作期间，陈胜停下手里的活儿，来到田边的高地上休息，因为愤慨秦朝的暴政，慨叹个人的遭遇而失望叹气。一同劳作的人问他这是为什么，陈胜摇摇头，富有深意地说："如果有一天我们富贵发达了，大家一定不要彼此忘记。"同伴们都哈哈大笑，认为他这是天方夜谭："你就是被别人雇来干活儿的，哪里谈得上富贵呢，怎么可能？"陈胜仰头长长地叹了口气说："唉，小小的燕雀怎么能知道鸿鹄的凌云志向呢？"可见，陈胜在很早的时候就树立了远大的抱负，他并不因为秦朝的暴政、因为自己是一个雇农，就放弃了远大的理想。

死国可乎

秦二世元年七月，朝廷征调贫苦百姓九百多人去戍守渔阳，驻扎在大泽乡。陈胜、吴广都在被征调的队伍里面，而且还担任了小头目。路上，恰巧一连下了几天的大雨，道路泥泞不能通行，眼看着已经延误了到达驻地的期限，陈胜和吴广都很着急。因为按照当时的法律，凡是被朝廷征调而没有按时赶到的人，都要被斩首。随着时间的推移，征调队伍里人心惶惶，大家都不知道该

怎么办才好，很多人都想逃走。陈胜找到吴广一起商量对策，陈胜激动地说："目前的情况，咱们逃跑也是死，起义也是死，同样是死，我们为什么不起来反抗，共谋大业呢？"他说："全国老百姓长期受到秦暴政的压迫，苦不堪言。我听说秦二世是秦始皇的小儿子，自古君王都是传位给长子而不是传位给幼子，所以本应当立公子扶苏为皇帝。扶苏因为多次劝诫（jiè）秦始皇不要因为暴政失掉了民心，秦始皇厌恶他，就派他在外面带兵。始皇帝死后，扶苏没有罪，秦二世因为害怕他危及自己的地位，和宦官赵高合谋杀了他。老百姓们都听说过公子扶苏的贤明，但大家都还不知道他已经死了。项燕做楚国将领的时候，多次立有战功，又爱护士兵，楚国人很怀念他。秦国灭楚，有人认为项燕战死了，有人认为他逃跑了。现在我们不如就冒充公子扶苏、项燕的名义，向全国发出号召讨伐暴秦，肯定会有很多人响应。"吴广听得热血沸腾，两人一拍即合，一起开始计划起义的事情。

篝（gōu）火狐叫

　　陈胜、吴广起义前去找巫师进行占卜，预测吉凶。占卜的人知道他们的来意，说："你们的事情都能成功，你们将建功立业。但是你们还是占卜一下，问问鬼神的意思吧！"陈胜、吴广很高兴，悄悄对巫师说："你这是在教我们树立威望，让众人信服啊。"于是陈胜用丹砂在丝绸上写上"陈胜要称王"，放在别人用网捕获的鱼的肚子里面，然后拿到

市场上去卖。有的士兵买到那条鱼回来煮着吃，发现鱼肚子里面有帛书，上面写着字，大家都很奇怪。陈胜又暗中派遣吴广到士兵驻地旁边丛林里的神庙中去，晚上用竹笼罩着火装作鬼火，像狐狸一样叫喊道："大楚复兴，陈胜为王！"戍卒们听到都很惊慌恐惧。天明后，大家纷纷讨论这些奇异的事情，纷纷对陈胜指指点点，认为他是天命所归。

揭竿而起

赢得了民心后，陈胜、吴广就开始具体着手起义的事情。吴广先是多次向军官说想要逃跑的话，把军官惹怒，故意让军官来责打自己，以便激起众怒。军官果真用竹板打吴广，并拔出宝剑来吓吴广。吴广趁机跳起来，夺过宝剑杀死了军官。陈胜帮助他，一同杀死了两个军官，由此揭开了轰轰烈烈的陈胜、吴广起义。

披坚执锐

陈胜、吴广起义后，各个郡县受秦朝官吏暴政之苦的人都开始觉醒效仿，他们纷纷捉住本地的官吏，控诉他们的罪状，把他们杀死来响应陈胜、吴广的起义。陈胜、吴广率领各路将领向西进攻，命令陈县人武臣、张耳、陈馀(yú)去攻占原来赵国的地盘，命令汝阴（今安徽阜阳）人邓宗攻占九江郡（今安徽寿县）。这时候，很多楚地人聚集在一起起义，起义军多得不计其数。大家奋勇杀敌，将起义运动推向了高潮。

起义失败

起义运动不断发展壮大，但是陈胜却滋长了骄傲情绪，他听信谗(chán)言，杀死了和自己一同起义的故人，与起义群众的关系也越来越疏远。派往各地的将领也越来越不听陈胜的话，甚至为争权夺利而相互残杀。围攻荥(xíng)阳的起义军将领田臧与吴广意见不合，竟然假借陈胜的名义杀死了吴广，因为自相残杀内斗严重，结果导致这支起义军全军覆灭。而秦国的大将章邯(hán)在解除了起义军对荥阳的包围后，倾全力向陈县猛扑。陈胜亲自督军作战，不幸失利。秦二世二年十二月，陈胜退到下城父（今安徽蒙城西北），被叛徒庄贾杀害。"张楚"政权①自此灭亡。

---

① "张楚"政权：由陈胜创立于秦二世元年（公元前209年）的政权。意为扩张、张大楚国。

白手起家，接连为王——田儋、田荣、田横

战国时期，诸侯国之间战乱纷纷。在齐国有这样一家人，他们虽只是齐国国君的"远房亲戚"，但是凭借家族的威望和自己的智慧，他们自封为王。战乱年代权力转移非常快，面对勇猛的秦兵，面对齐国的国土，田氏两代人一直争斗不停，成为历史上少有的家族大戏。

自立齐王

田儋（dān）是战国时期齐国国君田氏的族人。秦始皇二十六年（公元前221年），秦国灭亡齐国后，田儋与堂弟田荣、田横移居狄县（今山东高青县东南）。他们在当地势力雄厚，家族强盛，无论是在武力还是财力上都非常有实力，在当地提起他们，几乎所有人都知道。

秦二世元年（公元前209年），陈胜、吴广带领军队起义，自称楚王，建立张楚政权，与秦政权对立。陈胜派兵进攻魏地，平定了魏地之后，向东打到狄县，狄县

关闭城门严加防守。田儋将自己的奴仆捆绑起来，让一伙年轻人簇拥着来到县衙，假意想让县令准许他杀死自己的奴仆。待见到狄县县令时，田儋趁机杀死县令，随后召集有声望有权势的官吏和青年说："各地诸侯都反叛秦朝自立为王，齐国是古时候就受封建立的国家。而我田儋，是齐王田氏族人，应当为齐王。"于是田儋自立为齐王，并派兵攻打周市的军队。周市的军队撤走后，田儋随即率军向东攻取、平定原齐国的土地。

秦二世二年（公元前208年）六月，秦朝将领章邯率军打败陈胜后，随即在临济围攻魏王魏咎（jiù），情况紧急，魏咎派周市出临济城，向齐、楚两国求援。田儋率军跟随周市援救魏国。章邯在夜间集中兵力，趁夜幕的掩护进行偷袭，这次偷袭使齐、魏援军损失惨重，而且章邯在临济城下杀死了田儋和周市。田儋的堂弟田荣收集田儋剩下的兵马，向东逃跑到东阿。

章邯灭楚

齐国人听说田儋战死的消息之后，于是就拥立以前齐王田建的弟弟田假为齐王，田角为丞相，田间为大将，以此来与诸侯对抗。

田荣在往东阿逃跑的时候，章邯进行围追堵截。项梁听说田荣情况危急，于是就领兵来到东阿城下帮助田荣，并且在这里击败了章邯。章邯往西撤退，项梁乘胜追击。但田荣对齐人立田假为齐王一事非常气愤，于是

就带兵回到齐国，攻击齐王田
假。田假逃到楚国，丞相田角逃
到赵国；田角的弟弟田间在此以前已到赵国求救，
也就留在赵国不敢回去了。田荣于是立田儋的儿子田市
为齐王，自任丞相，田横为大将，平定了齐地。

　　项梁追击章邯以后，章邯的军队反倒日渐强盛，于
是项梁就派遣使者通报齐国和赵国，要两国共同发兵攻
打章邯。田荣说："如果楚国杀死田假，赵国杀死田角、
田间，那我们才肯出兵。"楚怀王说："田假是我们同
盟国的君王，在走投无路的时候来投靠我们，杀了他是
不符合道义的。"赵国也不愿意杀田角、田间。齐国人
说："手被蛇咬了就要砍掉手，脚被蛇咬了就要砍掉脚，
这是为什么呢？因为如果不这样的话，全身都要受到伤
害。而现在田假、田角、田间对于楚国、赵国来说，并

不是特别亲近的家人和
朋友，为什么不杀掉他们呢？况且如
果秦朝再平定天下的话，那么不仅我们要身受其辱，
而且连祖坟恐怕也要被人挖出来报复呢！"楚国、赵国
都不肯听齐国的建议，齐国也非常生气，最终也不肯出
兵援救。章邯果然击败了楚军，并且杀了项梁，楚军往
东逃跑，而章邯也就乘机渡过黄河，围攻赵国的巨鹿。
项羽前往援救赵国，由此也就非常怨恨田荣。

项羽灭田荣

　　项羽打败章邯，成功解了赵国之围。于是起义军向
西进入咸阳，灭了秦朝，然后又分封诸侯王。他把齐王
田市改封为胶东王，在即墨治理。齐国将领田都因跟随
项羽共同救赵国，接着又进军关中，与项羽出生入死，
因此项羽立田都为齐王，在临淄治理。前齐王田建的孙
子田安，在项羽正渡河救赵的时候，接连攻下了济北多

座城池，然后带兵投降了项羽，项羽因此立田安为济北王，在博阳治理。田荣因为违抗项羽，不肯出兵援助楚、赵两国攻打秦朝，因此不能被封为王；赵国将领陈馀也因为失职，没有被封为王。这两个人都很怨恨项羽。

项羽回到楚国，所封诸侯也就各自回到自己的封地。田荣派人带兵帮助陈馀，让他在赵地反叛项羽，田荣自己也发兵抗击田都，田都逃到楚国。田荣扣留了齐王田市，不让他到胶东的治所。田市手下的人说："项羽强大而凶暴，而您作为齐王，应该到自己的封国胶东去，若是不去的话，项羽一定会生气的，您也一定有危险。"田市非常害怕，于是就逃去胶东。田荣得知后勃然大怒，急忙带人追赶齐王田市，在即墨把他杀死了。回来又攻打济北王田安，并且把他杀死。于是，田荣就自立为齐王，占有了田都、田市、田安全部的封地。

项羽听到这个消息后震怒，于是起兵北伐齐国。齐王田荣大败，逃到平原，平原人把田荣杀死了。其后项羽就烧毁了齐国都城，项羽军队所过之处都进行大屠杀，齐国人无法忍受，互相聚集起

来反叛他。田荣的弟弟田横，收募起齐国的散兵，得到好几万人马，反过头来在城阳攻打项羽。而在这时，汉王刘邦带领诸侯的军队击败楚军，进入彭城。项羽听到消息后，不得不放弃攻打齐军，转而向在彭城的汉兵发起攻击。因此田横收复齐国，立田荣之子田广为齐王，田横自封为丞相辅佐他，并专断国政。

田横主政之后决定归顺汉朝，但没承想却遭到了汉军的袭击。田横带领军队逃到了海上的小岛，但是汉王逼他进朝做官以免留下祸患。田横认为自己受了屈辱，于是自刎而死。刘邦听到田横的死讯感叹道："哎呀！能有此言此行，真是了不起呀！从平民百姓起家，兄弟三个人接连为王，难道不是贤能的人吗！"

读史有智慧

田儋在战乱纷争的年代凭借自己的威望和智慧自立为王，开启了这段精彩的"家族大戏"。而后田荣当政，对项羽的奖赏封地非常不满意，又开启了屠杀模式，不料被项羽杀死。到了田横当政的时候，江山已经是刘邦的了，这时田横又怕，又觉得屈辱，于是自杀，他的手下也忠诚地跟随田横，纷纷自杀，从而结束了这一场发生在齐国三兄弟之间的传奇。

黥布小时候，一人给他看面相，说他在受刑后一定称王！黥布这个叛逆性强的青年就相信了，他各种找事、作死，终于在壮年的时候犯了法，受了刑。此后他的人生就开挂了，一路上升。但由于他的不忠心，两次背叛，最后落了个死无全尸的下场。

黥布是谁

黥（qíng）布，原名英布，秦末汉初名将，安徽六安人，因受秦法被黥（刺面），被称为黥布。黥布出身寒微，曾和骊山的一伙囚徒在江泽做强盗。

起初，黥布跟随在项梁的麾下，后来成为项羽帐下将领之一，因军功被封为九江王，后来叛楚归汉。汉朝建立后封淮南王，与韩信、彭越并称"汉初三大名将"。公元前196年他起兵反汉，因谋反罪被杀。

受刑修陵

黥布小时候，有人给他看了相后说："你会在受刑之后称王。"

　　到了壮年，黥布犯了法，被判处黥刑。黥布笑着说："有人给我看了相，说我受刑之后能称王！"人们听了纷纷嘲笑他。黥布定罪后不久被押送到骊山服劳役，骊山刑徒有几十万人，黥布专和罪犯的头目、英雄豪杰来往，终于带着这伙人逃到长江沿岸做了强盗。

随项反秦

　　陈胜起义时，黥布去见县令吴芮，两人聚集了几千人的队伍一起反叛秦朝。章邯消灭了陈胜、打败了吕臣的军队之后，黥布就带兵北上攻打秦左、右校的军队，在清波击败他们，进而带兵东进。他听说项梁平定了江东会稽，就渡过长江向西进发。陈婴因为项氏世世代代做楚国的将军，就带领自己的军队归属了项梁，向南渡过淮河，黥布、蒲将军也带着军队归属了项梁。

　　项梁率领军队渡过淮河向西出击，在攻打景驹、秦嘉等人的战斗中，黥布骁勇善战，军功总是列军中前茅。项梁到达薛地后，听说陈胜的确死了，于是就拥立了楚怀王。项梁号称武信君，黥布被封为当阳君。

　　后来，项梁在攻打定陶时战死，楚怀王失去了庇护，只得迁都到彭城，将领们和黥布也都聚集在彭城守卫。

　　当时，秦军围攻赵国，赵国屡次派人来救援。楚怀王就派宋义担任上将军，范增担任末将军，项羽担任次将军，黥布、蒲将军都为将军，全部归属宋义统率，救助赵国。项羽派黥布率先渡过黄河攻击秦军。黥布凭借自己的能力屡次建立战功，为项羽攻打秦军提供了帮助。

项羽率领全部人马渡过黄河后，与黥布协同作战，在这二人的默契配合下，他们打败了秦军。

秦国将领章邯投降后，项羽带领着军队向西到达新安，又派黥布等人领兵趁夜袭击，并活埋章邯部下二十多万人。项羽到达函谷关，想进城却被拒绝。项羽又派黥布等人，先从隐蔽的小道，打败了守关的军队，这才得以进关，一直到达咸阳。此后，黥布常常担任军队的前锋。

背楚投汉

楚汉战争开始后，齐王田荣背叛了楚国，项羽前往攻打齐国，向黥布征调军队，黥布托词病重不能前往，只派将领带着几千人应征。

刘邦在彭城打败楚军，黥布又托词病重不去辅佐楚国。项羽因此怨恨上了黥布，于是三番五次地派使者前

去责备黥布，并召他前往。黥布越来越恐慌，不敢去见项羽。然而，这时项羽正为北方的齐国、赵国担心，西边又忧患刘邦起兵，可以依靠的也就只有黥布。左右衡量之下，项羽打算亲近他、任用他，也就没有攻打他。

后来，刘邦攻打项羽，双方在彭城会战。刘邦失利后从梁地撤退，来到虞县，他对身边亲近的人说："像你们这些人，不配共同谋划天下大事。"刘邦身边一个叫随何的人说："我不理解陛下说的是什么意思。"刘邦说："谁能让淮南的黥布背叛楚国，在齐国把项羽牵制几个月，我夺取天下就万无一失了。"随何说："我请求出使淮南。"于是，刘邦给了他二十人一同出使淮南。

到达之后，随何等了三天也没能见到黥布。他趁机游说太宰说："黥布不召见我，一定是认为楚国强大，汉国弱小，但这正是我出使的原因。我说的话如果不对，就让我们二十人躺在砧板之上，在淮南广场被斧头剁死，以表明黥布反对汉国亲近楚国之心。"太宰这才把话转告黥布。黥布接见了他。随何说："大王您和项王都列为诸侯，却以臣子身份侍奉他，一定是认为楚国强大，可以把国家托付给他。然而，项羽攻打齐国时，您只派四千人去帮助他。侍奉人家的臣子，应该这样做吗？刘邦在彭城作战，您应该调动淮南所有的人马，帮助项羽与刘邦会战。您挂着归向楚国的空名，却想扎扎实实地保全自己，我私下认为大王这样做是不可取的。所以，您不背弃楚国，是因为认为汉国弱小。

楚国的军队虽然强大，但是却背负着天下不义的名声，因为他背弃盟约而又杀害义帝。楚王自以为是，刘邦在收拢诸侯之后，早已在各个紧要的地方做好了防护，楚国的军队进不得，退不得。所以说楚国的军队是不足以依靠的。假使楚军战胜了汉军，那么诸侯人人自危，必然要相互救援。一旦楚国强大，恰好会招来天下军队的攻击。所以楚国比不上汉国，形势显而易见。如今您不和万无一失的汉国友好，却

把自身托付于危在旦夕的楚国，我私下替您感到疑惑。现在，只要您出兵背叛楚国，项羽一定会被牵制，只要牵制几个月，刘邦夺取天下就可以万无一失。刘邦一定会分割土地封赐大王，希望您认真考虑！"黥布听了，表面答应，心里还是拿不定主意，刚好此时楚使来催促黥布发兵，于是随何趁机跑出来说黥布已经降汉，楚使慌忙逃走。随何对黥布说反叛已成事实，应派人赶去杀了楚使，黥布此时只能照做，杀了楚使投汉。

项羽大怒，派龙且攻九江，黥布不敌，败逃汉地。后随汉军转战垓下，项羽最终乌江自刎，楚汉战争结束。

叛乱被诛

汉朝建立后不久，韩信谋反被杀，紧接着彭越也被杀，三个"异姓王"只剩黥布一人，他担心会有同样的命运，所以积蓄力量，制订作战计划。后被人告发，被逼无奈造反。最终还是被刘邦打败，落了个被杀的命运。

读史有智慧

黥布出身囚徒，经过奋斗，被封为王。他先后杀了秦皇子婴和楚怀王熊心。在楚汉战争中被游说时犹豫不决，后被随何挑明，只能叛楚。之后他看到"三位一体"的韩信、彭越被杀，虽然有防备，但是最终还是被逼反叛。此人两次反叛皆非出于真心，前一次叛楚是权衡利益，犹豫不决，而后一次叛汉，则为被逼拼死一搏。

能屈能伸的大将军——周勃

绛侯周勃出身布衣，自沛县起义开始，直到刘邦去世，他始终跟随和拥戴刘邦，是刘邦集团坚定而忠实的成员，所以刘邦认为他可堪重任，常常交给他重要的军事任务，甚至任命他为太尉，掌管全国军事。果然，当诸吕谋乱危及刘氏的时候，他挺身而出，负起平定诸吕之乱、迎立文帝的重任，使汉王朝转危为安。但你知道吗？周勃之所以可以使汉朝安定，不仅是因为他纯朴憨直，更是因为他能屈能伸。

周勃是谁

周勃，西汉开国将领、宰相，沛县人。秦二世元年（公元前209年）随刘邦起兵反秦，因军功被提拔为将军，封为威武侯。随刘邦由汉中进取关中的过程中，屡建战功。

楚汉成皋（gāo）之战中周勃先后攻取多地，占领两个郡，二十二个县。汉高祖六年（公元前201年），受封为绛（jiàng）侯。而后因平定韩信叛乱有功，升为太尉。

　　吕后死后，周勃与陈平等合谋智夺吕禄军权，诛灭外戚，拥立文帝，两次出任丞相。汉文帝十一年（公元前169年），周勃去世，谥号为武侯。

　　周勃年轻时靠编织薄绢维持生活，还常在人家办丧事时吹箫奏挽歌，大家都叫他绢官。他本打算就这样过下去，和他的父辈一样，终身世袭这个工作。但是就在秦二世元年，陈胜、吴广起义，天下云集响应。很快，风起云涌的局势使得绢官这个职业失去存在的意义。正当周勃面临生计问题的时候，同一个县的刘邦也举起了造反的大旗。于是，在刘邦的军队攻打胡陵的时候，周勃赶到了刘邦的军中。刘邦也正是用人之际，很快周勃就成为刘邦的一个侍从官。

　　周勃的力量巨大，擅长使强弓硬弩，尤其擅长发射连珠弩。周勃的刀法、箭法在沛县也是罕有对手。凭借出色的武艺和行军用兵的天赋，周勃很快在军事将领中脱颖而出。

立功经历

　　在反秦斗争中，周勃大多随从刘邦东征西战，在战场上冲锋陷阵，立了不少战功。

　　起义军灭掉秦朝后，刘邦做了汉王，周勃受赏爵为威武侯。他跟从刘邦到了汉中，被任命为将军。他在汉军中积极作战，在还定三秦的战役中战功卓著。汉军冲出函谷关，在中原与楚军大战时，他一度守卫峣（yáo）

关，以保卫汉军后方的安全；

又一度守卫敖仓，以保证汉军粮饷的储备与供应，最后参与围攻项羽。在击垮项羽之后，他带一支汉军向东平定楚地多个郡，取得二十二个县。在楚汉战争中立了不少功劳，为灭楚兴汉起了促进作用。

楚汉战争结束，刘邦称帝，新建的汉王朝在军事上主要是镇压异姓诸侯王以巩固政权。

就在楚汉战争结束这年（公元前202年）七月，燕王臧荼（zāng tú）造反，汉高祖刘邦亲自带兵征伐。周勃作为将军随从前往。在同年九月，活捉了臧荼。他带领的士兵在驰道上阻击叛军，功劳最多。因功赐爵列侯，食绛县八千多户，所以被称为绛侯。

汉高祖六年（公元前201年）九月，另一个也叫韩信的将军被前来侵扰的匈奴围困，被迫投降，双方勾结，气焰嚣张，北方的形势开始紧张起来。汉高祖刘邦亲自带兵出击。周勃随从出兵，多次击败韩信的军队。后来，刘邦被匈奴大军围困在平城，周勃在平城下打击匈奴骑兵，功劳最多。周勃因功被提升为太尉，掌管汉朝军事。

汉高祖十二年（公元前195年），燕王卢绾造反。周勃与灌婴奉命带兵讨伐卢绾，攻下蓟城。继而又击败卢绾，追击至长城。周勃这次出征，攻战克获甚为可观，共俘虏了相国一人，丞相二人，将军、二千石级官员各三人；另外，打垮两支敌军，攻下三座城邑，平定了五个郡，七十九个县。

两度拜相

文帝即位之后，周勃因为平定吕氏叛乱有功，被任命为右丞相。文帝还赐给他黄金五千斤，食邑一万户。周勃为此很是得意，过了一个多月，有人劝说周勃："您诛灭了吕氏家族，拥立代王为天子，威震天下，您因此受到丰厚的赏赐，处在尊贵的地位。但是您现在已经失去了相对的价值，仍然享受这样的待遇，时间长了将会有灾祸降到您身上。"周勃听了以后害怕了，自己也感到处境非常危险，于是就向文帝辞职，请求归还相印。文帝答应了他的请求。

过了一年多，丞相陈平去世，很多政事无人打理，皇帝又让周勃出任丞相。过

了十几个月，皇帝说："前些天，我下令让列侯都回到自己的封地去，现在有些人还没有走，丞相您是我很器重的人，希望您带头先去，给他们做个榜样吧！"于是周勃又被免去丞相之位，回到自己的封地。

被告入狱

　　回到封地一年多，每当河东郡守和郡尉巡视到绛县的时候，绛侯周勃都害怕自己被他们杀害，经常披挂铠甲，命令家人手持武器会见郡守和郡尉。后来有人借题发挥，上书告发周勃要反叛。

　　皇帝把此事交给负责刑狱的廷尉处理，廷尉又把此事交付给长安的狱官。狱官逮捕周勃进行审问，周勃害怕得不知怎么回答。狱官却因此对他越来越轻视，甚至欺凌侮辱他。周勃只好送给狱吏千斤黄金，狱吏才在木简背后写字提示他："让公主为你作证。"

　　公主就是文帝的女儿，周勃的长子娶她为妻，所以狱吏教周勃让她出来作证。周

勃把加封所受的赏赐都送给了薄太后的弟弟薄昭。等案子到了紧要关头，薄昭为周勃向薄太后说情，太后也认为不会有谋反的事，就趁着文帝朝见自己，顺手抓起头巾向文帝扔去，说："原来绛侯身上带着皇帝的印玺，在北军领兵，他不在那时反叛，如今他住在一个小小的县里，反倒要叛乱吗？"文帝又亲自看了绛侯的供词，便向太后谢罪说："狱吏刚好查证清楚，要放他出去了。"于是派使者带着符节赦免绛侯，恢复他的爵位和食邑。绛侯出狱以后说："我曾经率领百万大军，可是现在才知道狱吏的尊贵呀！"

读史有智慧

　　绛侯周勃能够在汉朝历史上占有一席之地，不仅是因为他的忠和勇，还因为他能屈能伸。汉朝刚建立的时候，很多人都倚仗自己的功绩得意忘形，他却坚持追随刘邦，做一名普通将领，因此得到刘邦的信赖与重用。吕后当政时，他不做无谓反抗而是养精蓄锐，在吕后去世，诸吕叛乱的时候，他挺身而出，平定了叛乱。被人告发入狱时，他没有表现出"士可杀不可辱"的气概，而是多了一些接受和忍耐，最终使自己的冤屈得以平反。周勃的能屈能伸表现了他性格的韧性，也体现出一种人生智慧。

卖布小贩的创业路——灌婴

史书上常有"滕灌之徒"的说法，意思就是灌婴和滕公夏侯婴都是冲锋陷阵的将领，不是运筹帷幄、决胜千里的帅才。但即使不是张良、韩信那样的帅才，灌婴也有自己的辉煌。作为汉朝的开国功臣，他官至太尉、丞相，一生战功赫赫，死后还被封为"懿侯"。

灌婴是谁

灌婴，汉朝开国功臣，官至太尉、丞相。公元前208年参加刘邦军队，以骁勇著称。在公元前201年，被封为颍阴侯。后以车骑将军相继参加平定臧荼、韩王信、陈豨（xī）、英布叛汉的作战。吕后死后，因与周勃等拥立文帝有功，升为太尉。公元前177年，继周勃为相，次年卒。

追随刘邦

灌婴起初只是一个贩卖丝布的商人，在刘邦打到砀县时投靠了刘邦，是少数追随刘邦并且结局较好的将领。

刘邦刚刚起兵反秦、自立为沛公的时候，攻城略地来到雍丘县城下，被秦大将章邯阻击，撤退到芒砀山一带。此时，灌婴以内侍中涓官的身份前来归附。他在成武打败了东郡郡尉的军队，在杠里打败了驻守的秦军，因为杀敌英勇，被刘邦升为"七大夫"（一种爵位）。

后又跟随沛公在亳以南及开封、曲遇一带与秦军交战，因为奋力拼杀，被封为宣陵君。后来，他又跟随沛公在阳武县以西至洛阳一带与秦军交战，在新乡以北地区击败秦军，再向北切断了黄河渡口，然后又领兵南下，在南阳以东打垮了南阳郡郡守的军队，平定了南阳郡。

灌婴再往西进入武关，在蓝田与秦军交战，因为英勇奋战，一直打到灞上，又被封为昌文君。

赐列侯爵

沛公被封为汉王之后，封灌婴为郎中。灌婴跟随汉王进军汉中，十月间，又被任命为中谒者。跟从刘邦平定了三秦，攻取了栎阳，降伏了塞王司马欣。回军又把章邯围在了废丘。后又跟随刘邦东出临晋关，降伏了殷王董翳。在定陶以南地区与项羽的部下龙且、魏国丞相项他的军队交战，经过激烈的拼杀，最后击败了敌军。后来他又随刘邦拿下了砀县，进军彭城。项羽带领军队出击，把刘邦打得大败。刘邦向西逃跑，灌婴随刘邦撤退，在雍丘驻扎。王武、魏公、申徒谋反，灌婴随从刘邦出击，打垮了他们，攻克了外黄，再向西招募士卒，在荥阳驻扎。

项羽骑兵很多，刘邦就在军中挑选能够担任骑兵将领的人，大家都推举原来秦朝的骑士李必、骆甲，他们对骑兵很在行。刘邦准备任命他们，但他们二人说："我们原是秦国的子民，恐怕军中士卒觉得我们靠不住，所以请您委派一名常在您身边而又善于骑射的人做我们的首领。"于是刘邦任命灌婴为中大夫，让李必、骆甲担任左右校尉，带领骑兵在荥阳以东和项羽交战，把楚军打得大败。

随后灌婴又奉刘邦命令率军袭击楚军的后方，断绝了楚军从阳武到襄邑的粮食供应。后在鲁国一带，打败了项羽将领项冠的军队，进而击败柘公王武，大破王武的别将桓婴，又带领骑兵南渡黄河，护送刘邦到达洛阳。然后刘邦又派遣灌婴到邯郸去迎接相国韩信的部队。回来到敖仓时，灌婴被升任为御史大夫。

活捉周兰

汉高祖三年时，灌婴以列侯的爵位得到了杜县的食邑平乡。后来，他又以御史大夫的身份率领郎中骑兵，俘虏了车骑将军华毋伤及将吏四十六人，迫使敌兵投降，拿下了临淄，活捉齐国守相田光。然后灌婴又追击齐国相国田横，击败齐国骑兵。紧接着把齐国将军田吸打得大败，并将田吸斩首。然后他跟随韩信引兵向东，在高密攻打龙且和留公旋的军队，士卒们不仅将龙且斩首，而且还活捉了右司马，灌婴则亲手活捉了亚将周兰。

齐地平定之后，韩信自立为齐王，派遣灌婴单独率军去鲁北攻打楚将公杲的军队，获得全胜。灌婴挥师南下，打败了薛郡郡守所率领的军队。接着又进攻傅阳，进军到达下相东南的僮城、取虑和徐城一带。渡过淮河，他降伏了淮南的城邑，然后到达广陵。

其后项羽派项声、薛公和郯公又重新收复淮北。灌婴渡过淮河北上，在下邳击败了项声、郯公，并将薛公斩首，拿下下邳。在平阳击败了楚军骑兵，接着降伏了彭城，俘获了楚国的柱国项佗，降伏了留、薛、沛、酂（zàn）、萧、相等县。攻打苦县、谯县，再次俘获亚将周兰。然后在颐乡和刘邦会师。跟随刘邦在陈县一带击败项羽的军队。刘邦给灌婴增加食邑二千五百户。

灌婴筑城

灌婴与南昌的渊源颇深，他曾多次于此地打仗立功。当时南昌隶属于九江郡，豫章郡虽然在当时已经置立，但还称不上是真正的城市，既没有护城河也没有城墙。直到刘邦建汉五年以后，灌婴来此处开始筑建这座城市，也就因此开始了南昌市的建城历史。起初，设置南昌县被看作是豫章郡的

附属城市，取名于"昌大南疆"与"南方昌盛"的寓意。南昌城所处的位置，正是赣江的下游，背长江而依畔鄱阳湖，水陆交通发达便利，其地理位置之优势得天独厚，地形险要，自古以来便是兵家必争之地。

由于灌婴将军被看作是南昌的筑城者，因此南昌也俗称"灌婴城"。根据记载，江西当地人曾供奉灌婴为南昌的本地城隍，香火颇为兴盛。

读史有智慧

灌婴一路追随刘邦，不曾有丝毫的动摇，这体现了他的忠心。几次三番活捉周兰的故事也让我们意识到，这个曾经卖布的小商贩是有勇有谋、有真材实料的！筑造南昌城的事迹，告诉我们，历史铭记的不仅仅是一个人的军事功绩，更吸引人的是功在千秋的民生工程。人民的福祉，才是最好的功绩。

历史寻踪

◆ 灌冢

灌冢，是汉朝大将军灌婴的墓，位于山东济宁市东边西灌村北250米处，"灌冢晴烟"为古济宁八景之一，据说在阳春三月里，天气晴朗，微风拂过，灌婴的墓地上空会有白色烟气覆盖。"灌冢晴烟"是一种春天地气上升形成的自然景观。

杀狗出身的大将——樊哙

历史上有一句非常著名的反问句——"王侯将相宁有种乎？"没想到喊出这句话的陈胜、吴广最终兵败如山倒，反而是一个叫樊哙（kuài）的屠狗的人异军突起，跟随着刘邦东征西战，建立了赫赫军功，最后封王拜相，成了人生的大赢家。

樊哙是谁

樊哙是沛县人，汉高祖刘邦的老乡。他年少时以杀狗为业，后来追随刘邦起兵，成了西汉的开国功臣。他性格勇猛，死后谥号"武侯"。刘邦入咸阳，沉溺于宫廷生活，他与张良力劝刘邦还军灞上。鸿门宴上，他直入营门，斥责项羽，刘邦始得脱走。后来，樊哙成为吕后的妹婿，深得吕后信任。后随刘邦平定臧荼、韩信等，官至左丞相，被封舞阳侯。

追随刘邦

樊哙是穷人家的孩子，他出身寒微，在跟随刘邦之前只是个集市上杀狗的屠户。他与刘邦的关系一直很好，曾经与刘邦一起躲藏在芒砀山中。后来，他与萧何、曹参共同推举、拥戴刘邦起兵反秦。樊哙的这些举动，令刘邦很高兴，所以在刘邦做了沛公后，便让樊哙做了他的随从副官。此后，樊哙开始了他不平凡的人生。

靠着一身武力，樊哙跟随刘邦南征北战，先是攻打胡陵、方与，在丰县一带打败了泗水郡监和郡守的军队，后又平定了沛县。在攻打砀东时，他充分发挥出了自己的能力，十分英勇，接连斩杀十五人，打退了敌军。由于军功，他被封为国大夫。在抵抗章邯军队时，樊哙不顾个人安危，率先登城，斩下了二十三人的首级，被赐爵为列大夫。此后，他经常跟随刘邦出征，建立战功更如同家常便饭。

多次战争中，樊哙一马当先，不顾个人安危冲锋在前，极大地鼓舞了士气。因为捕获、斩杀敌人有功，官职由爵上升为卿，被赐"贤成君"的封号。在与沛公、韩信等人一起从武关攻打到灞上时，樊哙率军斩杀都尉一人，首级十个，俘获一百四十人，降二千九百人。

刘邦先于项羽领军入关，灭掉秦国的军队后关闭关口独自守着，不让其他军队进来，想要凭借楚怀王"先入定关中者王之"的约定在关中称王。他的这些行为，引起了项羽的不满。当时，项羽的军队比刘邦的军队要强大很多。当项羽得知刘邦率先入关，还打算称王时，非常愤怒。他派英布等人攻下函谷关，项羽入关后，将军队驻扎在新丰鸿门，想要歼灭刘邦的军队。

刘邦这时才意识到自己的贪心带来了多大的危机，后悔没有早听樊哙和张良的劝告，于是赶快退出咸阳，把军队驻扎在灞上。

鸿门之宴

项羽兵临城下后，刘邦自知势单力薄，于是就与张良率一百多名随从到鸿门向项羽赔罪，樊哙也在随从之列。项羽在鸿门大摆宴席招待他们，项羽的亚父范增早有预谋要杀害刘邦，酒酣之时，他便让项庄在席上拔剑献舞，想在舞剑的过程中趁机刺杀刘邦。

然而，此时宴席间只有刘邦和张良在，张良想办法走到帐外，把鸿门宴上预谋行

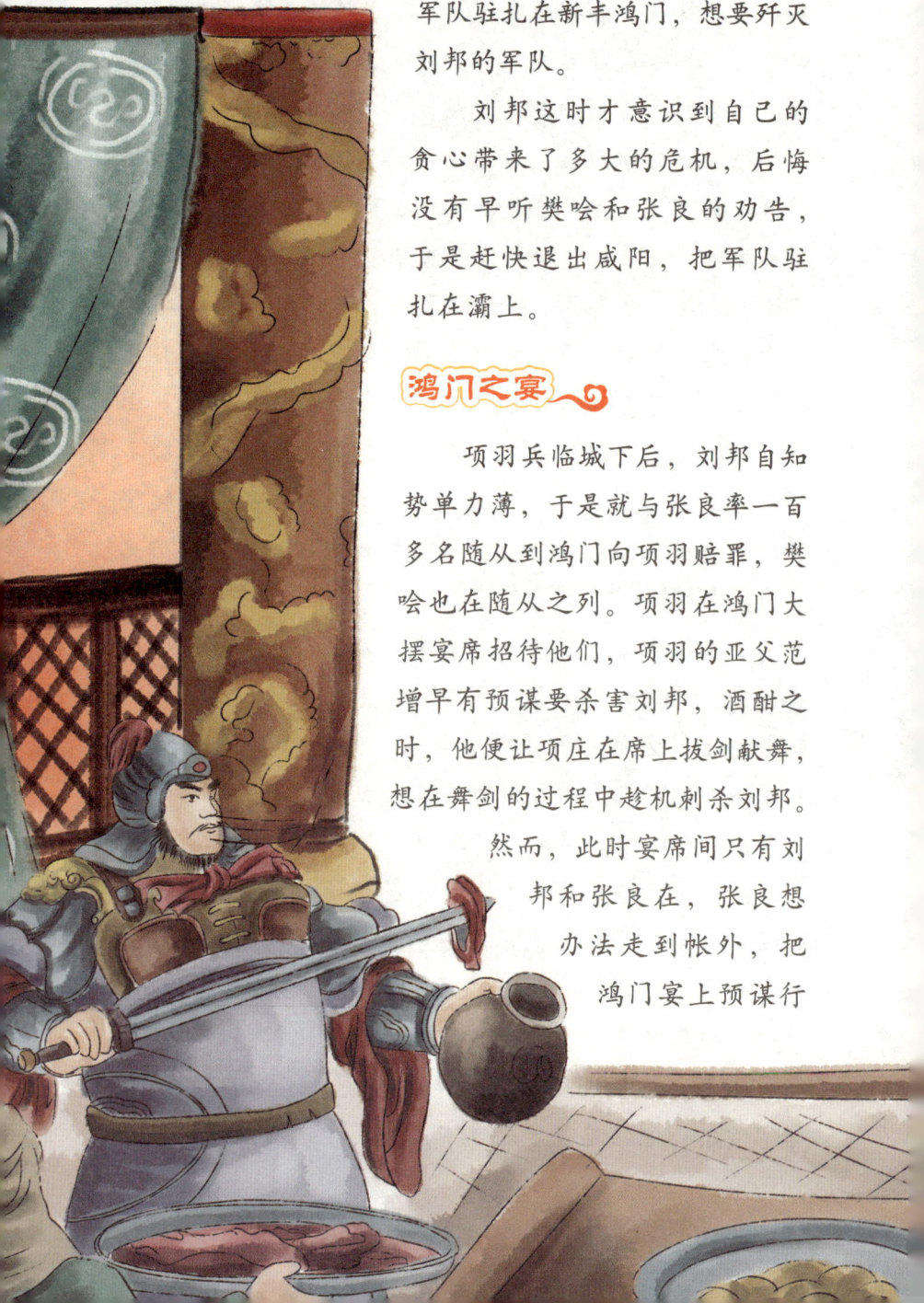

刺的事告诉了樊哙。樊哙一听，立即拿着剑盾闯进项羽的营帐。项羽大惊，握着自己的剑问："这人是谁？"

一旁的张良回答说："他是沛公的参乘樊哙。"

项羽欣赏地说："是位壮士！"于是赏赐了一杯酒和一条猪腿给樊哙。樊哙也不矫揉造作，拿起酒杯一饮而尽，爽快地拔剑切肉吃了起来。不一会儿，他就把肉吃光了。

项羽看到樊哙的表现，非常欣赏，便问道："樊将军还能再喝吗？"

樊哙面斥项羽道："我自己的安危我并不在乎，更何况是多喝几杯酒，多吃几两肉？但是我要替沛公说几句公道话，他先进入了咸阳，但却没有独自占领那里，反而将军队退出到灞上，目的是为了等待大王您的到来。大王今天来到这里，不仅没有感谢沛公，反而听信小人的谗言，在心里怀疑沛公，我作为臣子害怕天下又要大乱，百姓们都会怀疑是您一手造成的呀！"

项羽听后沉默不语，这时刘邦找借口说他要去厕所，把樊哙召了出去。出了营帐，刘邦骑上了一匹马，樊哙等四人步行护驾，从山下的小路偷偷跑回

了灞上营中，留下张良向项羽赔罪。

项羽因为已经顺心遂意，也就没有诛杀刘邦的念头了。当时，如果没有樊哙闯进项羽的帷帐谴责项羽，刘邦的事业几乎失败。刘邦被项羽封为汉王后，赐樊哙为列侯，号临武侯，升为郎中，樊哙也随汉王刘邦入汉中。

南征北战

刘邦在汉中站稳脚跟后，用名将韩信指挥了三秦之战，从而拉开了楚汉战争序幕。在战争中，樊哙英勇异常，因功被升为郎中骑将，封为将军。随后他又参加对楚作战，在外黄击破王武及程处军，攻取邹、鲁、瑕丘、薛等地。后来，他又随汉高祖刘邦追击项羽，占领了阳夏，虏获楚将周将军的 士卒四千多人，把项羽包围在陈县，大胜而归。

项羽死后，刘邦称帝，史称汉高祖。汉初，异姓诸侯王反叛不断，樊哙成了征讨叛军的主将。他先攻打反叛的燕王臧荼，并俘虏了他，平定了燕地。曾经与他一同作战的楚王韩信造反，樊哙跟

随汉高祖到楚地，活捉了楚王韩信，平定楚地。

为了奖励樊哙，高祖赏赐他为列侯。以舞阳为食邑，封号舞阳侯。

之后，樊哙又以将军的身份与绛侯周勃等共同平定了代地，后来还被提升为左丞相。

樊哙的一生，军功甚伟，他凭借着自己的武力和脑力，从布衣成了一代将相。

读史有智慧

樊哙不如张良、萧何、韩信他们有智慧，但他最后的成就并不次于他们。这是因为樊哙不仅仅只是一介武夫，面对项羽，他也不仅仅只凭自己的蛮力来恐吓他，反而还能为刘邦辩解，可见他的忠心和智谋。他在咸阳宫劝谏刘邦不能贪图一时的享受，可见他的目光长远。

历史寻踪

◆ 樊哙墓

樊哙墓，位于河南省舞阳县马村乡郭庄村，墓高1.5米，周长30米，墓碑上写着"汉左丞相樊哙之墓"。背面为明嘉靖丙申墓铭"觥觥将军，威盖不当，操盾千钧，拔主项堂，兴汉破楚，矫矫忠良，卒为丞相，帝室以康"。额书为"汉室元勋"。相传铭文为《后汉书》作者班固所撰，文字虽短，却全面评价了樊哙的一生。

可圈可点的人物——夏侯婴

研究历史的人评价夏侯婴，说他是一个"有胆、有识、有谋、有能、有后"的可圈可点的人物。按理说，在辅助刘邦成王的道路上，夏侯婴的功劳并不是最大的，但相较而言，夏侯婴的下场却是最好的。不仅如此，他的几代子孙都享受了他的福禄。这样一个人，在他的身上到底发生了哪些故事？

夏侯婴是谁

夏侯婴是泗水郡沛县人，西汉开国功臣之一。他与刘邦少年时就是朋友，后来他跟随刘邦起义，立下了战功，被封为汝阴侯。

战功卓著

夏侯婴起初只是一个在马房里掌管养马驾车等事务的仆人。每当他驾车送完使者或客人返回的时候，经过泗水亭，都要去找刘邦聊天，而且一聊就是大半天。后来，夏侯婴担任了县吏，与刘邦的关系就更加紧密。

有一次，刘邦因为打闹而误伤了夏侯婴，被别人告发到官府。当时刘邦身为亭长，伤了人要从严判刑，刘邦申诉说没有伤害夏侯婴，夏侯婴也证明自己没有受伤。后来证词又被推翻，刘邦被关押一年多，受鞭笞刑数百下，终归还是凭借夏侯婴的证言帮刘邦免除了更严重的罪责。

当初，刘邦带领他的徒众准备攻打沛县的时候，夏侯婴以县令属官的身份与刘邦联络。刘邦占领沛县，自立为沛公，赐给夏侯婴七大夫的爵位，并任命他为太仆。

在跟随刘邦攻打胡陵时，夏侯婴和萧何一起招降了泗水郡郡监，郡监交出胡陵投降了，刘邦赐给夏侯婴五大夫的爵位。

他跟随刘邦袭击秦军，攻打济阳，拿下户牖（yǒu），在雍丘一带击败秦国丞相李斯的儿子李由的军队，他在战斗中驾兵车快速进攻，作战勇猛，因此，刘邦赐给他执帛的爵位。

夏侯婴又跟从刘邦在东阿、濮阳一带袭击章邯，在战斗中驾兵车快速进攻，作战勇猛，大破秦军，刘邦又赐给他执珪的爵位。后在开封袭击赵贲的军队，在曲遇袭击杨熊的军队。在战斗中，夏侯婴俘虏六十八人，收降士兵八百五十人，并缴获金印一匣。接着又指挥军队在洛阳以东袭击秦军。他驾车冲锋陷阵，奋力拼杀，刘邦赐予他滕公的封爵。接着，他指挥兵车跟从刘邦攻打南阳，在蓝田、芷阳大战，他驾兵车奋力冲杀，英勇作战，一直打到了灞上。项羽进关之后，灭掉了秦朝，封刘邦为汉王。刘邦赐予夏侯婴列侯的爵位，号为昭平侯。又以太仆之职，跟随刘邦进军蜀、汉地区。

初识韩信

秦朝末年，韩信多次给项羽献计。奈何项羽太自负，对韩信的计策不予采纳。韩信因为得不到项羽的重用，于是就离开项羽改投刘邦。起初，刘邦也不重用韩信，只让他做了个管理仓库的小官。后来，韩信因犯法当斩，同案的十三人都已处斩，轮到韩信时，韩信抬头对夏侯婴说："汉王不想得天下了吗？为什么要斩杀壮士？"

夏侯婴听了这话，大吃一惊，觉得此人话语不同凡响。细细一看，见韩信长

得相貌威武，于是就放了他。在与韩信交谈时，他惊喜地发现此人胸有谋略，于是推荐给萧何。

萧何多次同韩信交谈，也十分赏识他，认为他是一个不可多得的人才，就推荐给刘邦。刘邦敷衍应付，不知道他与众不同的地方。刘邦被项羽排挤，数十位将领因担忧前途逃亡。韩信因萧何等人多次举荐还不得重用，也逃走了。萧何听说韩信逃走，来不及向刘邦报告便去追赶韩信。正在萧何劝说韩信的时候，夏侯婴也策马赶到。两人非要韩信回去不可，并担保说："要是大王再不听我们的劝告，那我们三个人就一起走！"

韩信只好跟回去。刘邦听萧何说韩信的才能举世无双，才拜韩信为大将。

营救刘盈

后来，刘邦回军平定了三秦，夏侯婴一直跟随刘邦攻击项羽的军队。刘邦的军队攻打彭城时，被项羽打得一塌糊涂。刘邦因为战争失败，为了活命，匆匆忙忙地逃跑。

在半路上，夏侯婴遇到了刘邦、吕后和他们的一对子女，就是后来的汉惠帝和鲁元公主，就把他们收上车来。此时，马已经跑得十分疲乏，敌人又紧追在后，刘邦特别着急，有好几次试着用脚把两个孩子都踢下车去，想扔掉他们了事，免得拖累。但每次都是夏侯婴下车把两个孩子收上来，一直把他们载在车上。下车把孩子抱上来时，夏侯婴赶着车子，先是慢慢行走，等到两个吓坏了的孩子抱紧了自己的脖子之后，才驾车奔驰。刘邦为此非常生气，有好几次想要杀死夏侯婴，但最终还是逃出了险境，把汉惠帝、鲁元公主安然无恙地送到了丰邑。

刘邦到了荥阳之后，收集被击溃的军队，军威又振作

起来，刘邦把祈阳赐给夏侯婴作为食邑。在此之后，夏侯婴又指挥兵马跟从刘邦攻打项羽，一直追击到陈县，最后终于平定了楚地。行至鲁地，刘邦又给他增加了兹氏一县作为食邑。

常任太仆

夏侯婴自从跟随刘邦在沛县起兵，长期担任太仆一职，一直到刘邦去世。

之后，他侍奉汉惠帝。汉惠帝和吕后因为非常感激夏侯婴在下邑的路上救了他们和鲁元公主，就把紧靠在皇宫北面的一等宅第赐给他，名为"近我"，意思是说"这样可以离我最近"，以此表示对夏侯婴的格外恩宠。

汉惠帝死去之后，他又以太仆之职侍奉吕后。等到吕后去世，代王刘恒来到京城的时候，夏侯婴和东牟侯刘兴居一起入皇宫清理宫室，废去了少帝刘弘，用天子规格的车驾到代王府第里去迎接代王刘恒，和大臣们一起立代王为皇帝，夏侯婴仍然担任太仆。

八年之后夏侯婴去世，谥号为文侯。

读史有智慧

夏侯婴和刘邦在平民时就是好朋友，为了救刘邦，他不惜舍命吃苦头。刘邦反秦，他一心一意地跟随，出生入死，立下了赫赫战功，直到刘邦成了皇帝。他还慧眼识英雄，从刀口下救出韩信，推荐韩信给萧何与刘邦。

幸运而又坎坷的封王路——刘泽

西汉初年，很多刘姓子孙被封了王，他们有的是凭借战功，有的是凭借血缘关系。不过有一个人是例外，他虽然有功劳，可功劳不够大，虽然与刘邦同族，可只是远亲，那么他能当上一个什么王呢？

刘泽是谁

刘泽是汉高祖的远房堂兄弟。他一开始只是一个小官，后来以将军身份攻打陈豨，因军功被封为营陵侯。吕后执政时，因妻子是吕后妹妹的女儿，刘泽被封为琅琊王。

公元前180年，吕后去世，汉高祖的长孙齐王刘襄起兵。他用计谋挟持了刘泽，获得了刘泽在琅琊的军队。刘泽对此耿耿于怀。后来刘泽假装要前往长安说服众臣立刘襄为帝，但他到长安后却拥立汉高祖四子代王刘恒为帝，即汉文帝。刘泽平乱有功，改封燕王。公元前178年，刘泽去世，谥号"敬王"。

封王琅琊

　　吕后执政时期，齐国一个叫田生的人，因出游缺少路费，打算通过给刘泽出谋划策来获得资助。通过与田生的一番交谈，刘泽受益匪浅，便用二百斤黄金为田生祝寿。田生得钱后便返回了齐国。

　　后来，刘泽的处境有些不好。田生来到长安，并未去见刘泽，而是租了一座大宅院，让儿子去求见吕后身边当红的宦官张子卿。田生的儿子邀请张子卿来他家做客，田生在家里挂起豪华的帷帐，陈设精美的用具，场面如同诸侯般阔气。张子卿看后大吃一惊，从此对田生刮目相看。

　　两人喝酒正尽兴时，田生屏退左右，悄悄对张子卿说："我近日观察了一百多座诸侯王的宅子，它们的主人大多是高祖时期的功臣，很少有吕后的亲戚。吕后的亲戚一直都很忠心地辅佐汉高祖，高祖能夺取天下，吕氏的功劳可以说是最大的。然而，如今吕后的年纪逐渐大了，她的权势也越来越薄弱。为了加强吕氏的权力，吕后便有立吕产为代王的打算。我觉得吕后想郑重提出此事，但是担心遭到大臣们的反对。您最受吕后宠幸又被大臣们敬畏，为什么不劝大臣们向吕后进言，请求立吕氏子弟为王呢？这样吕后一定会高兴。吕氏子弟如果被封为王，您也一定会因有功而被封为万户侯。如果您不能替吕太后分忧，那恐怕就要大祸临头了！"张子卿听了田生的话，立马劝大臣们向吕后进言。

吕后早就有立吕氏子弟为王的打算，因此大臣们一提议，吕后便高兴地答应了。不久，吕后赏赐给张子卿一千斤黄金，张子卿将一半黄金送给田生作为报答。

田生并没有接受黄金，而是趁机劝他说："吕产被封为王，大臣们并未完全心服。营陵侯刘泽是刘氏宗族的人，他身为大将军，对吕太后分封吕氏子孙的事颇有些怨恨。现在，您应当劝说吕后封刘泽为王。他的怨恨化解了，吕氏的地位就更巩固了！"

张子卿随即入宫劝说吕后。吕后仔细考虑后认为这么做很对，于是就割琅琊郡给刘泽，封刘泽为琅琊王。

拥立汉文帝

吕后去世后，吕家人想推翻刘氏子孙自立。当时朱虚侯刘章在京城，他想让哥哥齐王刘襄以剿灭吕氏的名义发兵，然后自己作为内应，等事成之后齐王就可以登基。接到弟弟的书信后，齐王心潮起伏，决定联系琅琊王刘泽一起发兵。齐王的使者到了琅琊后就给刘泽戴高帽，说："大王，现在吕氏图谋不轨，齐王想去带兵护驾，可觉得自己太年轻，他想到您德高望重又带过兵，就想把整个齐国人马都交给您。现在齐王想让您过去，一起商量西进平乱的事情。"听到奉承，刘泽笑得合不拢嘴，就飞马去

了齐国，可他一到齐国就被扣下了。而后齐王就用刘泽的名义调动琅琊国的人马，全部归齐王指挥。

刘泽一看自己上当了，便骗齐王说："你的父亲本身就是高祖的长子，本来就该你继承皇位。京城的大臣们对于该拥护谁还没有定下来，我是刘家现存辈分最高的，他们肯定会尊重我的意见，不如让我去长安劝大家迎接你即位。"齐王一听，觉得有道理，就放刘泽走了。

相国吕产派大将灌婴阻击齐王，结果灌婴和齐王都按兵不动，等待京城的局势变化。很快，吕氏被灭族了，此时刘泽已赶到长安。他极力反对齐王，拥立代王刘恒为帝，即汉文帝。

汉文帝即位以后，为了安抚齐王，就把琅琊划归了齐国，不过他也没有亏待刘泽，改封其为燕王。

刘泽身为刘邦的远房亲戚，出身不够高贵，也没有特别大的战功。但就是这样一个人，最后却出人意料地成了燕王。这得益于田生对他的帮助，也得益于他在最后关头明智的选择。这告诉我们，平时要有助人之心，同时也要有选择的智慧。

历史寻踪

◆ 燕王

燕王是一个爵位，并非专指某个人。历史上第一位燕王是春秋战国时期燕国的燕易王，历七世。秦后各代多有分封及自立，著名的如刘守光、罗艺、耶律洪基、慕容皝、慕容儁、真金、朱棣等。自汉代开始，几乎历朝历代的正统王朝都册封有燕王。

"士为知己者死"——豫让

月黑风高的夜晚，只见一位身手敏捷的高人身着夜行衣、脸蒙黑面巾，手持一把雪亮的匕首，潜伏在黑暗中伺机而动。没错，这就是传说中的刺客。刺客中，最令人佩服的是春秋战国时期的豫让。说起他，你可能不知道，但你一定知道一句话："士为知己者死。"这句话就出自豫让之口。

豫让是谁

豫让姓姬，是春秋战国时期晋国侠客毕阳的孙子。他先为范氏做事，后又给中行氏做家臣，但都未受到重用。郁郁不得志的时候，豫让遇到智伯，成为智伯的家臣。智伯对豫让很尊重，豫让很感激智伯的知遇之恩。

后来，智伯成为晋国执政者。因为卿大夫赵襄子拒绝献出封地，智伯联合魏氏、韩氏两家的势力共同对赵氏发动战争。赵襄子派人向魏、韩分析当时局势的利害关系，魏氏、韩氏听了赵襄子使者的话之后临时改变了主意，联合赵氏反攻智氏，智伯被赵襄子捉住并杀死，三家分割了他的属地，之后又瓜分了晋国。这就是著名的"三家分晋①"。

赵襄子痛恨智伯到了极点，他把智伯杀了后，把他的头盖骨拿来做饮器。这里要多说一下赵襄子与智伯的恩怨。当年，智伯瞧不起赵襄子，骂他相貌丑陋，懦弱胆怯。后来一同带兵攻打郑国时，智伯还借酒醉将酒杯扔到赵襄子脸上。虽然赵襄子忍下了屈辱，但是仇怨就此结下了，所以赵襄子才那么痛恨智伯。

---

① 三家分晋：指春秋末年，晋国被韩、赵、魏三家瓜分的事件。春秋晚期，晋国的韩、赵、魏、智、范、中行氏六卿专权。公元前490年，赵氏击败范氏和中行氏。公元前458年，范氏和中行氏的土地被韩、赵、魏、智氏四家瓜分。公元前453年，韩、赵、魏联合击败智氏，分别建立韩、赵、魏三个政权。

士为知己者死

豫让知道这个事情以后，说了两句话："士为知己者死，女为悦己者容（士人愿意为赏识自己、了解自己的人献身，女人愿意为欣赏自己、喜欢自己的人精心装扮）！"于是，豫让要行刺，而他刺杀的目标只有一个——赵襄子。他要为智伯报仇雪恨。

豫让改了自己的名字和姓氏，伪装成一个受过刑的人，干起了打扫厕所的活儿。凭借这身临时学来的"手艺"，豫让成功混入赵襄子的宫中清理厕所。他想借赵襄子上厕所的时候杀死他，但是很快就被赵襄子发现了阴谋，赵襄子趁豫让没注意的时候把他捉住了。接下来豫让面临的就是严酷的审问了。在审问时，豫让毫不掩饰自己的动机："我来这里就是要为智伯报仇的！"侍卫们都吆喝着杀掉豫让，而赵襄子无比感慨地说："豫让是一位义士，我以后谨慎小心就是了。"在侍卫们的一片反对声中，赵襄子放走了豫让。

按理说，豫让被逮个现行，却被宽厚仁慈的赵襄子放走，理应就此收手了，但是他心里始终揣着那句誓言：士为知己者死。

完成最初的誓言

于是，豫让干了一件耸人听闻的事。他全面改造了自己的外形：用漆涂满全身，使皮肤烂得不像样子，剃光了胡须和眉毛，将自己彻底毁容，甚至为了改变声音，吞下熊熊燃烧的火炭，然后假扮乞丐在街边乞讨。

豫让的朋友实在看不下去了，就对豫让说："凭你的才干，如果竭尽忠诚去侍奉赵襄子，他必然重视你、信赖你，待你得到他的信赖，复仇的机会不就多了。"豫让听了这话后，却不以为然地笑了，他认为这很不道德，豫让不干没有道德的事情。

这次，豫让提前摸清了赵襄子的出行时间和路线，在赵襄子必经之路上的一座桥下埋伏（这座桥如今已成为名胜古迹，名曰"豫让桥"）。这天，赵襄子的人马来到这座桥，没想到还没到桥上，马儿突然受惊。赵襄子立即猜到是有人行刺，很可能又是豫让，遂派手下去打探，果然是豫让。豫让再次被捉了起来。

赵襄子万分气恼："你曾经不也侍奉过范氏、中行氏吗？智伯把他们都消灭了，你为何不替他们报仇，反而托身为智伯的家臣？而智伯死了，你却对我非杀不可？"豫让说："我侍奉范氏、中行氏，他们都把我当作一般人看待，所以我像一般人那样报答他们。而智伯把我当作国士看待，所以我就像国士那样报答他。"赵襄子听了还是很受感动，但又觉得不能再放走豫让，正在犹豫怎么处置他时，豫让提了一个荒唐的请求。他请赵襄子脱下一件衣服，让他象征性地刺杀一下，以完成他最初的誓言。赵襄子被豫让感动，满足了他的要求。心愿达成后，豫让拔剑自刎。

读史有智慧

在春秋战国时期，有一个非常重要的社会现象，那便是刺客的涌现。这些人有自己的正义感，有自己的价值评判标准和道德底线，不图富贵、崇尚节义、身怀武艺，常常是与某些权贵倾心相交，为报知遇之恩而出生入死，赴汤蹈火。除了豫让之外，战国时期其他著名刺客还有荆轲、聂政等。豫让并不擅长行刺，但他被后世奉为"春秋战国四大刺客"之一，不是因为他武艺高强，而是因为他对自己誓言的坚守。

历史寻踪

◆ 晋祠

如果你去山西旅行，晋祠是绝对不能错过的。

晋祠，位于太原市西南25公里处的悬瓮山麓，最早是为祭奉晋国的开国诸侯唐叔虞而建造的祠堂。"剪桐封弟"的故事详细记载了周成王如何把唐叔虞封到唐国做诸侯。叔虞到了唐国，兴修水利，励精图治，使唐国百姓安居乐业，生活富足，出现了一派盛世局面。叔虞死后，后人为了纪念他，选择了一处山清水秀之地，建造祠堂用来祭奉他，取名唐叔虞祠，其子即位后，因境内有晋水，于是，将国号由"唐"改为"晋"，祠堂也由此改名为"晋祠"。大诗人李白就作诗吟诵晋祠景色："时时出向城西曲，晋祠流水如碧玉。浮舟弄水箫鼓鸣，微波龙鳞莎草绿。"

◆ 豫让桥

豫让大义凛然，以死报主的故事，世世代代流传，成为"赵燕慷慨悲歌之士"的代表人物。《邢台县志》详细记载了豫让的事迹。豫让桥也就成为邢台的名胜而闻名四方。万历十八年（1590年），邢台县知事朱诰修建了豫让祠，把豫让作为乡贤，四时祭祀，文人墨客经常吟诵豫让的故事。可惜，"豫让桥"在抗日战争期间被破坏，桥边记载豫让事迹的石碑，也在重修公路时做了桥洞基石。

忠诚勇敢孝为先的刺客——聂政

聂政一个人拿着宝剑走在茫茫荒野上，他是要为严仲子报仇，他要一剑杀死韩国大臣侠累。他勇敢地冲进侠累的府上，愤怒地挥舞宝剑杀死了侠累。这不是故事的高潮，接下来聂政的行为才震惊了所有人。他为了不牵连自己的姐姐，更为了不暴露严仲子的怨恨，把自己毁了容，让别人认不出自己。这一豪烈的举动感动了所有的人。

仲子厚待

聂政是轵（zhǐ）县深井里人，为了躲避仇人，与母亲、姐姐搬到了齐国，以屠宰为职业。过了好久，濮（pú）阳严仲子做了韩哀侯的臣子。因为严仲子与韩国大臣侠累之间有怨仇，严仲子怕侠累杀他，便游走于各国之间，物色能够替他报复侠累的人。到了齐国，有人告诉他，说聂政是个勇敢之士，为逃避仇人隐藏在屠夫的行业里，可以考虑让聂政去帮他报仇。

严仲子到聂家来拜访，请求聂政能见他一面，好几次拜访，聂政都没有见他。严仲子便准备了酒食去给聂

政的母亲做寿。严仲子将这些东西亲自送到聂政母亲面前，等到大家喝到尽兴时，严仲子又捧出黄金一百两，上前孝敬聂政的母亲。聂政对严仲子送的这份厚礼非常惊讶，便再三向严仲子道谢，并想让严仲子把黄金带回去。严仲子仍然坚持要送。聂政辞谢说："我因为有年迈的母亲在，家境又贫穷，所以客居他乡，从事屠狗的行业，以便换些钱，每天买点美食，来孝敬年迈的母亲。现在我已足够供养母亲，实在不敢再接受仲子的馈赠。"严仲子将聂政带到没有人的地方，对聂政说道："我有仇待报，游历诸侯各国已很多年了。这次到了齐国，听说你很够义气，所以送上这百两黄金，预备当作您母亲的生活用钱，不敢有其他奢望。"聂政说："我之所以不敢有太多的雄心壮志，只在市井里做个屠夫，是希望奉养我年迈的母亲。母亲在世，我不敢拿自己的生命开玩笑。"严仲子仍旧再三谦让，聂政终究不肯接受。

尽力报恩

后来，聂政的母亲去世。聂政将母亲安葬，并按照当时的礼仪为母亲守丧。丧服期满，聂政想到严仲子不远千里，委屈身份前来结交。自己因为老母在世，才没有答应。而今老母享尽天年，自己也应该对严仲子有所交代，不然对不起严仲子的恩情。于是，聂政赶到濮阳，见到严仲子说："我以前之所以没答应仲子的邀请，仅仅是因为老母在世；如今老母已享尽天年。仲子要报复的仇人是谁？把这件事交给我，我保证把事情办得漂漂亮亮！"严仲子非常严肃地告诉他说："我的仇人是韩国宰相侠累，侠累又是韩国国君的叔父，宗族旺盛，家里人丁众多，居住的地方士兵防卫严密，我一直派人刺杀他，始终没有得手。如今您不嫌弃我，将这件事答应下来，请允许我增加车骑壮士作为您的助手。"聂政说："韩国与卫国，中间距离不太远，如今刺杀人家的宰相，宰相又是国君的亲属，在这种情势下不能去很多人，人多了难免发生意外，发生意外就会走漏消息，走漏消息就等于整个韩国的人与您为仇，这太危险了！"于是谢绝车骑。

刺杀侠累

聂政一个人走了，他手里拿着一把宝剑，背影逐渐消失在田野的尽头。他连夜赶路，没用太长时间就到了

韩国，聂政直接向侠累的府上奔去。韩相侠累正坐在府上办公，他的周围手持兵器的侍卫很多，他们个个身强力壮，可是聂政丝毫不胆怯。他直冲而入，上了台阶，拔出宝剑，直接刺向侠累。侠累左右的侍卫没有见过这种场面，都非常慌乱，聂政大声呵斥，疯狂地用宝剑向他们刺去，所击杀的有数十人。然后聂政便自己剥掉自己的脸皮，挖出自己的眼睛，又自己挑出肚肠，随即死了。韩国人将聂政尸首公开放在市上，出钱让人们辨认这是谁。好多人都来看，但是都看不出他是谁。于是韩国人就出告示悬赏，有能够认出杀国相侠累的人，赏给他千金。但好久以后，仍然没有人知道他是谁。

姐弟同义

聂政的姐姐聂荣听说有人刺杀了韩国的宰相，却不知道凶手到底是谁，全韩国的人也不知他的姓名，把他的尸体放在市场上，悬赏千金，叫人们辨认。聂荣就抽泣着说："大概是我弟弟吧？哎呀，严仲子最了解我弟弟！"于是马上动身，前往韩国的都城，来到街市，死者果然是聂政，就趴在尸体上痛哭，极为哀伤，说："这就是轵县深井里的聂政啊。"街上的行人们都说："这个人残酷地杀害我国的宰相，君王悬赏千金查找他的姓名，夫人没听说吗？你怎么敢来认尸呢？"聂荣回答他们说："我听说了。聂政之所以承受羞辱不惜混在杀狗卖肉的人中间，是因为年迈的母亲还健在，我还没有出嫁。母亲

享尽天年去世后，我已嫁人，严仲子从穷困低贱的处境中把我弟弟挑选出来做朋友，他们恩情深厚，我弟弟还能怎么办呢？勇士本来就应该替知己牺牲性命，如今因为我还活在世上，他怕牵连我，自己毁坏面容躯体，让人认不出来，我怎么能害怕杀身之祸，永远埋没弟弟的名声呢？"街市上的人听了聂荣的哭诉都大为震惊。聂荣于是高喊三声"天哪"，终于因为过度哀伤而死在聂政身旁。

读史有智慧

　　首先，聂政是一个孝顺的人，他为了孝敬自己的母亲，不接受任何可能使自己失去生命的事情。在他眼中，没有什么是比自己的母亲更重大的事情了。其次，聂政是一个知恩图报的人，在母亲去世后，他感念严仲子对自己的恩惠，主动去找严仲子为他报仇。聂政也是一个勇敢的人，独自去完成危险的任务。最重要的，他还是一个忠诚的人，为了让严仲子和自己的姐姐安全，不惜自己毁容。所以说，聂政是一位忠诚勇敢、以孝为先的刺客。

历史寻踪

◆ 聂政台

　　禹州市老城的西城门外，有一高台建筑，是战国时期的侠士聂政刺杀韩国相国侠累，之后毁容自杀的地方。后人为了纪念他，就在此地建祠，这就是聂政台。

◆《广陵散》

后世传有《聂政刺韩王曲》，就是《广陵散》，被琴家广为弹奏，以表示对聂政的敬仰，据说弹得最好的是魏晋"竹林七贤"中的嵇康。

身残志坚的军事家——孙膑

世界上总有那么一些人，即使遇到再多困难和挫折，也不会被打倒，反而越挫越勇。他们不断与命运搏斗，最终实现自己的人生价值。孙膑就是这样一位值得敬佩的军事家，他遭遇不公，身体残疾，还要忍受病痛。但他没有灰心丧气，最终成为著名的军事家，流传千古。

孙膑是谁

孙膑，战国时齐国人，是春秋时期著名军事家孙武的后代。同先人孙武一样，他也成了一名出色的军事家。孙膑曾经和庞涓一起学习兵法，是兵家的代表人物之一。庞涓在魏国做事以后，当上了魏惠王的将军，但自认为才能比不上孙膑，便暗中派人把孙膑找来。孙膑到了魏国，庞涓害怕他比自己贤能，忌恨他，就捏造了一个罪名砍去他的膝盖骨，并在他的脸上刺了字，想使他埋没于世不为人知。在古代，断足或砍去犯人膝盖骨的刑罚被称作膑刑，所以别人称他为孙膑。

身残志坚

　　孙膑没有被自己所受的苦难打倒，反而寻求各种方式改变自己的现状。是金子总会发光，齐国使者来到魏国的大梁，孙膑看准了时机，以刑徒的身份秘密拜见使者，进行游说。齐国使者觉得此人不同凡响，就偷偷地用车把他载回齐国。齐国将军田忌赏识他的才能，像对待客人一样礼待他。

田忌赛马

　　田忌经常赛马。一次，他和齐威王比赛，他们把各自的马分成上、中、下三等。比赛的时候，上马对上马，中马对中马，下马对下马。由于齐威王每个等级的马都比田忌的马强一些，所以比了几次，田忌都失败了，觉得很扫兴，垂头丧气地就要离开赛马场。

　　这时，在一旁的孙膑招呼田忌过来，说："我刚才看了赛马，威王的马比你的马快不了多少呀。"孙膑还没有说完，田忌瞪了他一眼："想不到你也来挖苦我！"孙膑说："我不是挖苦你，我是说你再同他赛一次，我有办法让你赢。"田忌疑惑地看着孙膑："你是说另换一匹好马？"孙膑摇摇头说："一匹马也不需要换。"田忌毫无信心地说："那还不是照样得输！"孙膑胸有成竹地说："你就照我说的做吧。"齐威王屡战屡胜，正在得意扬扬地夸耀自己的马匹，看见田忌陪着孙膑迎面走来，便站起来讥讽地说："怎么，你还不服气？"田忌说："当然不服气，咱们再赛一次！"齐威王听了暗自好笑，吩咐手下把前几次赢的银钱全部抬来，另外又加了一千两黄金，放在桌上，轻蔑地说："那就开始吧！"

比赛再次开始，孙膑先以下等马对齐威王的上等马，第一局田忌输了。齐威王嘲笑："想不到赫赫有名的孙膑先生，竟然想出这样拙劣的对策。"孙膑不去理他。接着进行第二场比赛。孙膑拿上等马对齐威王的中等马，获胜了一局。齐威王有点慌乱了。第三局，孙膑拿中等马对齐威王的下等马，又胜了一局。这下，齐威王目瞪口呆了。三场比赛完后，田忌一场不胜而两场胜，最终赢得齐威王的千金赌注。齐威王这才看出了孙膑独特的军事才能。事后，齐威王向孙膑请教兵法，把他当作自己的老师。

指点千军

一次，魏国攻打赵国，赵国形势危急，向齐国求救。齐威王打算任孙膑为主将，孙膑辞谢说："我是受过酷刑的人，不能担任主将。"于是齐威王就任命田忌做主将，孙膑做军师，让他坐在带篷帐的车里，暗中谋划。田忌想要率领救兵直奔赵国，孙膑不同意，用几个比喻告诉他其中的道理："想要解开很乱的丝线的人，不能紧握双拳生拉硬扯；解救斗殴的人，不能卷进去胡乱搏击，而是要抓住争斗者的要害，争斗者就会因为形势的限制，不得不自己停止斗殴。如今，魏赵两国相互攻打，魏国的精锐部队肯定都在魏国外面精疲力竭了，而老弱残兵则留在国内。你不如率领军队火速向大梁挺进，占据它的交通要道，冲击它现在最空虚的地方，魏国肯定会放弃攻打赵国而撤回精锐部队自救。这样，我们一举解救了赵国之围，又可以不费吹灰之力使魏国自行挫败。"田忌根据孙膑的意见去做，魏军果然离开邯郸回师，齐、魏两军在桂陵这个地方交战，魏军被打得大败。

减灶兵法

又过了十三年，魏国与赵国联合攻打韩国，韩国向齐国求救。齐国派田忌率领军队前去救援，径直进军魏国大

梁。魏国将领庞涓听到消息后，率军撤离韩国赶回魏国，但齐军已经越过魏国边界向西挺进。

孙膑对田忌说："魏军向来凶悍勇猛，轻视齐军。善于指挥作战的将领，就会顺着事物发展的趋势加以引导。兵法上说，急行军在行军一百里时与敌人战斗，可能会导致主将被抓、全军覆没；在行军五十里时与敌人战斗，一半的士兵都要牺牲。我们应该命令齐军进入魏国境内后先架设十万个灶，过一天架设五万个灶，再过一天架设三万个灶。魏军看了肯定会认为我军怯战，军队人数一直在减少，这时再与他们交战可以出其不意。"

庞涓行军三天，非常高兴，说："我本来就知道齐军怯懦，没想到他们进入魏国三天，士兵已经跑了一大半。"于是他丢下步兵，只和精锐骑兵日夜兼程追击齐军。孙膑估计他的行程，天黑应当赶到马陵。马陵道路狭窄，两旁又多是峻隘险阻，可以埋伏军队。孙膑就叫人砍去树皮，露出里面的白木，写上"庞涓死于此树之下"。然后命令一万名善于射箭的齐兵，隐伏在马陵道两旁，约定说："天黑看见点着的火就万箭齐发。"

庞涓果然当晚赶到砍去树皮的大树下，见白木上写着字，就点火看树干上的字。齐军伏兵看到火光，万箭齐发，魏军大乱。庞涓自知无计可施，败局已定，就拔剑自刎，临死说："没想到最后还是成就了孙膑的名声！"齐军乘胜追击，把魏军彻底击溃，俘虏了魏国的太子申回国。孙膑因此名扬天下。

读史有智慧

孙膑作为一位优秀的军事家，有着远见卓识。虽遭庞涓陷害失去双足，却没有自暴自弃，而是急中生智，脱离险境；帮助田忌赛马，以策略取胜；桂陵之战，不急不躁，抓住重点，一击而破；马陵之战，利用敌人弱点，出其不意，攻其不备。两次击败魏国，帮助齐国成就霸业。著述《孙膑兵法》，为后世留下重要军事论著。孙膑终生追求自己的军事理想，因此才能在苦难中发现希望。每个人都会遭遇挫折，在困难来临之时，保持不卑不亢、不屈不挠的态度，虽然辛苦，但终将迎来光明。

历史寻踪

◆ 孙膑拳

孙膑是战国时期著名的军事家，兵家代表人物之一，对后世的影响深远。在现代，还有以他的名字命名的拳法。孙膑拳是广布于山东省境内的一种外家拳术，始创于晚清时期，由于习练者多穿长袖衣服，人称"长袖拳"；又因打拳时动作开合张显，被称为"大架拳"。

图书在版编目 (CI P) 数据

史记 / (西汉) 司马迁著 . -- 长沙 : 湖南文化音像

出版社，2019.10

ISBN　978-7-88543-311-6

Ⅰ.①史 ... Ⅱ.①司 ... Ⅲ.①中国历史—古代史—纪

传体 Ⅳ.① K204.2

中国版本图书馆 CIP 数据核字 (2019) 第 178628 号

少年乐读《史记》

原　　著	（西汉）司马迁　卫　晋 / 著	
责 任 编 辑	李道元	
编辑部电话	0731-84171635	
装 帧 设 计	嘉瑞工作室	
出 版 发 行	湖南文化音像出版社	
地　　址	长沙市雨花区桂花小区4号3栋	
邮　　编	410001	
印　　刷	湖南雅嘉彩色印刷有限公司	
版　　次	2020 年 10 月第 1 版　2021 年 7 月第 3 次印刷	
开　　本	880×1230　　　1/32	
印　　张	18	
字　　数	150 千字	
书　　号	ISBN 978-7-88543-311-6	
定　　价	138.00 元（全六册）	

（如发现印装质量问题请与出版社调换）

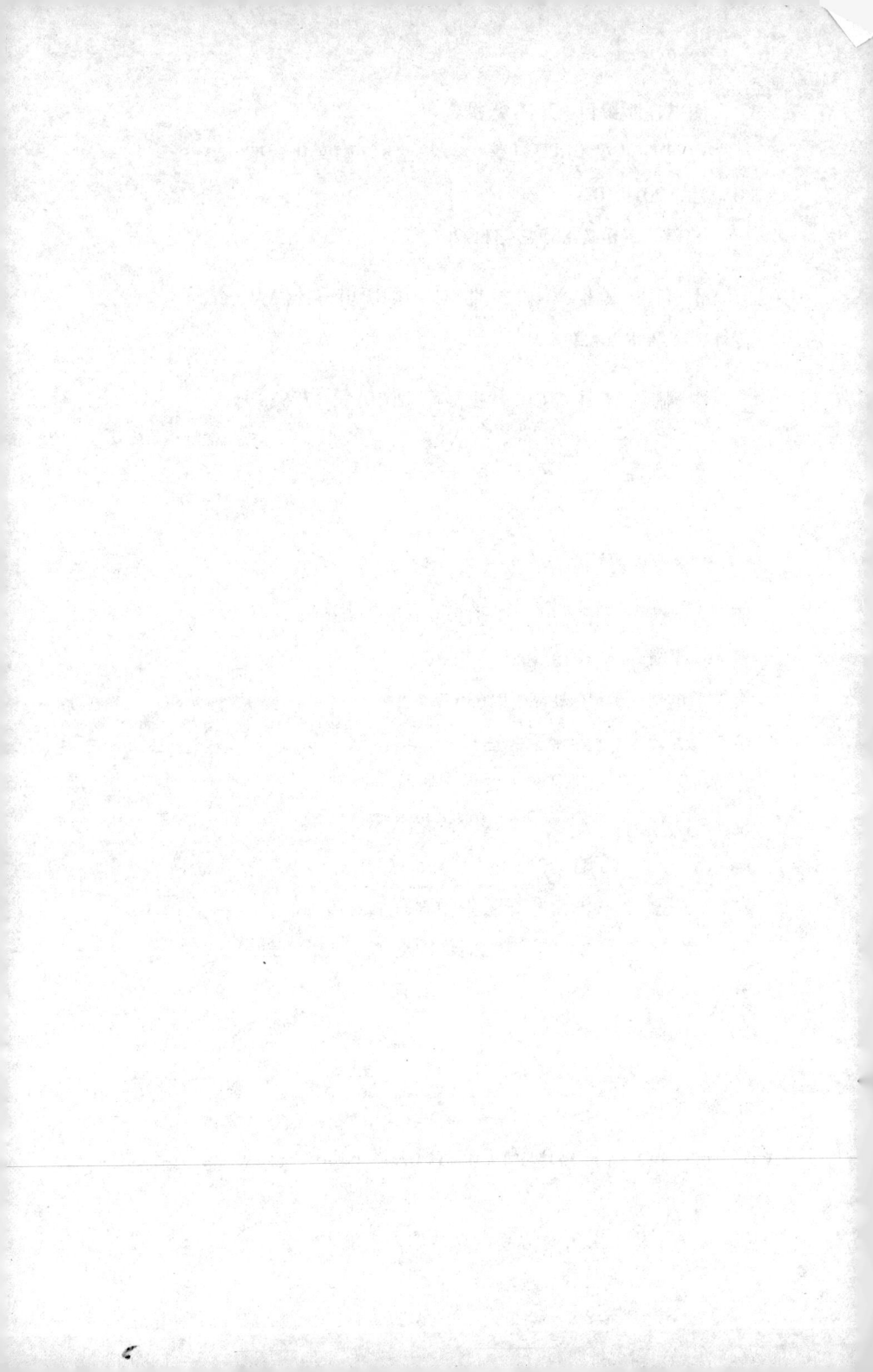